SRI LANKA

Vordere Umschlagklappe: Übersichtskarte Sri Lanka

Hintere Umschlagklappe: Die Sehenswürdigkeiten Sri Lankas

Jochen Siemens

SRI LANKA

DuMont

Titelbild: Tee-Ernte auf Sri Lanka
Umschlaginnenklappe vorne: Mönch vor den Felsskulpturen von Buduru-
  wagala
Umschlaginnenklappe hinten: Reisfelder bei Polonnaruwa
Umschlagrückseite: Strandszene (oben); Kühe in einem Fluß (Mitte); Insel
  bei Koogala (unten)
Vignette S. 1: Löwenplastik an der Freitreppe zum Palast von Yapahuwa
Abbildung S. 2/3: Boote am Strand von Weligama

Über den Autor: Jochen Siemens, geboren 1948 in Frankfurt am Main, stu-
dierte Politik, Volkswirtschaft und Geschichte. Nach Studiensemestern in
London und an der Universität of Ceylon in Peradeniya Promotion mit ei-
ner entwicklungspolitischen Arbeit über Sri Lanka. Seit 1973 bereist er die
Insel regelmäßig. Jochen Siemens ist stellvertretender Chefredakteur der
Frankfurter Rundschau.

© DuMont Buchverlag, Köln
3., aktualisierte Auflage 2000
Alle Rechte vorbehalten
Umschlaggestaltung: Groschwitz, Hamburg
Satz und Druck: Rasch, Bramsche
Buchbinderische Verarbeitung: Bramscher Buchbinder Betriebe

Printed in Germany   ISBN 3-7701-3578-4

INHALT

LAND UND LEUTE

Natur, Wirtschaft und Geschichte

Gesellschaft, Kunst und Kultur

UNTERWEGS
AUF SRI LANKA

Colombo und die Westküste

Das historische Kulturdreieck

Routen ins Hochland

Südwest- und Südküste

TIPS & ADRESSEN

In der Klosteranlage von Lankatilaka ▷

LAND & LEUTE

Sri Lanka ist ein Teil von uns, denn wir alle tragen die Karte der Insel in unserer linken Hand: Am Daumengelenk ist Colombo, in der Mitte Kandy, die Mittelfingerspitze ist Jaffna, links an der Handwurzel liegt Galle, rechts am kleinen Finger Trincomalee.

Natur, Wirtschaft und Geschichte

Geographie, Klima und Vegetation

Tierwelt und Nationalparks

Wirtschaft und Tourismus

Daten zur Geschichte

Hindu-Tempel am Victoria-Stausee

Geographie, Klima und Vegetation

Sri Lanka ist ein Sonnenland. Zwischen 5° und 10° nördlicher Breite liegend, hat die tropfenförmige Tropeninsel etwa von den Ausmaßen Bayerns immer Saison. Ihre maximale Ausdehnung beträgt von Norden (Point Pedro) nach Süden (Dondra Head) 435 km und von Westen nach Osten 225 km. Vom indischen Subkontinent wird Sri Lanka durch die Palk Strait getrennt, die durch eine Reihe von Riffs, Sandbänken und kleinen Inseln (Adams Bridge) unterbrochen wird. Von Point Pedro sind es nur 48 km bis zur indischen Küste.

Nur 600 km vom Äquator entfernt, bietet die Insel weit mehr als nur Strand und Palmen, das Faszinierendste ist gerade ihre unglaubliche Vielfalt. Dafür verantwortlich ist das zentrale Bergland mit mehr als einem halben Dutzend Gipfeln von über 2000 m. Höchster Berg ist der Pidurutalagala bei Nuwara Eliya (2524 m). Die Berge wirken wie eine Wetterscheide, die eine Inselseite trocken halten, während über der anderen der Monsun niedergeht. Im südwestlichen Inselteil kommt es zusätzlich durch die hohen Tagestemperaturen ganzjährig zu kurzen, aber heftigen Tropengewittern. Allein im Hochland regnet es das ganze Jahr über, die höchsten Lagen verzeichnen Nachtfröste. Der äußerste Norden und Süden der Insel sind steppenartig trocken.

Aus der Luft scheint Sri Lanka mit Seen und Teichen überzogen zu sein, hat aber praktisch keine natürlichen stehenden Gewässer. Das Bild ergibt sich aus den unzähligen Stauseen und Bewässerungsteichen. Durch das große Gefälle zwischen Bergland und Küste fließt das Wasser der Monsunregen schnell ab. Die Flüsse streben aus dem zentralen Bergland direkt dem Meer zu und überwinden dabei in hohen Wasserfällen zahlreiche Geländestufen. Andere Flüsse haben sich in die Berge gegraben und natürliche Zugänge ins Hochland geschaffen, die zur Straßenführung genutzt werden (Haputale, Ella Gap). Doch keine Regel ohne Ausnahme: Der Mahaweli umfließt im Westen das zentrale Bergland, um dann seine Richtung nach Norden zu nehmen.

Die Lage nahe dem Äquator bringt es mit sich, daß die Tagestemperaturunterschiede größer ausfallen als die jahreszeitlich bedingten. Die Jahresschwankung beträgt im Mittel 1,5°C, die Tag-Nacht-Differenz an der Küste 5°C, und im Hochland 10°C. Im Tiefland liegt die Durchschnittstemperatur bei 27°C, in Kandy bei 25°C, und in Nuwara Eliya beträgt sie nur noch 15°C. Nachts freut man sich hier bei frischen Werten zwischen 5 und 10°C über die Daunendecken auf den Betten. Durch die hohe Luftfeuchtigkeit von 80 bis 90%, in Extremen bis 99%, empfindet man die Temperaturen im Tiefland als höher. Der Indische Ozean erfreut

›Steckbrief‹ Sri Lanka

Name: Sri Lanka Prajatantrika Samajavadi Janarajaya
Demokratische Sozialistische Republik Sri Lanka
Staatsform: Seit 1978 präsidiale Republik, der Präsident wird alle 6 Jahre vom Volk direkt gewählt
Fläche: 65 610 km^2
Hauptstadt: Colombo, eigentliche Hauptstadt und Regierungssitz ist der Vorort von Colombo Sri Jayawardanapura, ehem. Kotte
Größte Stadt: Colombo Stadtregion ca. 650 000 Einw.
Colombo mit Vororten ca. 1,5 Mio. Einw.
Größere Städte: Dehiwala-Mount Lavinia 196 000 Einw.; Moratuwa 170 000 Einw.; Jaffna 129 000 Einw.; Sri Jayawardanapura, ehem. Kotte 109 000 Einw., Kandy 125 000 Einw.; Galle 100 000 Einw.; Negombo 80 000 Einw.
Bevölkerung: ca. 19 Mio., davon gut 74 % Singhalesen; zweitgrößte Bevölkerungsgruppe sind die Tamilen mit etwa 18 %; 7,1 % Moors; 0,8 % Burghers
Sprache: Überwiegend Singhalesisch sowie Tamilisch; Englisch z. T. Handels- und Bildungssprache
Alphabetisierungsrate: 89 %
Religion: 69 % (Hinayana-)Buddhisten, 15 % Hindus, 7,6 % Muslime, 6,8 % Christen (v. a. Katholiken)
Bevölkerungsdichte: ca. 276 Einw. pro km^2
Jährlicher Zuwachs: ca. 1,3 %
Stadtbevölkerung: 30 %
Landbevölkerung: 70 %
Lebenserwartung: 72 Jahre
Bruttosozialprodukt: 713 US-$ pro Einw. pro Jahr
Exportgüter: Tee, Rohkautschuk sowie Kokosnüsse und Kopraprodukte, Edel- und Halbedelsteine
Währung: 1 Sri Lanka Rupie (SLR) = 100 Sri Lanka Cents (SLCts)
Arbeitslosenquote: etwa 13 %
Anteil der Beschäftigten: in der Landwirtschaft: 41 %; in der Industrie: 28 %; in Dienstleistung und Handel: 31 %
Tourismus: 372 000Gäste, davon 62 000 aus Deutschland. Deviseneinnahmen aus Tourismus knapp 200 Mio. US-$
Nationalfeiertag: 4. Februar (Unabhängigkeitstag 1948)

Badende, Taucher und Surfer rund um das Jahr mit Wassertemperaturen von 25–27 °C.

Die Vielfalt der Klimazonen erlaubt das Gedeihen einer höchst artenreichen Pflanzenwelt. Vier verschiedene Waldformen mit rund 1500 Baumarten lassen sich als grobe Einteilung unterscheiden. Die Wälder bedecken heute nur noch 20% der Fläche Sri Lankas. Brennstoffmangel, die verbreitete, aber zurückgehende Brandrodung *(Chena)* und die wachsende landwirtschaftliche Nutzfläche haben den Schwund der Wälder bewirkt. Seit einigen Jahren wird im Hochland mit schnellwachsenden Piniensorten und Eukalyptus aufgeforstet, im Tiefland mit Nutzholz, meist Teakplantagen.

Tropische Monsunwälder sind am weitesten verbreitet und wachsen in den Trockenregionen oder am Fuß des Berglands bis etwa 500 m Höhe. Auch dies ist schon sogenannter Sekundärwald, das heißt, er wurde einmal abgeholzt und ist nachgewachsen. Die meisten Bäume dieses Waldes werfen jährlich die Blätter ab.

Am eindrucksvollsten, mehrstöckig in seinem Aufbau, ist der tropische, immergrüne, üppige Regenwald. Dominierend sind die 45–50 m hohen Urwaldriesen. Dieser noch nie abgeholzte Primärwald ist allerdings nur noch im Sabaragamuwa-Bergland *(Sinharaja Forest Reserve)* bei Ratnapura und im Knuckles-Massiv nordöstlich Kandy erhalten und als Reservat geschützt.

Höher, in den Lagen zwischen 500 und 1500 m, an den West- und Südwesthängen des zentralen Berglands, ist der tropische Bergwald ebenso üppig und immergrün, wächst aber nur bis etwa 25 m Höhe. Dieser Primärwald beherbergt mehr als 100 wildwachsende Orchideenarten und unzählige Kletter- und Schlingpflanzen.

Auf dem ›Dach‹ Sri Lankas stehen noch einige Reste der tropischen Nebelwälder, die früher die Berge über 1500 m Höhe bedeckten. Sie mußten den Teeplantagen ebenso weichen wie dem ausgedehnten Gemüseanbau, und man findet diesen niedrigwachsenden Urwald mit dichtem Unterholz aus Bambusarten, vielen Rhododendren, Moosen und Flechten nur noch auf den höchsten Gipfeln (Adam's Peak, Pidurutalagala) und am Rand der Hochebene, vor allem in den Horton Plains.

In den trockenen Regionen im Süden und Norden nimmt eine artenarme, oft dornige Busch- und Strauchvegetation den Platz der Wälder ein.

Entlang der Flußmündungen und der zahlreichen Lagunen haben sich dichte Mangrovenwälder gebildet. Die auf Stelzen im Brackwasser heimischen Pflanzen sind wahre Pioniere. Sie schieben sich immer weiter ins Wasser vor, und die Anlagerung von Sand zwischen ihren Wurzeln bietet die Grundlage für das Wachstum anderer Pflanzen.

Die Wettermacher
Monsun und Zyklone

Im Sommer scheint die Sonne nahezu senkrecht auf die gewaltige Landmasse des indischen Subkontinents, die Tagestemperaturen erreichen 40 – 45 °C, nachts sinken sie nicht unter 25 °C und liegen damit auch ohne Sonneneinstrahlung noch über der Wassertemperatur des Indischen Ozeans. Durch den enormen Temperaturunterschied zwischen Land und Meer saugt das Hitzetief über dem Kontinent gigantische Luftmassen vom Meer an. Der damit verbundene Wind schwankt in den Jahreszeiten je nach Sonnenstand, aber er ist saisonal regelmäßig, weshalb ihm die Araber den Namen ›Mausim‹ gaben, »zur bestimmten Zeit im Jahr wiederkehrend«.

Im Frühjahr, mit zunehmender Erwärmung in den Monaten März bis Mai, setzt er ein. Ein paar Wochen braucht es dann, bis der Monsun stetig aus Südwest weht, und zwar mit erheblichen Windstärken. Mit dem Wind kommt der Regen, kommen Regenmassen. Bis zu 5000 l pro m^2 prasseln in einigen Regionen auf Sri Lanka, begünstigt durch die Berge, an denen die Wolken abregnen. In Deutschland sind es im Jahresdurchschnitt 800 l. Am Vormittag baut sich das Wetter auf, und meist ab Mittag schüttet es auf der Südwesthälfte Sri Lankas von Ende April bis Ende August. Im Windschatten der Berge auf der Ostseite regnet es hingegen nicht.

Im Herbst bricht der Südwest-Monsun zusammen, wenn sich der Subkontinent abkühlt. Nun ist das Meer wärmer als das Land, und der insgesamt zahmere Nordost-Monsun setzt ein und erreicht von Ende November bis Ende Februar die Insel auf der Ostseite. Diesmal liegt der Westen mit gutem Wetter im Schutz der Berge.

Das warme Wasser des Indischen Ozeans begünstigt die Entstehung tropischer Wirbelstürme. Das Meer muß mindestens 25 °C haben, um die drehende Hexenküche eines Hurrikan, Taifun oder, wie er im Indischen Ozean heißt, Zyklon anzukurbeln. Bei einem der letzten verhängnisvollen Zyklone war die tropische Traumküste bei Batticaloa 1978 nahezu völlig verwüstet. Normalerweise nehmen die Zyklone einen nördlicheren Kurs und suchen regelmäßig die geplagte südindische Küste heim. Alle 10 bis 20 Jahre aber entscheidet sich ein Sturm für die südliche Route und trifft die Insel meist im Spätherbst.

Kokospalmen auf Ceylon, Aquarell des Freiherrn von Königsbrunn

Allgegenwärtig sind die Palmen. Etwa ein Dutzend verschiedene Arten wachsen auf der Insel. Am verbreitetsten, nützlichsten und in Plantagen kultiviert ist die Kokospalme, der totale Nutzbaum. Vom Stamm bis zur Frucht wird alles verwendet. Die Einheimischen nennen ihn ›Baum des Lebens‹, da er Nahrung und Getränke liefert.

Kein Currygericht ist ohne das weiße Fleisch der Kokosnuß zu denken. Aus der jungen Nuß werden Süßigkeiten und Medikamente gewonnen, die Milch wird getrunken; das Fleisch der alten Nuß *(Kopra)* wird zur Herstellung von Fett, Seife und Kerzenwachs genutzt, übrig bleibt Viehfutter. Der Palmsaft aus der angeschnittenen Blüte wird zu *Toddy* vergoren, einem Palmwein, der unserem Federweißen ähnelt; destilliert erhält man *Arrak*. Die Schößlinge der Palmblätter sind ein gutes Gemüse, die alten Blätter werden geflochten und dienen zum Hausbau und Dachdecken. Die harte Schale der Nuß wird zu Geschirr und Besteck verarbeitet, die Kokosfasern zu Seilen, Matten und Körben; der Stamm schließlich liefert Bau und Möbelholz. Ein altes singhalesisches Sprichwort besagt: »Hat ein Mann zehn Kokospalmen, einen Jackbaum, eine Kuh und ein Reisfeld, kann er sich ruhig zurücklehnen und das Leben genießen.«

Neben der Kokospalme fällt die *King Coconut* ins Auge. Die große, gelbe Nuß entwickelt kaum Fruchtfleisch, aber viel Kokoswasser, das ein immer bekömmlich temperiertes, durstlöschendes, wohlschmeckendes und vor allem hygienisch einwandfreies Getränk ist.

Auf der Jaffna-Halbinsel, aber auch sonst im nördlichen Drittel Sri Lankas und ganz im Süden ist die Palmyrapalme weit verbreitet. Ihre Kennzeichen sind der dunkle Stamm und die kugelförmige Krone. Der *Toddy* ist hochgeschätzt.

Eine hohe, schlanke Palme mit feingliedrigen Blättern ist die Betelnußpalme. Ihre Frucht ist ein verbreitetes Genußmittel und Bestandteil des *Betel Chew*, so etwas wie ein tropischer Kaugummi, der anregend, auch hungerstillend wirkt und die häufig anzutreffenden roten Münder und Zähne hin-

terläßt. Der *Chew* besteht aus einem Stück Nuß, etwas Korallenkalk, getrocknetem Tabak und nach Bedarf Gewürzen. Eingewickelt ist er in das Blatt der Betel-Kletterpflanze.

Hauptsächlich im Hochland anzutreffen ist die Kitulpalme, geschätzt wegen ihres *Toddys*, aus dem sich *Jaggery*, ein brauner Zuckerersatz gewinnen läßt, der häufig für einheimische Nachspeisen benutzt wird.

Keinem Genuß, sondern der Geschichtsschreibung hat die Talipotpalme gedient und tut es noch. Auf den präparierten Blättern der gewaltigen Palmwedel wurden die Chroniken und heiligen Texte eingeritzt. Die Pflanze blüht ein einziges Mal nach etwa 50 Jahren, dann stirbt sie.

In Parks, entlang Landstraßen, einzeln in der Landschaft oder bei Tempeln und öffentlichen Bauten:

Toddy-Zapfer

überall in Sri Lanka geraten die riesigen Tropenbäume ins Bild, die in allen Farben wunderschön blühen; z. B. der Eisenbaum, dessen Triebe und Blütenknospen tiefrot sind, während die geöffneten Blüten weiß erstrahlen. In Tempeln und Klöstern ist die stark duftende, hellgelbe und karmesinrote Blüte des Pagodenbaums (auch: *Frangipani*) als Opfergabe beliebt. Mit großen, gekräuselten roten Blüten prangt der Tulpenbaum, mit kleinen karmesinroten der Korallenbaum (auch: *Flamboyant*) und ebenso der Kapokbaum, dessen Früchte die weiche Kapokfaser enthalten. Zum Verspinnen ist diese Faser zu kurz und wird deshalb als Polstermaterial verwendet. Orange und rot leuchten die Blüten des Ashokabaums. Entlang der Straßen stehen viele Trompetenbäume, eine Art mit besonders leuchtend gelben Blüten.

Blüten eines Flamboyant-Baums

Tierwelt und Nationalparks

Heute umfassen die Nationalparks und Naturschutzgebiete Sri Lankas 10 % der Landesfläche, doppelt soviel wie der Durchschnitt anderer süd- und südostasiatischer Länder. Das scheint auch bitter nötig. Die zunehmende Bevölkerungszahl und Erschließung des Landes, vor allem auch durch die Staudämme des Mahaweli, lassen die Dschungel- und Waldgebiete schrumpfen, die Sümpfe austrocknen und die mit Dornbüschen bewachsenen Trockenzonen urbar werden. Außerhalb der Parks sieht man daher auch nur noch wenig Wild, gelegentlich im Südostteil der Insel Elefanten, häufiger Affen. Vor allem die Hutaffen, braune Kerlchen mit rosa Gesichtern, machen die Ruinenstädte und Resthouses unsicher. Man sei besser auf der Hut – sie ›klauen‹ einem die Bananen aus der Hand. Zurückhaltender sind die Schlankloris (*Hulman*), Halbaffen mit schwarzem Gesicht, die oben in den Bäumen bleiben. Rieseneichhörnchen, oft ganz zutraulich, und Flughunde sieht man ebenfalls außerhalb der Parks. Auf der Strecke Colombo–Kandy hängen diese großen Fledermäuse beiderseits einer großen Brücke hinter Kegalle in den Bäumen.

Auch Affen langweilen sich

Sumpfkrokodile trifft man in den Flußmündungen und Brackwasserlagunen der Ostküste an. Harmlos sind die gelegentlich davoneilenden Warane in der westlichen Feuchtzone. Im Hochland, besonders in den Horton Plains, kann man die zahlreichen Sambar-Hirsche beobachten. Leoparden sind selten und nur mit etwas Glück im *Yala West National Park* zu sehen.

Zahlreiche Schlangen sind in Sri Lanka heimisch, einige davon (**sehr**) giftig, aber für fast alle Arten gilt, daß sie noch mehr Angst vor Menschen haben als umgekehrt. Sie verschwinden, es sei denn, sie werden überrascht oder in die Enge getrieben. Gefürchtet sind die Kobras, die mehr als 1,5 m lange Kettenviper und die vor allem nachts aktive Krait, deren Biß einen Menschen in Minuten töten kann. Harmlos sind die Kobras aus den Körben der flötenden Schlangenbeschwörer allerorten. Das Geflöte interessiert die Schlangen dabei kein bißchen, sie reagieren nur auf das vor ihnen wedelnde Knie des Beschwörers.

Sri Lanka ist ein Dorado für Vogelliebhaber. Bei mehr als 400 gezählten Arten, wovon 21 nur in Sri Lanka vorkommen, führt es zu weit, diese bunte Welt, die alljährlich zwischen September und April durch zahllose Zugvögel vermehrt wird, zu beschreiben. Besonders empfehlenswert ist der mehrbändige, reich illustrierte ›A Guide to the Birds of Ceylon‹ von G. M. Henry, London 1958 und Kandy 1978.

Den in ihrem Lebensraum bedrohten und von Fischern verbotenerweise geschätzten Meeresschildkröten gilt erfreulicherweise zunehmend die Aufmerksamkeit von privaten Initiativen. So lohnt der Stopp an einer der Aufzuchtstationen entlang der Südwest- und Südküste.

Etwa 100 Gebiete stehen heute unter Naturschutz und sind als Nationalparks und Wildreservate gekennzeichnet. Einige neuere, die mit dem Bau der Mahaweli-Staudämme und deren Bewässerungsgebiete entstanden, haben noch keine Infrastruktur für Touristen. Andere, wie der große *Wilpattu National Park*, der *Gal Oya National Park* oder der kleine, aber mit vielen Elefanten gesegnete *Lahugala National Park* sind aufgrund ihrer Lage in oder nahe den Kampfzonen des Bürgerkriegs derzeit nicht zugänglich. Dies kann sich

19

Der Elefant
Arbeitstier und Kultursymbol

Diese Maschine ist noch nicht erfunden! Sie müßte den Urwald roden, Lastwagen beladen, Feldsteine schleppen, bei Prozessionen mitwirken, und das alles ohne Umbau, ohne neue Programmierung oder große Pausen. In ihrer Freizeit müßte die Maschine baden, und vor allem müßte sie so etwas wie eine Lebensphilosophie verkörpern: langmütig, weise, tüchtig, genußsüchtig; außerdem archaisch, ein wenig unheimlich, jedenfalls respekteinflößend.

So etwas kann nur die Natur. Kein Wunder, daß weit und breit kein mechanisches Wunderwerk in Sicht ist, das dem Elefanten in Sri Lan-

ka seine Rolle streitig macht. Die grauen Riesen umgibt gerade in Sri Lanka auch eine mystische Aura, wenn sie reich geschmückt mit Seide, Gold und Edelsteinen die ehrenvolle Aufgabe übernehmen, Buddhas Zahnreliquie bei der Kandy-Perahera zu tragen.

Es gibt wohl noch an die 3000 bis 4000 Elefanten auf der Insel. Das ist nur noch ein Viertel des Bestands zu Beginn des 20. Jahrhunderts. Die Jagdlust der britischen Kolonialherren hatte bei der Dezimierung ihren Anteil, entscheidend aber ist der immer geringer werdende Lebensraum für die Elefanten. Sie ziehen im Familienverband umher und brauchen selbst in einem so üppigen Land wie Sri Lanka ausreichend Weideland, denn ein ausgewachsenes Tier benötigt 300 kg Grünfutter am Tag.

Heute besteht eine gute Chance, den Bestand der Tiere durch die garantierten Schutzparks zu erhalten, zumal auch die verbindenden

Trampelpfade zwischen den Parks geschützt sind. Wilderer bereiten dem Personal der Parks und der Polizei große Sorge, denn sie haben es auf das Elfenbein gerade der seltenen Bullen *(Tusker)* mit den begehrten Stoßzähnen abgesehen.

Durch die Jahrtausende haben die vom indischen Subkontinent getrennten Elefanten in Sri Lanka eine genetische Entwicklung genommen, in deren Verlauf die Stoßzähne zurückgebildet wurden. Der Futterreichtum auf der Insel ließ die großen Werkzeuge zum Umreißen und Aufbrechen von Bäumen, Rinde und Boden unwichtig werden. Außerdem waren die Dickhäuter durch die Zähne im dichten Busch eher behindert.

Immer wieder werden verwaiste Elefantenbabys im Busch gefunden. Für sie ist in Pinawella bei Kegalle zwischen Colombo und Kan-

dy ein Waisenhaus eingerichtet. Die von klein auf an Menschen und ihre Arbeit gewöhnten Tiere sind später gut anzulernen. In ihrem Arbeitsleben lernen Elefanten bis zu 100 Befehle auszuführen und entwickeln ein enges Verhältnis zu ihrem *Mahut*. Dabei ist ihr Elefantengedächtnis sprichwörtlich. Bis zu 75 Jahre alt werden die Tiere und merken sich Bösartigkeiten ebenso wie gute Behandlung. Stirbt nach Jahrzehnten der *Mahut* vor seinem Elefanten, verfallen die Tiere in tiefe Trauer. Elefanten lernen aus ihren Arbeitserfahrungen.

Nach ihrem (höchstens) sechs Stunden langen Arbeitstag aalen sich die großen Tiere stundenlang im Wasser, lassen sich genußsüchtig schrubben und tanken Kraft. Derzeit gibt es rund 450 Arbeitselefanten auf Sri Lanka, die meisten im südwestlichen Tiefland, also auf den Kokos- und Kautschukplantagen, und rund um Kandy.

aber jederzeit ändern, es lohnt sich beim *Department of Wildlife Conservation* nachzufragen. (Die wichtigsten Parks im Gelben Teil)

Wirtschaft und Tourismus

Nach seiner Unabhängigkeit 1948 wies Ceylon alle Merkmale einer wirtschaftlich abhängigen Exkolonie auf. Die Landwirtschaft dominierte das wirtschaftliche Geschehen – nur etwa 5 % des Bruttosozialprodukts wurden in der Industrie erzeugt – war aber exportorientiert und konnte die Eigenversorgung der Bevölkerung nicht sicherstellen. Auch heute noch ist Sri Lanka eines der ärmsten Länder der Welt, wenn es auch mit einem Bruttosozialprodukt von 713 US-$ pro Kopf in der südasiatischen Region an der Spitze liegt. Die Strukturdaten der Wirtschaft haben sich drastisch verändert, die Liberalisierung der 80er Jahre hat viel ausländisches Kapital ins Land geholt. Heute sind noch etwa 52 % der Arbeitskräfte in der Landwirtschaft beschäftigt, 19 % in der Industrie und 29 % in Dienstleistung und Handel. Seit 1978 wurden drei Freihandelszonen aufgebaut, in denen hohe Steuervorteile und billige Arbeitskräfte Investoren locken. Insbesondere die Textilindustrie erlebt einen Boom und hat sich zum wichtigsten Devisenbringer des Landes

entwickelt. Seit Anfang der 90er Jahre wurden 300 Textilfabriken eröffnet, und über 150 000 Menschen – vorwiegend Frauen – fanden einen Arbeitsplatz. Textilien im Wert von mehr als 1,5 Mrd. DM werden jährlich exportiert. Die Folgen des Textilbooms kann man in allen größeren Städten erleben, wenn auf Märkten und Straßen die Ausschußware feilgeboten wird.

In einer Freihandelszone nahe dem Flughafen Katunayake fanden 70 000 Menschen Arbeit, zumeist in der Elektroindustrie und Feinmechanik. Bei allen wirtschaftlichen Vorteilen, die Kritiker im Land gelegentlich von einem ›Kapitalisten-Paradies‹ sprechen lassen, haben die Unruhen des Bürgerkriegs den Wünschen und Planungen immer wieder einen Strich durch die Rechnung gemacht. So hat Sri Lanka in den vergangenen 15 Jahren zwar den Schritt von einer Exkolonie zu einem die wirtschaftlichen Eigeninteressen verwirklichenden Land gemacht, doch die Schwelle zum Industrieland bisher nicht erreicht.

Sri Lanka ist, auch diesem Phänomen begegnet man immer wieder, ein Land extremer Gegensätze. In Colombo stehen Hochhaustürme, Prachtbauten und Luxushotels, davor verkaufen die Ärmsten Streichhölzer, Früchte und allerlei bunten Krimskram. In den Dörfern Sri Lankas leben – oft ohne Strom, nur mit einem Kerosinkocher und Kokosöllicht – 75 % der Bevölkerung in meist einfachsten, ja ärmlichen Umständen, während die

Bäuerlicher Alltag bei Hambantota

Staudämme am Mahaweli glauben machen, in ein anderes Jahrhundert versetzt zu sein, und das mondäne Leben in den Spitzenhotels Colombos, Kandys oder etwa in Kandelama in aller Schärfe die wirtschaftlichen Gegensätze deutlich werden läßt.

Der Tourismus hat sich während der vergangenen zwei Jahrzehnte zu einem sehr wesentlichen Wirtschaftszweig entwickelt, und zwar sowohl hinsichtlich der Arbeitsplätze als auch der Deviseneinnahmen. Bauindustrie, Hotelgewerbe, Kunsthandwerk, Fahrer und Führer profitierten von den steigenden Besucherzahlen. 1988 brach der Tourismus völlig zusammen, nachdem die Regierung aufgrund von Terroristendrohungen die Besucher aufforderte, das Land zu verlassen. Seit dem Beginn der 90er Jahre

normalisiert sich die Situation. Der Bürgerkrieg im ›entfernten‹ Norden dauert nun schon ein Dutzend Jahre an und hat Touristen bislang nicht betroffen. Während im Niemandsland jenseits von Anuradhapura und Habarane gekämpft wird, erholt sich der Urlauber am Strand im Westen und Süden. Verfolgt man die Entwicklung Sri Lankas mit raschem Bevölkerungswachstum und schrumpfender Natur, dann wirken die Pläne, bis zum Jahr 2000 bis zu 1 Mio. Touristen ins Land zu locken, fast bedrohlich. Regionen wie Negombo, Kandy, Nuwara Eliya, aber auch der noch weitgehend unberührte Süden von Unawatuna bis zum *Yala*

Kinderprostitution und Sextourismus

Schattenseiten des Tourismus gibt es auch in Sri Lanka. Nachdem Thailand lange das ›Mekka‹ des Sextourismus war, hat sich in den letzten Jahren die Nachfrage nach männlichen Jugendlichen beziehungsweise Kindern besonders in Sri Lanka verstärkt. Dabei sind es in erster Linie Männer, und nicht nur homosexuelle, die diese fragwürdige Nachfrage gesteigert haben. Für Geld, so meinen wohl viele europäische und amerikanische Touristen, kann man alles kaufen – auch Sex mit Kindern. Und dies steigert wie üblich das Angebot. Geschäftemacher, die hier gewaltige Gewinne erhoffen, nutzen die Armut der ländlichen Bevölkerung aus, versprechen das leicht verdiente Geld, schrecken aber auch vor Gewalt nicht zurück. »Viele verdienen bei diesem Geschäft. Die Leidtragenden sind immer die Kinder. Sie bezahlen den Preis – seelisch und körperlich.« (terre des hommes)

Dabei haben Sri Lanka, Thailand und die Bundesrepublik Deutschland das ›Abkommen der Vereinten Nationen über die Rechte des Kindes‹ mitunterzeichnet, das jedem Kind unter 18 Jahren das Recht auf Schutz vor sexueller Ausbeutung garantiert. Und in Sri Lanka ist am 20. 9. 1995 ein Gesetz verabschiedet worden, das sowohl die einzelnen zu schützenden Altersgrenzen heraufgesetzt als auch die Strafen drastisch verschärft hat. Verstöße von Touristen werden heute schon im Gastland geahndet, und nach neuster deutscher Rechtsprechung werden Deutsche, die im Ausland Kinder mißbraucht haben, auch in der Bundesrepublik vor Gericht gestellt.

West National Park sollen touristisch entwickelt werden.

So sehr der Tourismus auch an Bedeutung gewonnen hat, Sri Lanka ist weiter ein Agrarland. Reis steht an erster Stelle. Vor allem Dank der Bewässerungsmöglichkeiten durch die Mahaweli-Staudämme ist die Reisversorgung der Bevölkerung nun annähernd gesichert. Bis weit in die 80er Jahre war die Reisversorgung der Insel schlecht. Es wurde nur eine kleinkörnige Reissorte angebaut und oft schlecht gelagert. Daher der muffige Geschmack. Seit gut zehn Jahren gibt es eine Vielfalt an Reissorten, sowohl braune Sorten als auch den weißen Basmati. Dem Wechsel der Monsunregen angepaßt, wird zweimal jährlich angebaut und geerntet. *Maha* ist die Hauptsaison während des Nordost-Monsuns im Winterhalbjahr, *Yala* die kleine Saison im Sommerhalbjahr mit dem Regen des Südwest-Monsuns.

Steht das Wasser nach den ersten Regenfällen auf den Feldern, pflügen die Bauern den Morast meist mit speziellen Traktoren, oft auch noch mit Wasserbüffelgespannen oder nur mit der Hacke, wobei sie in der schlammigen Brühe stehen. Vorgezogene Jungpflanzen werden gesetzt und die Felder bis nach der Reisblüte ständig unter Wasser gehalten. Dann läßt man sie trockenfallen. Irgendwo auf Sri Lanka wird immer Reis geerntet oder neu gepflanzt, irgendwo leuchtet immer das frische Grün junger Reispflanzen.

Sri Lanka und der Ceylon Tea

Sri Lanka und Tee, mehr noch Ceylon und Tee, sind für viele fast so etwas wie Synonyme geworden. Auch wer noch nie etwas von Sri Lanka gehört hat, dem ist doch der Begriff *Ceylon Tea* bekannt.

Gut 120 Jahre ist Tee auf der Insel heimisch, und das verdankt er vor allem einer Agrarkatastrophe. Als die Engländer etwa um 1830 im ceylonesischen Hochland Plantagen aufbauten, kultivierten sie nur den gefragten Kaffee. Dann brach 1870 das Unglück über die Pflanzer herein. ›Golunda Eliot‹ und ›Hemileia vastatrix‹ hieß das Verhängnis, Kaffeeratte und Rostpilz. Innerhalb weniger Jahre brach die gesamte Kaffeewirtschaft zusammen. Viele der Pflanzer waren ruiniert, aber Tee war im Kommen. Als Teepionier ist der Schotte James Taylor in die Annalen eingegangen. Taylor experimentierte mit ›Camelia Sinensis‹, dem Teestrauch, der mit seinem Namen auf die chinesische Herkunft hinweist. Er benutzte Sträucher, die bereits im indischen Assam gute Ergebnisse gezeigt hatten. Noch heute kann man auf Feld Nr. 7 der ›Loolecondera Estate‹ zwischen Kandy und Nuwara Eliya die von Taylor gepflanzten Sträucher sehen.

Generell werden die Teesträucher, die wildwachsend in den Regenwäldern Ostindiens und Chinas die stattliche Höhe von 8 – 20 m erreichen, zur kommerziellen Nutzung auf die Höhe von 1 – 1,5 m beschnitten. So sind sie zum einen leichter zu bepflücken, zum anderen geht die ganze Kraft der Büsche in die jungen Triebe, so daß sie je nach Höhenlage alle sieben bis zwölf Tage abgeerntet werden können. In Sri Lanka wird in drei Höhenstufen angebaut, die sich qualitativ erheblich unterscheiden. Bis zu einer Höhe von 600 m spricht man von *Lowgrown-Tea*. Er ist dunkel in der Färbung und großblättrig, und man kann ihn hauptsächlich nördlich von Galle, um Ratnapura, Balangoda und entlang des Kelani Ganga sehen. *Mediumgrown* heißen die Lagen zwischen 600 und 1200 m Höhe, darüber wird der am meisten begehrte *Highgrown* angebaut.

Teeplantage bei Nuwara Eliya ▷

Tamilische Plantagenarbeiter

Rund 80 % der Bevölkerung und damit der Arbeitskräfte auf Sri Lankas Teeplantagen sind indische Tamilen. Und Gastarbeiter wäre eine schmeichelhafte Bezeichnung für ihren Status, wurden sie doch von der gemeinsamen Kolonialmacht Indiens und Ceylons, den Briten, ins ceylonesische Hochland zur Arbeit auf die Plantagen gebracht.

Als Ceylon 1948 unabhängig wurde, arbeiteten etwa 1 Mio. indische Tamilen im Land. Durch zwei neue Gesetze hießen sie alsbald ›Personen indischer Abstammung‹ und waren faktisch staatenlos. 1964 einigten sich Indien und Ceylon vertraglich auf Quoten für Staatsbürgerschaften und Rücksiedlung nach Indien. Tatsächlich beantragten mehr als 700 000 die ceylonesische Staatsbürgerschaft, und nur etwa 300 000 wollten zurück nach Indien. Diese letzte Zahl ist heute Realität, und rund 100 000 weitere Tamilen erhielten den indischen Paß, arbeiten aber weiter auf Sri Lankas Teefeldern. Eine Viertelmillion erlangte die Staatsbürgerschaft ihres Arbeitslandes, weitere 100 000 Tamilen blieben noch Jahre ohne Papiere eines Heimatlandes. Schließlich schlugen die buddhistischen Mönchsorden der Insel vor, die immer noch staatenlosen Plantagentamilen endlich einzubürgern, was im Frühjahr 1986 durch ein Gesetz in die Tat umgesetzt wurde.

Teeplantagen sind wie autarke Kommunen. Der Plantagenmanager ist so etwas wie der Bürgermeister, es gibt eigene Schulen und Krankenstationen. Allein deren Qualität hinkt dem restlichen Land hinterher. Die Analphabetenrate ist mit rund 30 % dreimal so hoch wie im Inseldurchschnitt. Auch wenn sich die Lebensbedingungen, vor allem das Wohnen, besserten, seit die Plantagen 1972 verstaatlicht wurden und es Entwicklungshilfegelder für neue Arbeiterhäuser gab, ist es ein ärmliches, hartes Leben geblieben. Offiziell verdienen Frauen und Männer gleich. Während die Frauen den Tee pflücken, schneiden die Männer die Felder aus, legen Wege und Pfade an und bereiten neue Teefelder vor. Die Pflückerinnen erhalten einen festen Tageslohn. Die Tagesleistung, die sie dafür erbringen müssen, wird nach der Geländeschwierigkeit der Teefelder täglich festgelegt und beträgt zwischen 8 und 14 kg grüner Teeblätter. Was die Frauen darüber hinaus pflücken, kaufen die Plantagen zu einem immer neu festgesetzen Kilopreis. Bei 30 Arbeitstagen kommen die Pflückerinnen so auf einen durchschnittlichen Monatsverdienst von 1500 Rupien. Pro Familie verdienen meist drei bis vier Personen.

Ohne Aussicht auf Erfolg sind bislang Versuche geblieben, die Tee-Ernte zu mechanisieren. Nach wie vor sind es die flinken Hände der tamilischen Pflückerinnen, die die hellgrünen, jungen Blätter pflücken.

Der Verarbeitungsprozeß des Tees beginnt mit dem Pflücken. Mit dem Abtrennen der Blätter werden zugleich die ersten Pflanzenzellen beschädigt, und damit beginnt die Fermentierung des Tees. Ziel des gesamten nachfolgenden Produktionsvorgangs ist es, die Aromastoffe des Teeblatts zu entfalten und anschließend zu versiegeln. Dazu muß zunächst Sauerstoff an die Pflanzenzellen gelangen, um den chemischen Prozeß des Fermentierens (oxidativ) zu verstärken. Dem Genießer grünen Tees reicht die Geschmacksnote des Teeblatts aus, die entsteht, wenn es trocknet. Erst der Konsumentenwunsch nach intensiverem Teegeschmack hat dazu geführt, daß die Teeblätter nun zusätzlich ausgepreßt, zerkleinert und gerollt werden, um durch mehr aufgebrochene Pflanzenzellen vermehrte Fermentierung zu erreichen.

Nach ihrer Größe werden die unterschiedlichen Teesorten, die *grades*, aussortiert. Nicht alle gibt es auf jeder Plantage, und für den Kenner kommt es zudem auf die Lage der Teefelder und den Qualitätsstandard der Plantage an. Ein *BOP*, ein *Broken Orange Pekoe*, die Spitzenqualität, ist auf einer von der Natur verwöhnten Plantage wie z. B. der Uva Highland noch ein Quentchen feiner und abgerundeter im Geschmack als anderswo. Ein *BOP* besteht aus den größeren Partikeln des ersten *Crush* und ist schwarz ohne jede Verunreinigung.

Auf der Qualitätsleiter geht es weiter nach unten mit den Sorten: *Flowery BOP*, *BOP Fannings*, *Flowery BOP Fannings*, *Orange Pekoe*, *Plain Pekoe*, *Dust 1* und *2* und schließlich *BMF = Broken Mixed Fannings*. Bei letzterem muß man schon nach dem schwarzen Teilchen im hellbraunen Staub suchen. Die arabischen Länder, wo kräftiger, süßer Tee beliebt ist, verlangen den Dust, und natürlich die Teeindustrie, die ihn in Papierbeutelchen füllt und uns mit dieser praktischen, zeitsparenden Neuerung beglückt.

Am obersten Ende der Qualitätsleiter gibt es den *Tip*, der noch höher als der *Broken Orange Pekoe* einzuschätzen ist. Man kennt ihn als *Golden Tip, Silver Tip, Grey Tip* und *Black Tip*, aber er ist nicht leicht zu bekommen.

Gehandelt wird der Tee Sri Lankas in Colombo. Zweimal pro Woche finden hier Auktionen statt, bevor der Tee die Reise nach Übersee antritt. Der Teehandel ist nach wie vor fest in ausländischer, meist britischer Hand. Überall in Colombo prangen die Namen der großen Teefirmen Lipton und Bond an Plakaten und Hauswänden. Mit den Auktionen beginnt auch das große Mischen. Lowgrown-Sorten werden aufgebessert, Highgrown-Sorten gestreckt.

Der Tee, lange Zeit Hauptdevisenbringer, ist in den letzten Jahren zum Sorgenkind des Agrarsektors geworden. Die Produktionsmenge fiel seit 1992 mit jährlich weniger als 180 Mio. kg auf den Stand von 1959 zurück. Ende der 80er Jahre wurden noch über 220 Mio. kg Tee produziert. Die Gründe sind vielfältig und reichen von anhaltender Dürre bis zu mangelhaftem Management. Auch wurde die Privatisierung der staatlichen Plantagen halbherzig vorangetrieben. Immerhin sind mittlerweile über 350 Plantagen mit gut 40 % der Teeanbaufläche des Landes privatisiert, und über 300 Teefabriken arbeiten ebenfalls privatwirtschaftlich. Der erhoffte Produktionszuwachs blieb dennoch aus, was von manchen der neuen Betreiber damit erklärt wird, daß lediglich die Unternehmen privatisiert wurden, während Grund und Boden in staatlichem Eigentum blieben. Untersucht wird nun, ob die Landvergabe sehr langfristig angelegt oder das Land verkauft werden soll, um Investitionen in neue Teesträucher, Fabriken und Maschinen zu fördern, vor allem aber auch die Lebensbedingungen der Pflückerinnen und Plantagenarbeiter und ihren Familien zu verbessern. Sri Lanka ist nach China und Indien drittgrößter Teeproduzent der Welt. Es werden aber rund 95 % der Ernte exportiert, während die beiden anderen ›Teegroßmächte‹ 75 bzw. 66 % ihrer Produktion selbst konsumieren. Schwer zu spüren bekam Sri Lanka die zusätzliche afrikanische Konkurrenz im Teegeschäft. Die Höhe des Angebots auf dem Weltmarkt erlaubt es bis heute den großen Markenherstellern, wie z. B. Liptons, jeden Versuch eines Erzeugerlandes abzublocken, in die im Vergleich zur Produktion viel lukrativere Vermarktung des Tees auf dem Weltmarkt vorzudringen.

Viel besser meint es der Weltmarkt in den letzten Jahren mit dem zweitgrößten agrarischen Exportgut Sri Lankas, dem Kautschuk. Vor allem im Südwesten der Insel, zwischen Colombo und Kegalle und zwischen Kalutara und Ratnapura, sind seine Hauptanbaugebiete. Der Kautschukbaum wird bis zu 20 m hoch und kann ab dem sechsten Jahr ›angezapft‹ werden. Für 30 Jahre tropft dann aus seiner spiralförmig angeschnittenen Rinde Latexmilch in ein Töpfchen oder eine halbe Kokosschale. Die Latexmilch wird mittels stark verdünnter Essigsäure in Wasser und Rohkautschuk getrennt. In viereckigen ›Fladen‹ wird dieser dann zur Veredlung verkauft. Die Anbaufläche hat sich mit der Weltmarktsnachfrage kräftig vergrößert, und man wird in den genannten Gegenden immer Kinder oder junge Frauen beobachten können, die in Eimern die Latexmilch sammeln. Malaysia und Sri Lanka decken derzeit zusammen rund 70 % der Weltproduktion an Rohkautschuk ab.

Eine im Export untergeordnete, aber für den heimischen Markt bedeutende Rolle spielen die überall im Tiefland zu findenden Planta-

Gewürze

Nirgendwo in Sri Lanka bekommt man tropische Früchte und Gewürze in einer solchen Auswahl und in einer so geschäftigen und reizvollen exotischen Umgebung geboten wie auf dem Markt von Kandy. Trotzdem lohnt ein Besuch in den Gewürzgärten nördlich von Matale, um zu sehen, wie die aromatischen Genüsse wachsen.

Curry: Das Wort Curry leitet sich von (Tamil) *kari* ab, was Soße bedeutet. Heute bezeichnet man mit Curries in Indien und Sri Lanka scharfgewürzte Fleisch-, Fisch- und Gemüsegerichte mit einer Soße aus den verschiedensten Gewürzen. Grundlage ist eine Mischung aus Chilis, Curryblatt, Fenchelsamen, Gewürznelken, Kardamom, Koriander, Kreuzkümmel, Kurkuma (das die Farbe gibt), Lorbeerblatt, schwarzem und rotem Pfeffer, Senfsamen, Zimt und etwas gemahlenem rohem Reis, zuweilen auch Ingwer, Muskatblüte und Mohnsamen. Man kann die unterschiedlichsten Currypulver kaufen, doch die meisten Hausfrauen Sri Lankas stellen ihre Mischung selbst her.

Gewürznelken *(Clove)*: die unreifen Blütenknospen des bis zu 60 Jahre alten Nelkenbaums, die zweimal im Jahr geerntet und an der Luft getrocknet werden (Abb. rechts). Nelkenstielöl wird durch Wasserdampfdestillation aus den Stielen der Blütenknospen gewonnen, das hochwertigere Nelkenöl aus den Blütenknospen bzw. den Blättern.

Ingwer *(Ginger)*: Die Ingwerpflanze ist eine etwa 1 m hohe Staude, die dicke, leicht flache Wurzelstöcke bildet, die häufig die Formen von Händen oder ›Klauen‹ annehmen. Diese werden ausgegraben, gewaschen und getrocknet sowie geschält. Ingwer wird frisch in vielen Fleisch- und Fischgerichten verwendet. Getrocknet und gemahlen ist er ein Backgewürz, er ist aber auch kandiert oder als Bestandteil von Chutneys und Pickles beliebt.

Kardamom: Pflanze aus der Familie der Ingwergewächse, bei der aber die dreifächerige Samenkapsel das Gewürz bildet, die noch grün geerntet und danach getrocknet wird. Das feine, an Eukalyptus erinnernde Gewürz wird für Backwaren und Süßspeisen, aber auch in Currymischungen verwendet, und ist besonders in arabischen Ländern als Kaffeegewürz beliebt.

Koriander: die Spaltfrüchte der einjährigen Korianderpflanze, deren strenggriechende grüne Blätter ebenfalls zum Würzen verwendet werden, aber gänzlich anders schmecken als die Samen. Diese werden vor allem zum Würzen von Fleisch und Wurstwaren benutzt, aber auch in Backwerk und Likören.

Kurkuma *(Gelbwurz, Indian Saffron, Turmeric)*: wird aus der getrockneten und gemahlenen Knolle der dem Ingwer verwandten Gelbwurz hergestellt. Das gelbe, safranfarbene Pulver wird sowohl zum Färben von Stoffen verwendet, insbesonders der Gewänder buddhistischer Mönche, als auch für Speisen und Gewürzmischungen wie Curry. Aufgrund seines englischen Namens *Indian Saffron* wird es in Übersetzungen z. B. indischer Kochbücher manchmal fälschlicherweise als Safran bezeichnet, mit dem es aber nur die Farbe gemein hat.

Muskatnuß *(Nutmeg)*: Der immergrüne Baum wird bis zu 100 Jahre alt und kann jährlich Tausende von Früchten tragen. Die Frucht enthält einen von einer rötlichen Samenhülle umgebenen Kern. Zerbricht man den Kern, ist endlich die Muskatnuß freigelegt, die hellrote, getrocknete Samenhülle kommt als Muskatblüte in den Handel.

Pfeffer: ist eine Kletterpflanze mit großen immergrünen Blättern, an deren langen Fruchtständen 20 bis 50 Pfefferbeeren hängen (Abb. links). Erntet man sie noch grün und legt sie frisch in Essig ein, bleibt es grüner Pfeffer, in der Sonne getrocknet wird daraus der aromatische schwarze Pfeffer. Läßt man die Beeren am Strauch reifen, bis sie rot sind, erhält man nach Wässern, Fermentieren und anschließendem Entfernen der Schale weißen Pfeffer.

Vanille: ist eine Kletterorchidee, deren schotenartige, lange, dünne Früchte geerntet werden, kurz bevor sie reif sind. Ihr Aroma entwickelt sich erst durch einen Beizprozeß, bei dem die Frucht in luftdichten Behältern ›schwitzt‹, dabei verliert sie Wasser, bleibt aber biegsam und wird braunschwarz.

Zimt *(Cinnamon)*: Der Zimtbaum wächst vor allem im Südwesten der Insel. Man schält die Rinde der jungen Triebe zweimal im Jahr ab, wobei nur die innersten Schichten der Rinde verwendet werden, die man zu *Quills* ineinanderschiebt und trocknet. Dabei rollen sie sich auf und ergeben, in Stücke geschnitten, die uns bekannten Zimtstangen.

Früchte

Brotfrucht *(Breadfruit)*: eng verwandt mit der Jackfrucht, aber nur ca. 2 kg schwer. Sie wird, da sie ähnlich schmeckt, als Kartoffelersatz verwendet. Saison Mai bis Juni.

Durian: kopfgroße, stachelige, dunkelgelbe bis olivgrüne Frucht mit weißem Fleisch. Die Frucht verbreitet einen unangenehmen Geruch nach Verfaultem und wird auch ›Stinkfrucht‹ genannt. Das Fleisch dagegen ›schmeckt wie die Sünde‹ und ist nicht nur unter Einheimischen sehr begehrt.

Granatäpfel *(Pomegranate)*: werden ihres Saftes wegen geschätzt, aus dem mit Zucker und Zitrone eine leckere Limonade wird.

Guave: gelbe, birnenähnliche Frucht mit festem, weiß-grünlichem bis gelbem Fruchtfleisch. Sie ist besonders reich an Vitamin C. Saison April bis Juni.

Jackfrucht *(Jackfruit)*: bis zu 30 kg schwere Scheinfrucht mit gelblichweißem Fleisch und einer hellgelb bis grünen, mit zahlreichen Noppen versehenen harten Fruchtschale. Sie wird vornehmlich als Gemüse verarbeitet. Saison April bis Juni, September bis November.

Limette *(dt. auch Limone; Lime)*: kleine runde bis birnenförmige grüne Zitrusfrucht mit hocharomatischem Zitronengeschmack, ist die Grundlage für diverse Limonaden. Ganzjährig.

Mango: Diese saftige, außen grüne über grüngelb bis rote, innen aprikosenfarbene Frucht gibt es ebenfalls in vielen Sorten. Man sagt, die Jaffna-Mango sei die beste. Saison April bis August.

Mangostane *(Mangosteen)*: ist nur dann reif, wenn die apfelgroße Frucht rostrot wird. Man drückt die Schale auf, um an den mandarinenartigen weißen Kern zu gelangen. Saison Mai bis September.

Papaya: außen grüne Frucht mit orangefarbenem Fruchtfleisch, hat die Form einer zu groß geratenen Birne. Man schneidet die Frucht auf, entfernt die zahlreichen schwarzen Kerne, ritzt das Fruchtfleisch an und träufelt etwas Limonensaft darauf. Saison ganzjährig.

Passionsfrucht *(Passionfruit)*: Man löffelt die tennisballgroße, gelbe oder rote bis dunkelbraune Frucht mit dem säuerlich schmeckenden, erfrischenden Fruchtfleisch aus oder benutzt den Saft als Grundlage für viele schmackhafte Cocktails und Longdrinks. Saison ganzjährig.

Rambuttan: weichstachelige, leuchtendrote kleine Frucht, die man leicht aufreißen kann, um das weiße Fruchtfleisch zu essen. Saison Mai bis August (Abb. oben).

gen der verschiedenen Palmenarten und besonders der Kokospalme, deren vielfältige Nutzung sprichwörtlich ist (s. S. 16 f.).

Ergänzt wird die landwirtschaftliche Produktvielfalt durch Edelhölzer, Zuckerrohr (im Südosten) und ausgedehnten Gemüseanbau im Hochland. Schon immer war Sri Lanka berühmt für seine Gewürze. Im Tiefland wird Zimt angebaut. In den mittleren Höhenlagen nördlich von Kandy wachsen alle anderen tropischen Gewürzpflanzen wie Pfeffer, Ingwer, Kurkuma, Muskat, Kardamom und Vanille.

Vielfältig ist die Fischereiwirtschaft. Sie gehört zum traditionellen Handwerk, was allein daran zu erkennen ist, daß Fischer von alters her eine eigene Kaste bilden. Entlang der West- und Südwestküste, vor allem im Raum Negombo, sind die ›Hochseefischer‹ anzutreffen, die mit ihren Auslegerbooten weit hinausfahren. Die Boote *(Ourus)* sind recht schnell und werden nach wie vor aus einem ausgehöhlten Stamm, Kokosseilen und Bambusmasten hergestellt. Im tamilischen Norden sind die Katamarane aus mehreren Bäumen zusammengefügt. Der Bootsrumpf ist so zerlegbar und kann leicht an andere Standorte transportiert werden. Vor allzuviel Romantik muß allerdings gewarnt werden. Der Fang deckt nicht einmal den heimischen Bedarf, während doch zahlreiche Studien aufzeigen, daß Sri Lanka mit einer modernen Fangflotte leicht zum Fischexporteur werden könnte. Derzeit besitzen aber nicht einmal 40 % der Fischer eigene Boote. Berüchtigt ist auch die Kinderarbeit in diesem Wirtschaftszweig. Weit verbreitet ist die Küstenfischerei unmittelbar im Brandungsbereich. Mit einem Boot wird in einem halbkreisförmigen Bogen ein gewaltiges Netz ausgebracht, das Dutzende Männer und Jungen, das Rund verkleinernd, zum Strand einziehen. Vorwiegend im Süden rund um Weligama, wo die Küste steil abfällt, angeln die Fischer auf Stelzen in der Brandung. Beide Arten der Küstenfischerei sind eher mager im Ergebnis. An Kanälen und Stauseen wird ausgiebig mit Reusen und Wurfnetzen gefischt.

Sri Lankas drittwichtigstes Exportgut sind Edelsteine und Juwelen. Rund um Ratnapura, die ›Stadt der Edelsteine‹, werden unter anderem Rubine, Saphire, Turmaline, Topase und Zirkone gefördert: ein jährliches Exportgeschäft von ca. 230 Mio. DM.

Mit einer Alphabetisierungsrate von 89 % hat Sri Lanka gute Voraussetzungen für eine fundierte wirtschaftliche Entwicklung. In Asien weisen lediglich Japan, Südkorea, Taiwan, Singapur, Thailand und die Malediven eine höhere Alphabetisierungsrate auf. Trotz dieser eigentlich guten Voraussetzung, treibt der Mangel vor allem an qualifizierten Arbeitsplätzen, gepaart mit den unklaren Zukunftsaussichten des Landes durch den Bürgerkrieg viele Sri-Lanker in die Emigration.

Von Löwenmenschen
und tausend Landesnamen

Lanka, das »strahlende«, das »leuchtende Land«, war schon im 4. und 3. Jahrhundert v. u. Z. ein Schauplatz des indischen Heldenepos Ramayana. Rama, eine Inkarnation des Hindugottes Vishnu, ist der mythische Held, dessen Leben beschrieben wird – auch in *Lanka*, dem Land der Wälder und Haine mit einer herrlichen Stadt voller »goldener Tore, smaragdener Schwellen, Straßen mit Perlen und Edelsteinen besetzt, Böden aus Lapislazuli und kristallenen Treppenhäusern«.

Als die ersten Singhalesen, aus Nordindien kommend, nahe dem heutigen Puttalam auf der Insel landeten, nannten sie das Land *Tambapanni* nach seiner roten Erde. Griechen *(Taprobane)* und später Römer machten daraus der leichteren Sprechweise wegen *Taprobana*. Die Singhalesen waren zu einem ihre Herkunft widerspiegelnden Landesnamen mit mythischen Wurzeln übergegangen. Sie nannten ihre Insel *Sinhala-Dwipa*, die Insel des Löwenhaften, abgeleitet von den Sanskritworten *Sinha* (=Löwe) und *Dwipa* (=Insel). Die Tochter des nordindischen Königs von Vaga wurde von einem Löwen geraubt und verliebte sich in den tiergestaltigen Entführer. Der Verbindung entsprangen ein Sohn und eine Tochter, die einander heirateten und das Königreich Sinhapura gründeten. Einer ihrer Söhne, der aufsässige Vijaya, wurde schließlich mit 700 Anhängern des Landes verwiesen und landete mit den ›Löwenmenschen‹ in Lanka. Bis heute findet sich das Motiv des Löwen nicht nur auf der Nationalflagge wieder, sondern auch zahlreich in der Bauplastik des Landes. Von dem Begriff *Sinha* leiteten sich später die Namen *Cilão* (Portugiesen), *Ceilan* (Holländer) und schließlich *Ceylon* als englischer Kolonialname ab.

Sinha selbst erfuhr im Laufe der Geschichte zahlreiche Veränderungen. Die Singhalesen machten daraus *Salike*, arabische Seefahrer *Selediba*, *Serendiva* und schließlich *Serendip*. Die Engländer beschrieben mit der Vokabel *Serendipity* einen Zustand paradiesischer Zufriedenheit. Arabische Seefahrer waren es auch, die der Insel Namen nach ihren Reichtümern gaben: so *Ratna-Dwipa*, die Insel der Edelsteine oder *Jazirat-al-yakut*, Insel der Rubine.

1972, 24 Jahre nach der formalen Unabhängigkeit, besann man sich wieder auf das leuchtende *Lanka* und schuf mit der Vorsilbe *Sri* (= edel, erhaben) den heutigen Landesnamen *Sri Lanka*.

Fischer bei Yala an der Südküste

Daten zur Geschichte

Fällt der Name Sri Lanka, denkt man schon lange nicht mehr nur an Tropenstrände und Traumurlaub. Vielmehr stellen sich Bilder von Krieg und Terror ein. Ein blutiger Bürgerkrieg beherrscht seit Anfang der 1980er Jahre die Inselrepublik, vor allem im Norden und Nordosten. Von dort aus verfolgt die Separatistenorganisation Liberation Tigers of Tamil Eelam (LTTE) ihr Ziel, den Tamilen Sri Lankas zu einem eigenen Staat zu verhelfen. Die Ursachen für den Bürgerkrieg zwischen Tamilen und Singhalesen, der weit mehr als 50 000 Menschen das Leben kostete, sind tief in der Geschichte des Landes verwurzelt und wurden durch die Kolonialzeit verschärft.

Vor- und Frühgeschichte

ab 500 000 v. u. Z.	Die frühesten historischen Zeugnisse des indischen Subkontinents, grobbehauene Steinwerkzeuge, sind etwa eine halbe Million Jahre alt und lassen Kontakte der Ureinwohner der Insel mit dem benachbarten Subkontinent vermuten.
um 8000 – 5000 v. u. Z.	Konkrete Funde, Stein- und Knochenwerkzeuge, reichen in die Mittelsteinzeit zurück. Aus dieser Zeit datieren die ersten Funde bei Ratnapura. Die Menschen dieser Zeit, nach dem Fundort spricht man vom *Homo sapiens Balangodensis* und den *Balangoda-Kulturen*, waren Vorfahren weddhischer Bevölkerung, wie sie in ganz Südostasien und so auch auf Sri Lanka lebten.
483 v. u. Z.	Die gesicherte Geschichte des Landes beginnt im 5. Jahrhundert v. u. Z., als der aus dem Reich seines Vaters verwiesene Prinz Vijaya (483 – 445 v. u. Z.) mit 700 Gefolgsleuten im Jahre 483 v. u. Z. an den Ufern Sri Lankas landet. Die Ankömmlinge nennen sich *Singhalesen* (Löwensöhne), indem sie sich auf Vijayas Vater berufen, der aus der Vereinigung eines Löwen mit einer Prinzessin hervorgegangen sein soll.

Anuradhapura-Periode (um 250 v. u. Z. – 1017 u. Z.)

um 250 v. u. Z.	Anuradhapura wird zum Mittelpunkt und zur Hauptstadt des Königreiches. In diese Zeit fallen zahlreiche Erobe-

rungskriege südindischer Tamilenherrscher. Anuradhapura ist zeitweilig jahrzehntelang besetzt.

248 v. u. Z. Der Mönch Mahinda, Sohn des nordindischen Kaisers
Ashoka (274–237 v. u. Z.) kommt nach Sri Lanka und
bekehrt dort in Mihintale König Devanampiya Tissa
(250–210 v. u. Z.) zum Buddhismus. Fortan begreifen
sich die Singhalesen als Hüter und ihre neue Heimat als
Hort des Buddhismus.

161 v. u. Z. Der Nationalheld Dutthagamani (161–137 v. u. Z.) besiegt in einem dramatischen Zweikampf den indischen
Eindringling Elara und wird zum Einiger Lankas.

1. Jh. Plinius (Historia naturalis) erwähnt die Insel *Taprobana*
und ihre Hauptstadt *Palaesimundus* als ›das Land jenseits des Meeres‹.

2. Jh. Erstmals wird die Insel *Taprobana* auf einer nicht mehr
erhaltenen Karte des Klaudios Ptolemaios dargestellt,

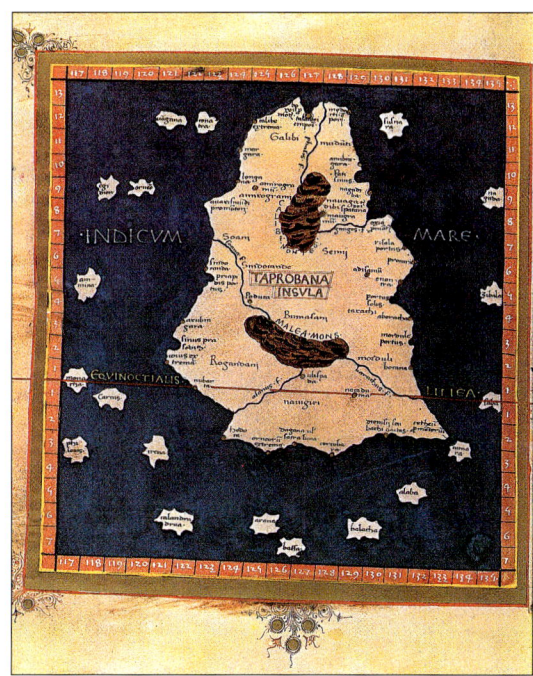

Tabrobana (Sri
Lanka) auf der
Karte nach Klau-
dios Ptolemaios

	von der aber über 50 Kopien aus dem 14. bis 16. Jahrhundert existieren.
um 500	Mönche beginnen mit der Geschichtschronik *Mahavamsa*, die ab dem 13. Jahrhundert in der *Chulavamsa* fortgesetzt wird und bis zur Ankunft der Briten Ende des 18. Jahrhunderts reicht. Ebenso lang, d. h. 2300 Jahre, regieren singhalesische Könige ihr Reich und schaffen großartige Residenzen und Tempelstädte. Eine hochproduktive Landwirtschaft entsteht durch die Entwicklung eines weite Landesteile umfassenden Bewässerungssystems, dessen Nachfolge heute die großen Stauwerke des Mahaweli Ganga angetreten haben.
477–495	Ein Streit innerhalb der singhalesischen Dynastie ruft die Tamilen auf den Plan, als Kassapa I. (473–491) seinen Vater ermordet und, die Rache des älteren Bruders fürchtend, die Bergfestung *Sigiriya* baut. Mit Hilfe tamilischer Söldner vertreibt der betrogene Bruder Moggallana (491–508) schließlich den Mörder.
7. Jh.	Die tamilischen Eroberungszüge nehmen ethnisch-religiösen Charakter an. Die tamilischen Hindus im Norden der Insel verteidigen mit Hilfe der indischen Nachbarn ihre Eigenständigkeit gegenüber der singhalesisch-buddhistischen Bevölkerungsmehrheit.
1017	Südindische Cholas nehmen nach der Eroberung und Zerstörung Anuradhapuras (947–993) dessen letzten Herrscher Mahinda V. (982–1029), der in den Süden der Insel geflohen war, gefangen. Damit endet die Anuradhapura-Zeit.

Polonnaruwa-Periode (1017–1235) und der Verfall der Königreiche bis 1505

nach 1017	Unter dem Druck der tamilischen Einfälle verlegen die singhalesischen Könige ihren Regierungssitz nach Polonnaruwa, von wo aus sie 1017 bis 1235 regieren.
1073	Vijaya Bahu (1055–1110) befreit Lanka von den Cholas.
1153–1186	Lanka erlebt eine in seiner Geschichte wohl einmalige Blütezeit unter Parakrama Bahu I. (1153–1186). Während seiner Regierung wird das Bewässerungssystem maßgeblich ausgebaut, zahlreiche Stauseen und Kanäle werden angelegt.

In den Ruinen
von Polonnaruwa

1235	Die Hauptstadt Polonnaruwa wird aufgegeben, bis 1288 wird mehrfach versucht, Polonnaruwa vorübergehend wieder zum Regierungssitz zu machen.
1235–1505	In den folgenden zweieinhalb Jahrhunderten entsteht im Norden der Insel um Jaffna ein stabiles tamilisches Königreich *Eelam*, während die singhalesische Haupt-stadt nacheinander von Dambadeniya nach Yapahuwa, Kurunegala, Gampola und Kotte verlegt wird und das alte Königreich an Einfluß verliert. Daneben entwickelt

41

sich im zentralen Bergland ein selbständiges singhalesisches Königreich mit der Hauptstadt Kandy. Parakrama
Bahu VI. (1411–1466) ist der letzte Singhalesenherrscher
über die gesamte Insel.

Kolonialzeit (1505–1948)

1505–1658   Dreigeteilt erlebt die Insel die Ankunft der Portugiesen als
erste europäische Kolonialmacht. Mit den Portugiesen
kommt die katholische Mission, der Beginn des Gewürz-
handels und damit die Anlage erster Plantagen. Nur in
und um Kandy überlebte das singhalesische Reich.

1640–1660   Die Holländer vertreiben die Portugiesen aus *Cilão* und
nennen die Insel fortan *Ceilan*. Sie kommen als Händler,
sind nicht im Auftrag der Krone, sondern der *Vereenigde
Oost-Indische Compagnie (VOC)* unterwegs und beginnen, systematisch Zimtplantagen anzulegen. Sie hinterlassen der Kolonie ihr Rechtssystem, das Grundlage für
weitere Rechtsprechung bleibt. Ihre Feldzüge gegen
Kandy sind weitgehend erfolglos.

1796   Auch die Engländer überlassen nach der Eroberung
Ceylon zunächst ihrer *East Indian Company,* bevor es
1802 Kronkolonie wird. Sri Vikrama Raja Simha
(1798–1815) ist der letzte König des noch unbesiegten
Kandy-Reichs.

1815   Das Kandy-Reich wird von den Engländern schließlich
besiegt und die Insel zum ersten Mal seit der Polonnaruwa-Zeit wieder unter einer Herrschaft vereint, freilich, wie schon der Name *Ceylon* zeigt, einer fremden.
In den nächsten 100 Jahren legen die Engländer Kaffee-,
Tee-, Kautschuk- und Kokosplantagen an, geben der
Insel eine Infrastruktur und europäische Verwaltung
sowie ein Bildungssystem. Mehr als 100 000 Tamilen
werden aus Indien als Plantagenarbeiter ins ceylonesische Hochland geholt. Die alteingesessene tamilische
Minderheit wird von den Kolonialherren nach der Regel
›divide and rule‹ gefördert.

Beginn 20. Jh.   Die Insel wird von Lebensmittelimporten abhängig. Zu
Beginn des 20. Jahrhunderts beginnen sich singhalesi-
sche Nationalisten zu Wort zu melden: der Weg in die
Unabhängigkeit beginnt.

Zeit der Unabhängigkeit (ab 1948)

4. 2. 1948   Im Vergleich zu Indien und anderen Kolonien erlangt Ceylon die formale Unabhängigkeit im *Commonwealth of Nations* unblutig und undramatisch.

50er Jahre   In den 50er Jahren verlieren 1 Mio. Tamilen durch ein Gesetz Staatsbürgerschaft und Wahlrecht, die ›Sinhala only‹-Politik der Bandaranaikes führt das Land zurück auf den Weg zu einer singhalesisch-buddhistischen Nation – zum Nachteil der tamilischen Minderheit. Neben der konservativen UNP- und der sozialistischen SLFP-Partei entsteht eine Partei der Tamilen TULF.

22. 5. 1972   Ceylon erhält eine neue Verfassung und den Namen ›Sri Lanka‹. Sozialistische Experimente in den 70er Jahren enden praktisch mit dem Bankrott der Insel.

1978   Die Republik gibt sich eine Präsidialverfassung nach nordamerikanischem und französischem Vorbild.

1982   Die Hauptstadt wird von Colombo ins nahe Sri Jayawardanapura verlegt, das ehemalige Kotte.

Juli 1983   Einem Attentat tamilischer Terroristen folgen fürchterliche Pogrome an den Tamilen in allen Städten, insbesondere in Colombo und ein Exodus von Tamilen nach Jaffna, wo sich die LTTE als führende Separatistenorganisation etabliert. Sie herrscht immer stärker mit Terrormethoden über die eigene Bevölkerung. Autonomie im Rahmen einer Föderation lehnt die LTTE erneut ab – eine politische Lösung des Bürgerkriegs ist nicht absehbar.

1992/93   Der Bürgerkrieg hat über 30 000 Tote gefordert. Im April und Mai 1993 werden Oppositionsführer Athulathmudali und Präsident Premadasa ermordet.

1994   Die Präsidentenwahlen sehen die Opposition mit Chandrika Kumaratunga als Siegerin. Sie ist die Tochter der früheren Premierministerin Bandaranaike.

1995–99   Friedensgespräche mit den ›Tamilen-Tigern‹ scheitern 1995. Der Bürgerkrieg flammt erneut auf. Trotz der Einnahme von Jaffna durch die sri-lankische Armee bleibt die Situation des Landes bis 1998 gekennzeichnet durch Attentate in der Hauptstadt, durch militärische Sperrgebiete im Norden und Osten und durch Zensur. Durch vorgezogene Präsidentschaftswahlen im Dezember 1999 versucht Frau Kumaratunga ein eindeutigeres Mandat zur Bekämpfung der Terroristen zu bekommen.

Gesellschaft, Kunst und Kultur

Sri Lanka:
Ein Vielvölkerstaat

Buddhismus:
Die Staatsreligion

Hinduismus:
Religion der Tamilen

Ein Kalender voller Feste

Tanz und Theater

Kunst und Kunsthandwerk

Buddha in Mihintale

Sri Lanka:
Ein Vielvölkerstaat

An der Schwelle zum 3. Jahrtausend wird die Einwohnerzahl Sri Lankas die 20-Mio.-Grenze überschreiten. Das hohe Bevölkerungswachstum (erste Volkszählung 1871 = 2,4 Mio.) ist in erster Linie verbesserten hygienischen Verhältnissen und dem von den Briten ausgebauten Gesundheitswesen zu verdanken. Die größte Geißel, Malaria, der Mitte der 1930er Jahre noch innerhalb weniger Wochen rund 80 000 Menschen zum Opfer fielen, ist nun weitgehend zurückgedrängt, wenn auch in letzter Zeit resistente Stämme der die Krankheit übertragenden Fieber-Mücke (Anopheles) wieder steigende Zahlen von Malaria verursachten.

Die Masse der Bevölkerung lebt auf dem Land, doch hat die Zahl der Städter in den letzten Jahren stark zugenommen. Mit angeblich vielen Arbeitsplätzen und für Landbewohner ungeahnten Konsummöglichkeiten wirkt vor allem Colombo wie ein Magnet. An der Peripherie der Stadt haben sich zahlreiche Slums gebildet.

Abgesehen von den alten Metropolen Anuradhapura und Polonnaruwa begann die städtische Entwicklung erst nach der Ankunft der europäischen Kolonialmächte. Negombo, Colombo, Galle oder Trinco (Trincomalee) haben europäische Keimzellen und sind keine singhalesischen oder tamilischen Siedlungen. Noch heute wird dies besonders deutlich, wenn man von der Plattform des Leuchtturms in Galle über die Ziegeldächer des alten Stadtkerns im Fort schaut. Unwillkürlich denkt man an Bilder holländischer Städte.

Auch die Sommerresidenz der Briten, Nuwara Eliya, mit Golfplatz und Pferderennbahn, ist durch und durch europäisch. Daß die Sri-Lanker die Tradition der ›Sommerfrische‹ in der kühlen Bergluft übernommen haben, ist wohl in erster Linie eine Statusfrage und keine klimatische Notwendigkeit. Singhalesische Identität hingegen zeigen die Dörfer. Sie fügen sich manchmal kilometerlang ein zwischen die überfluteten Reisfelder. Die Hütten stehen auf trockenen Erhöhungen umgeben von Gärten, in denen Obst und Gemüse angebaut wird.

Im Bergland werden die Dörfer dichter gebaut, die Reisfelder sind an den Hängen terrassiert. Auch hier fehlen wie in jedem noch so kleinen Dorf weder Gärten noch Tempel.

Die ärmlichste Siedlungsform in Sri Lanka ist wohl die der Fischerdörfer, die sich unmittelbar am Meer unter Palmen ducken. Den Fischerfamilien gehört nicht einmal das Land; sie und ihre Palmhütten werden von den Plantagenbesitzern meist nur geduldet.

Kommen Zäune in Sicht, handelt es sich um ein tamilisches Dorf. Mit Palmblättermatten, gelegentlich auch Brettern, schützt sich die Bevölkerung im Norden vor neugierigen Blicken – eine Einrichtung, die um so mehr auffällt, als sie in den singhalesischen Dörfern fehlt.

Die Bevölkerungsdichte Sri Lankas liegt im Durchschnitt etwas höher als die der Bundesrepublik. Mehr als die Hälfte, man sieht es förmlich bei der ersten Fahrt vom Flughafen nach Colombo, lebt aber im Südwesten des Landes mit einer Bevölkerungsdichte von 500 –700 Menschen pro km². Das bunte Gemisch von Rassen und Religionen läßt sich in vier Hauptgruppen einteilen: Singhalesen, Tamilen, Moors sowie Burgher, Malayen und Weddhas. Damit korrespondieren die Religionszugehörigkeiten: Buddhisten, Hindus, Christen und Moslems.

Auf Herkunft und Gegensätze zwischen Singhalesen und der größten Minderheit, den Tamilen, ist schon in den ›Daten zur Geschichte‹ hingewiesen worden (s. S. 43), deshalb hier nur die Ergänzung einiger sozialer Besonderheiten, wie sie auch dem Besucher begegnen. Obwohl Buddhisten, gliedert sich auch die singhalesische Bevölkerung in Kasten, allerdings mit einer berufsbezogenen Ordnung, während sie bei den tamilischen Hindus eine religiöse ist. Zudem milderte der Buddhismus allzu rigide Trennungen. Die moderne Gesellschaft mit einer europäischen Rechtsordnung, die keine Rücksicht auf das Kastenwesen nimmt, sowie die neuen Industrieberufe schwächen die alte Ordnung zusätzlich. Über die Hälfte aller Singhalesen gehört der Bauernkaste *(Govigama)*, der höchsten Kaste an, es folgen die Fischer *(Karava)*, Zimtschäler *(Salagama)*, Palmzapfer *(Durava)* oder Wäscher *(Hena)*.

All dies zeigt historische Abfolgen. Die Zimtschäler waren angesehen, weil es holländischen Interessen entsprach. Dafür fehlen moderne Berufsstände wie Industriearbeiter oder Handelsvertreter völlig. Trotz der mangelhaften Widerspiegelung der gesellschaftlichen Realität ist das System der Kasten weiter wirksam. Hochrangige Politiker gehören fast ausnahmslos der obersten Kaste an. Die große Ausnahme war Präsident Ranasinghe Premadasa, der Anfang 1989 ins Amt kam und am 1. Mai 1993 einem Attentat erlag. Er gehörte der Wäscherkaste an und war im Umgang mit dieser Tatsache wenig souverän. Gleich nach Amtsantritt verbot er der Presse, seine Kastenzugehörigkeit zu erwähnen, und ließ unbotmäßige Auslandskorrespondenten ausweisen.

Erstaunlicherweise müssen gerade Mönche, mit Ausnahme eines einzigen Ordens, der obersten Kaste entstammen. Traditionell wurden Fremde hochkastig eingestuft, eine Wertung, die sich in gewisser Weise auch auf Touristen weitererstreckt.

Um vieles rigider ist nach wie vor die religiös bedingte Kastenstruktur der Hindus. Auf der ober-

sten Stufe stehen die *Brahmanen* (Priester). Ihnen folgen die landbesitzenden *Vellala* (Bauern) sowie die Bauern, welche Land gepachtet haben *(Kovias)*, dann die Handwerker und Fischer und schließlich am unteren Ende die *Paravas*, vergleichbar den Unberührbaren in Indien. Obwohl die Tamilen als Minderheit wie eine homogene Volksgruppe erscheinen, bestehen auch Standesunterschiede zwischen den Tamilen in Jaffna, Mannar oder in Batticaloa. Hier vermischen sich Tamilen und Moslems. Zunehmend kompliziert wird die Zusammensetzung der Tamilen durch die Tatsache, daß die christliche Mission hier recht erfolgreich war. 15–20 % der Tamilen sind Christen, und immer wieder überrascht den Besucher der Anblick von Kirchen, vornehmlich entlang der Küsten.

Ebenso wie die Buddhisten verbrennen auch die Hindus ihre Toten innerhalb von 24 Stunden. Immer wieder begegnet man an den Straßen kurzen Abschnitten, die mit dreieckigen weißen oder orangefarbenen Wimpeln gekennzeichnet sind sowie mit frischen geflochtenen Palmblättern. Es ist die Wegstrecke, die die Trauerprozession vom Haus des Verstorbenen zur Stelle der Feuerbestattung nimmt. Häufig haben sich Verstorbene ihren Bestattungsplatz selbst ausgesucht. Stirbt ein Buddhist, so wird er gewaschen, in weiße Tücher gehüllt und zu Hause aufgebahrt. Die Familie darf bis zur Bestattung nicht kochen und wird von Nachbarn versorgt. Vor der Prozession kommen Mönche und beten, dann setzt sich der Trauerzug entlang der markierten Strecke in Bewegung, wobei Freunde und Verwandte den Sarg tragen. Nach der Verbrennung wird die Asche in einer Urne beigesetzt.

Ein verstorbener Hindu wird mit heiliger Asche eingerieben. Ist ein Familienvater gestorben, geht der älteste Sohn unter einem Baldachin dem Trauerzug voran. Er entzündet auch den Scheiterhaufen. Die eingesammelte Asche wird nach 31

Tagen in einen Fluß oder See gestreut, da Wasser den Hindus als Schnittstelle zwischen der diesseitigen und der jenseitigen Welt gilt.

Für eine hinduistische Frau gilt es als passend, vor ihrem Mann zu sterben. Bei ihrer Hochzeit ist ihr Bräutigam zu ihrem ›Gott‹ erklärt worden, und es gilt als großes Unglück, wenn ihr ›Gott‹ vor ihr verstirbt. Bei einem solchen Begräbnis erscheint die Witwe in ihren Brautkleidern, und sie trägt ihr goldenes Halsband, welches sie bei der Hochzeit angelegt bekam und das nun abgeschnitten wird als Symbol, daß sie nie wieder Schmuck oder bunte Saris tragen darf. Allein weiße Kleidung ist ihr erlaubt. In der auch in Sri Lanka zunehmend säkularisierten Gesellschaft werden solche Bräuche aber mehr und mehr ›vergessen‹.

Obwohl ebenfalls eine Minderheit, haben sich die *Moors*, wie die Portugiesen die Moslems auf der Insel nannten, gesellschaftlich integriert. Zu Spannungen rassischer oder religiöser Art mit der singhalesischen Mehrheit kommt es praktisch nicht. Die meisten der Moslems sind Nachfahren arabischer Händler, die sich schon im 8. Jahrhundert auf der Insel niederließen. Sie leben vorwiegend in den Städten. Im Raum Hambantota im Süden leben malaiische Moslems, die an der arabischen Sprache festhalten, während die Moors meist Tamil sprechen. Als Händler kamen sie immer mit allen Rassen und Gruppen Sri Lankas in Kontakt, kannten und übernahmen deren Gewohnheiten. Hier ist sicher der wesentliche Grund für ihre Anpassung an die Gesellschaft des Landes zu suchen. Durch ihre Religion bedingt, bilden die Moslems gleichwohl in Städten und Dörfern kleine Kolonien.

Eine kleine, aber nicht zu übersehende Minderheit wegen ihrer Hautfarbe sind die *Burgher* (holländische Städter). Zu ihr werden alle Nachfahren der europäischen Kolonisten gerechnet. Ihr sozialer Status ist abhängig vom Grad ihrer Vermischung mit Singhalesen oder

Tamilen: je heller, desto anerkannter. Meist sind sie Lehrer, Juristen, Beamte und leben vornehmlich in den Städten entlang der Westküste. Ihre Situation veränderte sich schlagartig, als Singhalesisch Staatssprache wurde und dies die englischsprechenden Burgher aus einer in gewisser Weise privilegierten sozialen Stellung riß. Viele verließen das Land nach 1956, die Zurückgebliebenen verlieren zunehmend ihre Rollen als Minderheit und gehen in dem bunten Gemisch der sri-lankischen Gesellschaft auf.

Kaum etwas kann so einfach erklären, warum die Ureinwohner Sri Lankas verschwinden, wie die Bedeutung ihres Namens: *Weddha*. Er stammt aus dem Sanskrit und bedeutet Jäger; Jäger, die abgeschieden in den undurchdringlichen Urwäldern der Insel lebten und nur an den Grenzen zu den Siedlungsgebieten der Singhalesen etwas Handel mit ihrer Beute und Honig betrieben.

Heute verschwindet die Lebensgrundlage der Jäger: ihr unberührter Urwald. Die Bevölkerungszahl Sri Lankas wächst rasch, Anbauflächen für Nahrungsmittel werden gebraucht. Die letzten Ureinwohner Sri Lankas werden zunehmend assimiliert, geben ihre traditionelle Lebensweise auf und werden seßhaft; vielleicht wird der Staat in den Wäldern zwischen Mahiyangana und dem Gal Oya National Park ein Reservat einrichten. Anthropologen haben rassische Verwandtschaft der Weddhas mit Pygmäen und Buschnegern Afrikas, den australischen Aborigines und den Andamanesen von den Inseln in der Bucht von Bengalen festgestellt. Die Mehrzahl der Weddhas hat sich heute mit Singhalesen und Tamilen vermischt, und zumeist sind äußerliche Unterschiede kaum noch feststellbar.

Angehöriger der Weddhas

Buddhismus:
Die Staatsreligion

Tempel, Mönche in orangefarbenen Roben, bunte längs- und quergestreifte Fahnen, zu Ruinen verfallene Dagobas und moderne Statuen – überall in Sri Lanka tritt der Buddhismus in Erscheinung, diese asiatische Religion, die in ihrer Grundform vielmehr eine Philoso-

phie ist und eine praktische Anwei-
sung, wie man die Leiden des Lebens und der Welt überwindet.
Denn es ist der Ursprung aller Religionen, sich vom Leiden zu befrei-
en, die Bürde abzuwerfen, wie immer sie für den einzelnen auch
aussehen mag. Da sich dieses Vorhaben im Alltag mit seinen Ver-
lockungen und Widrigkeiten nur
schwer verwirklichen läßt, verle-
gen Religionen die Leidensbefrei-
ung ins Jenseits. Gottgläubige Menschen sehen die Verheißung nach
dem Tod, was bis zu extremen Formen der Leidensbereitschaft im Leben führt.

Als Siddharta Gautama (um
560 – 480 v. u. Z.) in fürstlichem
Haus am Südrand Nepals auf-
wuchs, muß das breite Götterge-
bäude des Hinduismus mit den
Priestern *(Brahmanen)* und ihren
kultischen Opferhandlungen, die
die Götter freundlich stimmen sollten, nur noch von geringer Über-
zeugungskraft gewesen sein. Siddharta Gautama, der zuerst ein si-
cheres Leben am fürstlichen Hof
mit Frau und Kind, dann nach ein
paar Jahren auch den Gegenpol
der Askese hinter sich ließ und in
tiefer meditierender Versenkung
die ›edlen Wahrheiten‹ fand, um
Not und Leiden zu überwinden,
traf ein Bedürfnis seiner Zeit.

Siddharta Gautama, der nach
seiner Eingebung in einer Vollmondnacht im Mai den Namenszu-
satz Buddha (der Erwachte) führte,
hatte eine Reformphilosophie ent-
worfen, die bald religiöse Züge an-

Lotosblüten als Opfergaben

nahm und sich rasch über den indischen Subkontinent verbreitete.

Kein Gott, keine Belohnung
oder Strafe im Jenseits, nur ein Lehrer: Buddha. Die Überwindung des
Leidens kann jetzt, hier und heute
begonnen werden, indem man Ab-
stand gewinnt von Extremen,
Selbstbegierde und Kasteiung. Eine
Lehre, die auf einseitige Betonung
des Rationalen ebenso verzichtet
wie auf den Zustand Glauben. Der
Mensch steht im Mittelpunkt, oder
wie ein Mönch sagte: »Es gibt keinen Gott, der verehrt werden will,
es gibt kein anderes übernatürli-
ches Wesen als den vollkommenen
Menschen.«

Die vier Kernwahrheiten des Buddhismus

Die heilige Wahrheit vom Leiden: Geburt, Alter, Krankheit, Kummer, Gram, Verzweiflung, von Liebem getrennt, mit Unliebem vereint, nicht erhalten, was man begehrt.

Die heilige Wahrheit von der Entstehung des Leidens: jenes die Wiedergeburt erzeugende, von Wohlgefallen und Lust begleitete sinnliche Begehren nach ewigem Dasein und nach Selbstvernichtung.

Die heilige Wahrheit von der Aufhebung des Leidens: die restlose Vernichtung und Befreiung von diesem Begehren.

Die heilige Wahrheit von dem zur Aufhebung des Leidens führenden Pfad, der ›achtfache Pfad‹: rechte Erkenntnis, rechte Gesinnung, rechte Rede, rechtes Tun, rechter Lebensunterhalt, rechtes Streben, rechte Achtsamkeit und rechte Sammlung.

Jeder für sich muß die Erleuchtung aus eigener Kraft erfahren, um ebenfalls den Buddha-Status zu erreichen und dem Kreislauf der physischen Existenz zu entkommen.

Der historische Buddha lehrte selbst noch einige Jahrzehnte, gründete den Mönchsorden, denn es war klar: wer so weit kommen wollte, mußte sich ganz der Lehre und der Erkenntnis widmen. Nach Buddhas Tod wurde immer deutlicher, daß man es mit einem Gedankengebäude von recht elitärem Anspruch zu tun hatte. Wie sollte der einfache Mensch an der Dreiteilung *Buddha* (Lehrer und Stifter), *Dharma* (Lehre) und *Sangha* (Mönchsorden) teilnehmen? Er war als Laie ohne Kulthandlungen nahezu ausgeschlossen mit der Folge, daß er zwar der Hochreligion des Buddhismus anhing, aber gleichzeitig im täglichen Leben weiter den Göttern für den Hausgebrauch Opfer brachte.

Drei Konzile rückten die Lehre so zurecht, daß auch der Laie praktizierender Buddhist werden konnte. Mit dem *Pali-Kanon* wurde in drei Abteilungen (*Tripitaka* = Dreikorb) alles aufgeschrieben, was bisher mündlich von Buddhas Lehren, Ordensdisziplin und philosophischen Erörterungen überliefert war. Was nun folgte, hätte Buddha sicher mit einem wissenden, milden Lächeln begleitet: den Streit um die rechte Auslegung der Texte.

Sri Lanka war und ist eine Hochburg des *Theravada*-Buddhismus, einer Schule des *Hinayana*-Buddhismus. Durch die Kriege mit den südindischen Mächten und die nachfolgende Kolonialzeit wurde der *Sangha* dezimiert, im 18. Jahrhundert schließlich durch burmesische und thailändische Mönche wiederbelebt. Aus dieser Zeit stammen die drei existierenden Sekten in Sri Lanka *(Nikayas)*, die sich allerdings weniger in der Lehre als in ihrer personellen Zusammensetzung und in der Art, wie die Robe getragen wird, unterscheiden.

In Kandy ist der Orden *Siam Nikaya* beheimatet, gegliedert in die beiden Klöster Asgiriya und Malvatta. Lediglich Angehörige der beiden obersten Kasten dürfen ordiniert werden. Als Antwort auf diese diskriminierende Bestimmung wurde Anfang des 19. Jahrhunderts der Orden *Amarapura Nikaya* gegründet; er kennt keine Kastenbeschränkung und ist in Balpitiya bei Galle beheimatet. Als dritte und kleinste Sekte entstand 1835 die *Ramanya Nikaya*. Dem Gründer, einem Mönch, schienen die beiden anderen Orden zu materialistisch geworden. Die *Ramanya Nikaya* hat ihren Sitz in Ratmalana südlich von Colombo und ist im Verhältnis zu ihrer Größe von einigem Einfluß.

Die Mönche *(Bhikshus, Pali: Bhikkhus)* der beiden Siam-Klöster in Kandy bedecken nur eine Schulter mit ihren Roben und tragen einen Regenschirm. Die *Bhikshus* des Amarapura-Ordens bedecken beide Schultern und tragen ebenfalls einen Schirm. Die Ramanya-Mönche schließlich halten beide Schultern bedeckt, tragen aber keinen Schirm, sondern das traditionelle Palmblatt.

Heute leben in Sri Lanka etwa 13 000 –15 000 Mönche in mehr als 5000 Klöstern. Jeder kann Mönch werden. In Sri Lanka bleibt er es dann für sein Leben, hier kennt man die zeitweise Ordinie-

Die drei Richtungen des Buddhismus

Hinayana (Kleines Fahrzeug): die orthodoxe, ursprüngliche Form, auch Theravada (Lehre der Älteren) genannt, die sich an die Lehre Buddhas hält und eigentlich nicht als Religion, sondern als Philosophie anzusprechen ist. (Sri Lanka, Burma, Thailand, Laos, Kambodscha)

Mahayana (Großes Fahrzeug): Weiterentwicklung, in der Buddha als Abbild des Absoluten, als Gottheit entrückt, und Bodhisattvas in Erscheinung treten. Diese sind gewissermaßen schon buddha-gleiche Mönche, auch Laien, die aber ihren Eingang ins Nirvana noch verschieben, um auf der Welt Gutes zu tun. Der religiöse Gedanke der Fremderlösung kommt wieder auf, mit allen Begleiterscheinungen der Anbetung. (China, Japan, Korea, Vietnam)

Vajrayana (Diamantenes Fahrzeug): schon der Name verrät Verdinglichung und Rituale. In dieser jüngsten Entwicklung des Buddhismus werden allerlei kultische und geheimnisvolle Rituale zur Hilfe genommen, um ins Nirvana eingehen zu können. (Himalaja-Staaten)

Dagobas und Mudras

Fast immer wird eine buddhistische Tempelanlage von einer *Dagoba* (in Indien *Stupa* genannt, *Pali: Thupa*) beherrscht. Ihr Ursprung liegt im Grabhügel über der letzten Ruhestätte des historischen Buddha bzw. anderer Heiliger. Sie ist ein massives Gebäude ohne einen von Menschen zu nutzenden Innenraum. Sie hat ein Zentrum, eine Achse, ist

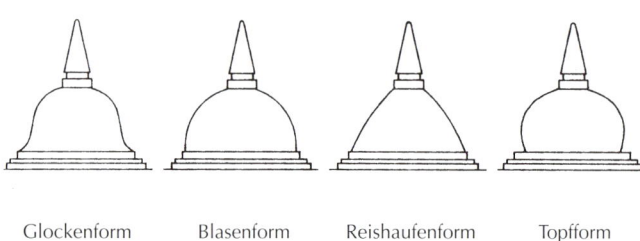

| Glockenform | Blasenform | Reishaufenform | Topfform |

an den Himmelsrichtungen ausgerichtet und besteht aus klaren geometrischen Formen. Ihre Funktion ist rein symbolischer Art: sie dient als Reliquienschrein physischer Überreste Buddhas, Erinnerungsmal oder Votivgabe. Aus Funden von kleinen, meist aus Halbedelstein geformten Dagobas, die man in Reliquienkammern großer Dagobas fand, weiß man, daß es mindestens vier Formen gegeben hat.

Heute findet man nur noch die Blasen- *(Bubbulakara)* und die Topfform *(Ghatakara)* vor, denn Dagobas sind häufig umgebaut worden. Eine Dagoba – das Wort stammt aus dem Sanskrit und bedeutet Reliquienkammer (*Dhatu* = Reliquie; *Garbha* = Kammer) – setzt sich aus mehreren Elementen zusammen: drei umlaufenden Terrassen für Blumenopfer; der Kuppel, die das Weltei symbolisiert; dem viereckigen Götterhaus und den konisch zulaufenden Schirmen, die den Himmel symbolisieren; an der Spitze schließlich ragt die Weltachse heraus. Für die Blumenopfer wurden später an den Kardinalpunkten Altäre *(Vahalkadas)* geschaffen. In der Mitte des massiven Backsteinbaus befindet sich eine Reliquienkammer. Kleine Dagobas wurden auch mit einem runden, auf Steinsäulen ruhenden Holzdach überbaut.

Mudras nennt man die Gesten der Buddha-Statuen. An der Fußstellung ist bei den liegenden der schlafende vom sterbenden Buddha zu unterscheiden. Schläft der Buddha, liegen die Füße parallel; stirbt er, ist der untere Fuß leicht vorgeschoben.

Furchtlos zeigt sich Buddha in der *Abhaya-Haltung* (1). Die Linke hängt herab, die Handfläche der rechten, erhobenen Hand weist nach vorn, es ist auch eine Geste der Ermutigung. In der ähnlichen Haltung (2) weist auch die linke Handfläche nach vorn, es ist die Geste der Gunstgewährung *(Varada)*; die rechte Hand, Daumen und Zeigefinger

1   2   3   4

formen das Rad der Lehre, zeigt die Geste der Lehrdarlegung *(Dharmavakyana)*.

Am häufigsten findet man den sitzenden Buddha mit übereinandergelegten Beinen und Händen, Fußsohlen und Handflächen zeigen nach oben. Diese *Dhyana-Haltung* (3) zeigt den tief meditierenden Buddha. Der lehrende Buddha sitzt mit gekreuzten Beinen, seine Finger der rechten Hand bilden einen Kreis, die der linken deuten darauf. Weist der Buddha mit seiner Rechten auf den Boden, während die Linke mit der Handfläche nach oben im Schoß liegt, heißt die Geste *Bhumisparsha:* er ruft die Erde als Zeugen für seine Erleuchtung an (4).

Mönch in Anuradhapura

rung wie in Burma kaum. Zunehmend gibt es aber sogenannte Regenzeit-Klausuren. Für drei bis vier Monate können Laien in ein Kloster eintreten und dort nach den Mönchsregeln leben, das heißt auch: täglich ab 12 Uhr mittags keine feste Nahrung mehr zu sich nehmen. Vielfach ist es in singhalesischen Familien Brauch, daß der jüngste Sohn Mönch wird; die Jungen treten dann mit etwa zehn Jahren in einen Orden ein.

Nonnen *(Bhikshunis)* bilden nach Buddhas Lehre einen eigenen Orden. Der *Bhikshuni Sangha* spielte einst auch in Sri Lanka eine maßgebliche Rolle bei der Verbreitung und Pflege des Buddhismus.

Während der Kriege mit Südindien wurden seine Klöster jedoch zerstört und nicht wiederbelebt. Heute gibt es einen dogmatisch anmutenden Streit zwischen Mönchs-Sangha und Bhikshunis, die nach selbst auferlegter klösterlicher Disziplin leben, aber keinen Orden bilden. Abhilfe könnte eine ordinierte Nonne aus Korea, Japan oder China schaffen, aber diese sind Vertreter des *Mahayana*, und, so bestimmt es der (männliche) *Sangha,* damit würden fundamentale Regeln verletzt. Für rund 2500 *Bhikshunis*, die doch keine sind, ist das ein hartes Los, denn sie können die Buddhistische Universität nicht besuchen, auch haben sie weniger soziales Prestige.

Das Prestige ist für den *Sangha* an sich sehr hoch und wird in der Bevölkerung noch verstärkt durch die Lehrtätigkeit der Mönche in den Dörfern. Außerdem hat der *Sangha* erheblichen politischen Einfluß, nicht nur durch den Besitz an Land, der in den Jahrhunderten durch königliche Schenkungen zusammenkam, sondern vor allem durch nationalistische Strömungen, wie sie Anfang des 20. Jahrhunderts begannen und zur Unabhängigkeit führten. Staat und Buddhismus bleiben eng verbunden. Die Geschichte der heilgen Zahnreliquie (s. S. 65 ff.) ist nur ein Beispiel. 1956 unterstützte der *Sangha* die ›Sinhala-only‹-Sprachkampagne der linksgerichteten Sri Lanka Freedom Party. 1977, als diese dann darangehen wollte, die Klö-

ster zu besteuern, stellte sich der *Sangha* deutlich auf die Seite der Politiker der konservativen UNP. Unbestritten kommt aus dem *Sangha* auch viel Antrieb für einen harten Kurs in dem Rassenstreit mit den Tamilen der Insel. Viele Buddhisten und besonders Mönche sehen sich als auserwähltes Volk, den Theravada-Buddhismus zu hüten, und denken entsprechend chauvinistisch und unversöhnlich.

Aber wie paßt das alles zusammen? Sri Lanka als Hort des ursprünglichen *Theravada*-Buddhismus, als Hort der Philosophie, und trotzdem Reliquienverehrung, Buddha-Statuen, Tempel und Mönche, die sich in die Politik einmischen? Nun, ein erheblicher Teil des *Sangha* lebt nach wie vor in abgeschiedenen Waldklöstern oder Dörfern, und die Mönche sind vornehmlich

Gebetsfahnen

damit beschäftigt, die Lehre Buddhas zu erfassen. Die Laien, also rund 70 % des Volkes, lassen sich wohl durch Reliquien an die Lehre Buddhas erinnern, bringen aber gleichzeitig auch ihren lokalen Geistern und Göttern Opfer dar. Ersteres ist Mahayana- Einflüssen zuzuschreiben, letzteres störte auch den Buddha nicht, der es als Station auf dem Weg zur Erleuchtung hinnahm, denn auch alle Götter sind der Wiedergeburt und den Leiden ausgesetzt, und sei es nur, weil sie Fiktionen leidender Menschen sind.

Hinduismus: Religion der Tamilen

Hindu kann man nicht ›werden‹, denn der Hinduismus, die Religion der tamilischen Minderheit, ist eine religiös-soziale Komponente der indischen Kastengesellschaft, in die man hineingeboren wird. Mit der Geburt in eine Kaste ist auch die Beziehung zu den Göttern gegeben. Die Ursprünge dieser Religion, deren Name sich vom Fluß Indus herleitet, verlieren sich im Dunkel der Geschichte. Glaube und Riten beginnen konkreter zu werden in den *Veden* (heiliges Wissen), einer theologischen Literatur, die zwischen 1500 und 1000 v. u. Z. entstand. Ergänzt durch einzelne Opferbeschreibungen *(Brahmanas)* und Geheimlehren *(Upanishaden)*, stellt sich der Hinduis-

mus als eine fast unüberschaubare Götterwelt dar und ist doch eine monotheistische Religion, denn alle Götter sind nur Varianten und Manifestationen des einen Gottes.

Zunächst, in der vedischen Fassung, wurde das Leben nach dem Tod als Fortsetzung begriffen, dessen Qualität vom diesseitigen Handeln abhängt. Später setzte sich die Ansicht durch, daß auch im Jenseits der Tod eine Rolle spielt und der Mensch mehrfach sterben muß, wenn er nicht durch Opfer, Handlungen und Riten den Kreislauf der Wiedergeburten und des erneuten Sterbens durchbricht. Das *Karma* (ewiges Weltgesetz) und der *Kreislauf der Wiedergeburten* sind allen Spielarten des Hinduismus eigen. Das ganze Glaubens- und Göttersystem ist dabei ständigen Ergänzungen und Veränderungen unterworfen. Die Göttertrinität aus Brahma, Vishnu und Shiva repräsentiert das Absolute. Brahma gilt als der Schöpfer, Vishnu als der Erhalter und Shiva als der Zerstörer. Das System war so flexibel, daß selbst Buddha in seiner Reformerrolle als eine Inkarnation Vishnus vereinnahmt wurde.

Die Hindus Sri Lankas sind *Shivaiten*, das heißt der Gott der Zerstörung und der Potenz, seine Gemahlin *Paravathi*, seine Söhne *Ganesha* (der Elefantenköpfige) und *Skanda* (der im Süden als *Kataragama* verehrt wird) nehmen zentrale Plätze in der Götterwelt ein. Zu Hause beginnen die Hindus frühmorgens, ihre Götter an Haus-

Devale und Kovil

Tempelanlagen gelten den Hindus als Vermittlungsort zwischen dies-
seitiger und jenseitiger Welt. Wie die Gestaltung des Weltbergs *Meru*
und des gesamten, unüberschaubaren Götterpantheons der hinduistischen Religion erhebt sich über dem Zentrum des *Devale* oder des
kleineren *Kovil* (er ist keinem bestimmten Gott geweiht) ein stufenför-
mig aufgebauter Turm, reich verziert mit phantasievollem plastischem
Schmuck: Göttern und Menschenbildern sowie gegenständlichen, oft
verkleinerten architektonischen Darstellungen. Es scheint geradezu,
als sei die gesamte Tempelarchitektur nur Mittel zum Zweck, die Götterwelt der Hindus wirkungsvoll nach außen zu repräsentieren. Denn
im Vergleich zum prunkvoll gestalteten Äußeren sind die in ihrem
Grundriß rechteckigen Devale und Kovil innen schlicht, ja oft kahl.
Die Kulthandlungen der Gläubigen finden draußen statt, in Form von
Prozessionen, die um den Tempel herumführen. Höhepunkte sind die
alljährlichen Tempelfeste.

Zur Opferzeit *(Puja)* bringen Hindus drei- bis viermal täglich Früchte
und Reis, Geld, Blumen und Kokosöl als Opfergaben zu ihrem Tempel,
wo diese von Priestern in das Allerheiligste *(Garbha Gritha)* getragen
werden, das von den Gläubigen nicht betreten werden darf; ein Vor-
raum *(Antarala)* trennt es von der allen zugänglichen Versammlungshalle *(Mandapa)*. Das Heiligenbild und meist ein phallisches Symbol
Shivas *(Lingam)* bilden den einzigen Schmuck des Allerheiligsten.

In der Mitte des ersten Jahrtausends entfaltete sich die hinduistische
Architektur und Reliefkunst in Indien zu voller Blüte, deren großartigste Werke in Südindien erhalten sind. Von dort übte die indische Kunst
ihren Einfluß auch auf Lanka aus, und zwar sowohl in der späten Anuradhapura-Zeit als auch – stärker noch – während der singhalesischen
Renaissance der Polonnaruwa-Periode. Außer den Resten hinduistischer Tempel geben auf der Insel vor allem Mischformen buddhistischer und hinduistischer Architektur hiervon Zeugnis. So zeigen die
singhalesischen Statuenhäuser, in denen Buddha-Statuen aufgestellt
waren, den Grundriß eines Hindu-Tempels.

Das Nebeneinander und Miteinander der beiden großen Religionen
in Sri Lanka belegen bis heute die vielen, oft etwas versteckt gelegenen
Hindu-Tempel, vor allem aber die *Kandy-Perahera*, die deutlicher als
jedes andere kulturelle Ereignis der Insel die gemeinsame Tradition
von Buddhismus und Hinduismus aufzeigt.

altären anzubeten. Mit heiliger Asche werden ein Punkt, das dritte Auge, oder drei waagerechte Striche auf die Stirn gemalt. Mehrmals täglich bringen sie ein Opfer in Form von Blumen, Nahrungsmitteln oder Kokosöl zum Tempel. Ziel ist es, mit der Weltseele, dem Absoluten, eins zu werden und dem Kreislauf der Wiedergeburten zu entgehen. In den Tempeln, noch mehr aber bei den hinduistischen Festen wie dem Kataragama-Fest (s. S. 62), ist oft eine völlig entrückte Hingabe an die Opferhandlung zu beobachten.

Ein Kalender voller Feste

Sri Lanka feiert viel und gern. Es gibt kaum eine Handlung des täglichen Lebens, sei es zu Hause, im Beruf oder im religiösen Bereich, die nicht ritualisiert würde und nur zu leicht den Charakter einer Zeremonie erhält. Kein Dorf auf der ganzen Insel, das nicht ein jährliches Fest vorweisen kann. All diese Fülle wird noch vermehrt durch die verschiedenen Religionsgemeinschaften, die sich mit ihren Feierlichkeiten ergänzen. Da ist bis heute das Kalendarium der christlichen Kolonialherren gültig mit seinen wöchentlichen Sonntagen, freilich ergänzt durch den monatlichen *Poya*, den Vollmondtag des buddhistischen Kalenders. Um diesen Tag gibt es ein regelrechtes Festge-

dränge. Daneben gilt es, den ganzen Reigen der hinduistischen Feiern der tamilischen Bevölkerung nicht aus den Augen zu verlieren, und auch die Moslems steuern ihren Teil zum bunten Kaleidoskop der Feste bei.

Das prächtigste Fest von allen, die *Kandy-Perahera*, das exotische und ausgefallene *Kataragama-Fest* und die religiös inbrünstige *Wallfahrt* auf den *Adam's Peak* verdienen weltweite Aufmerksamkeit. Doch sie sind sozusagen nur die Spitze des brodelnden, tropischen Vulkans der Prozessionen und Feste überall in Sri Lanka während des ganzen Jahres.

Gleich im Januar, um in der Reihenfolge unseres Kalenders zu bleiben, beginnt der festliche Rei-

Eine kleine Prozession

gen im 10 km nordöstlich von Colombo gelegenen Kelaniya mit dem *Duruthu-Fest.* Nach einer Woche gipfelt es in der *Duruthu-Perahera,* die der in Kandy vergleichbar ist und an den Besuch Buddhas in Kelaniya und sein Zusammentreffen mit dem Nagaraja-König im 5. Jahrhundert v. u. Z. erinnern soll. Ebenfalls im Januar beginnt die *Wallfahrtssaison* am *Adam's Peak;* sie dauert bis April.

Am 4. Februar feiert Sri Lanka seinen *Unabhängigkeitstag* mit Paraden vor allem in der Hauptstadt Colombo.

Seit 1978 ist in Sri Lanka zu dem Festreigen eine weitere Perahera hinzugekommen, die rasch an Bedeutung und Größe gewonnen hat und heute außer dem Mangel an langer Tradition der Perahera von Kandy kaum nachsteht. Es ist die *Navam-Maha-Perahera,* die am Vollmondtag im Monat Februar in

den Straßen Colombos stattfindet. Mehrere tausend Tänzer und rund 100 Elefanten machen sie zu einem glanzvollen Spektakel, das zudem den Vorteil hat, in der Hauptreisezeit zu liegen.

Die Hindus der Insel feiern am *Maha-Shivaratri-Tag* (Neumond im Februar/März) ihr bedeutendstes religiöses Fest. Die ganze Nacht über werden in den Tempeln Opfer dargebracht, und in den Häusern wird Nachtwache gehalten während des symbolischen Akts der Vereinigung von Shiva mit seiner Gemahlin Paravathi.

Sinhala Avururdu ist das von Buddhisten und Hindus gemeinsam gefeierte Neujahrsfest Mitte April. Das Ende des alten Jahres wird nach den Sternen bestimmt, und sollte es nicht mit dem Beginn des neuen Jahres zeitlich übereinstimmen, wird *Nona Gathe,* die neutrale Zeitspanne, für ein paar Stunden dazwischengeschaltet. In den Dörfern kann man den Jahreswechsel noch am originärsten erleben. Im ausklingenden alten Jahr werden die Häuser geputzt, zu einer bestimmten Zeit die Öllampen entzündet, und während *Nona Gathe* ruht jede Tätigkeit. Beginnt das neue Jahr, wird in der Küche Feuer entzündet und frische Kleidung mit in einem Almanach festgelegter Farbe angelegt. Höhepunkt ist die Salbungszeremonie: Der Familienälteste streicht Öl mit Kräutern vermengt zu einem bestimmten glückverheißenden Zeitpunkt auf die Häupter seiner Lieben. Mit dem

Das Kataragama-Fest

Irgend etwas von starken Nerven war mir im Ohr, auch daß ein robuster Magen von Vorteil sei, wenn man Kataragama, ein Dörfchen im südlichen Dschungel Sri Lankas, zur Sommerzeit während des Pilgerfests besuchen wolle. Denn dort, ein paar Kilometer nördlich von Tissamaharama, sei es ganz anders als bei der organisiert ablaufenden Kandy-Perahera, die fast zur gleichen Zeit stattfindet. Dort, in Kataragama, gebe es reichlich Leute, die sich silberne Nadeln, kleine Speere oder gar ausgewachsene Fleischerhaken durch Zunge, Wangen, Brust oder Rücken stechen, über glühende Kohlen laufen oder sich nackt im heißen Staub wälzen.

Im Ton solcher Erzählungen schwang immer etwas von Unverständnis und doch zugleich Bewunderung mit. Zum einen sind all die genannten Wundertaten oder Absonderlichkeiten nur eine Facette des bunten, lauten und fröhlichen Pilgertreibens, und zum anderen wirken die in Trance sich kasteienden Gläubigen in der Gesamtatmosphäre des Fests fast natürlich und jedenfalls faszinierend. Es ist kein martialisches Stelldichein von Fakiren, vielmehr die lebendige Tradition von Religion und Volksglauben.

Im heiligen Bezirk hängt ein Pilger waagerecht in einem Metallgestell. Unterhalb der Schultern wird er von sechs Haken, die durch seine Rückenmuskulatur gebohrt sind, an Schnüren gehalten, die Beine trägt ein Seil. Mit einem Arm auf eine Dreizacklanze gestützt, redet der leidenschaftlich Gläubige auf die Pilger ein, die in langer Reihe vor ihm vorbeiziehen. Er, der für die Pilger so etwas wie eine Mittlerfigur zu den Gottheiten verkörpert, ermahnt und beschwört die teils mit Tränen in den Augen zu ihm Aufblickenden. Gelegentlich an seinen Haken schaukelnd, ›segnet‹ er schließlich die Pilger mit einem Aschetupfen auf die Stirn. Stundenlang dauert diese Prozedur, ohne daß ein Tropfen Blut auf dem Rücken des sich kasteienden *Swami* erscheint.

In der vorletzten Nacht des Festes findet gegen Morgen das Feuerlaufen statt. Stundenlang haben sich Pilger in Trance versetzt, bis sie schließlich in ekstatischen Bewegungen rasch über die glühende Kohle eines riesigen niedergebrannten Feuers laufen, in der Regel ohne sich zu verbrennen. Immer wieder geschieht es aber, daß ›Laien‹ das unbegreifliche Kunststück versuchen, die nicht fähig sind, in richtige Trance zu fallen, und sich deshalb jämmerlich die Füße verbrennen.

Devotionalienhandel auf der
Kataragama-Perahera

Neujahrsfest endet auch die *Wallfahrtssaison auf den Adam's Peak.*

Zur Dämmerung des *Poya-Tages*
im Mai läuten auf der ganzen Insel
die Tempelglocken. Es ist das Start-
signal zu den beiden *Wesak-Tagen,*
die von Buddhisten meditierend
oder den Lesungen von Mönchen
zuhörend verbracht werden. Das
Weiß der Pilgerkleidung prägt die
Wesak-Tage, an denen Geburt, Erleuchtung und Tod Buddhas gefeiert werden. Im Gegensatz zum
Neujahrsfest verbringt man die *We-
sak-Feiern* am besten in den großen
Städten. Colombo ist dann am fröh-
lichsten, die Stadt voll von Pilgern.
Überall sind die Häuser erleuchtet,
und Riesenbilder aus dem Leben

Buddhas hängen an Bambusgerü-
sten in den Straßen. Kleine Panto-
mimegruppen spielen Szenen aus
dem Leben des großen Meisters
und Vorbilds.

Gleich beim nächsten Vollmond
im Juni gilt es das *Poson-Fest* zu feiern. Es erinnert alljährlich an den
Einzug des Buddhismus in Sri Lanka. Im ganzen Land begangen, ist
der Tag am glanzvollsten in Anuradhapura und Mihintale, wo vor
mehr als 2000 Jahren König Devanampiya Tissa, kurz ›Tissa‹ genannt, von dem Bettelmönch Mahinda, Sohn des indischen Kaisers
Ashoka, zum Buddhismus bekehrt
wurde. Insbesondere in Mihintale
drängen sich an diesem Tag die
Gläubigen, der Besuch lohnt
gleichwohl.

In den Monaten Juli und August
machen sich die Feste auf Sri Lanka

Pilger in der
Tempelanlage
von Kelaniya
bei Colombo

Konkurrenz. Die berühmtesten finden in *Kataragama* (s. S. 62) und *Kandy* (s. S. 65 ff.) statt. Doch das Laufen über glühende Kohlen kann man auch anläßlich eines kleinen *Fests in Udappuwa* bei Chilaw etwa 100 km nördlich von Colombo bestaunen.

In Colombo selbst findet die *Vel-Prozession* statt. Der sogenannte Dreizack des Hindu-Kriegsgottes Skanda wird dabei von einem ihm geweihten Tempel in der Sea Street im Stadtteil Pettah in einer prachtvollen Prozession jährlich abwechselnd zu zwei Tempeln *(Kovils)* in den südlichen Stadtteilen Wellawatta und Bambalapitiya gebracht. Drei Tage später geht die Prozession den gleichen Weg zurück. Um den jeweiligen Zieltempel brodelt während dieser drei Tage ein buntes Fest zwischen Ständen und Buden. Besonders eindrucksvoll sind aber die beiden Festzüge. Auf dem Hinweg am Tage ziehen Hunderte von Gläubigen den vergoldeten *Vel-Wagen*, der nur im Schrittempo vorankommt. Zurück, während der Nacht, ist der Weg von Tausenden von Lichtern gesäumt. Am besten verfolgt man die Umzüge entlang der Galle Road zwischen Colombo-Fort und Bambalapitiya.

Auch ganz im Norden der Insel wurde zumindest vor dem Bürgerkrieg im August kräftig gefeiert. 24 Tage lang, in den September hinein, dauert das *Hindu-Fest in Nallur*, einem Stadtteil von Jaffna. Jeder Tag sieht hier eine neue Prozession an dem hoch aufragenden, prächtigen Tempel, dem Kandaswamy-Kovil. Höhepunkt dieser Zeit ist die Zeremonie des Wasserschneidens in einem künstlichen Teich neben dem Tempel. Diese Zeremonie beschließt alle großen religiösen Feste Sri Lankas. Ihr Sinn und ihre Bedeutung werden anschließend in dem Abschnitt über die Kandy-Perahera beschrieben.

Weitere hinduistische Feste finden im August auf der Jaffna-Halbinsel in Vallipuram und am Sellasaunathi-Kovil in Thondamannar statt. Auch dort laufen die in Trance geratenen Gläubigen auf glühenden Kohlen.

Als sei die Insel von dieser Festorgie erschöpft, klingt das Jahr ruhiger mit wenigen feierlichen Anlässen aus. Zu erwähnen ist noch das im Oktober begangene hindui-

stische *Deepavali-Fest*. Es ist das Fest der Lichter zu Ehren Lakshmis, der Göttin des Reichtums.

Die Kandy-Perahera

Alljährlich im Mondmonat Esala, von Mitte Juli bis Mitte August, wenn die Esala-Bäume blühen, droht Kandy aus den Fugen zu geraten. Die Einwohner der Hochlandmetropole sind dann hoffnungslos in der Minderzahl, wenn es gilt, die traditionell wie religiös für Sri Lanka so typische *Perahera* (Prozession) in der Großen Stadt *(Maha Nuwara)* zu Ehren der Zahnreliquie des Buddha *(Dalada)* zu feiern. Die zehntägige *Maha Nuwara Esala Dalada Perahera* in Kandy ist wohl Asiens prächtigster Festzug, in dem Hindus und Buddhisten, also Tamilen und Singhalesen gemeinsam, eine lange, friedliche Tradition haben.

Untrennbar ist die Geschichte der Perahera mit der Zahnreliquie Buddhas verbunden. 480 v. u. Z. ging Gautama Buddha ins Nirvana ein, und seine Leiche wurde vor den Toren der Stadt Kusinara in Nordindien verbrannt. Einen Schlüsselbeinknochen und vier Zähne barg man aus der Asche des Scheiterhaufens, und um deren Odyssee durch die Jahrhunderte ranken sich zahllose Legenden, Wunder und Geschichten. Der Schlüsselbeinknochen des Erleuchteten gelangte ebenfalls nach Lanka: ein Priester namens Sarabhu, ausgestattet mit überirdischen Kräften, holte die Reliquie auf die Insel, wo sie in einer kleinen Dagoba in dem heute fast vergessenen Ort Alutnuwara zwischen Kandy und Mahiyangana aufbewahrt wird. Einen Zahn des Buddha sicherte sich der Gott Indra, ein weiterer wurde in einem Palast der mystischen Nagas auf dem Meeresgrund aufbewahrt, und der dritte schließlich gelangte auf Umwegen nach China, wo er in einer Pagode nahe Peking verwahrt und verehrt wird.

Der Zahn von Kandy verblieb etwa 800 Jahre in einem Schrein des Königs von Kalinga in Nordindien. Eines Tages stahl ein hinduistischer Nachbarregent den Zahn von König Guhasiwa, weil ihm die buddhistische Verehrung der Reliquie den Hinduismus zu verhöhnen schien. Viel Glück hatte er mit seiner Diebesbeute nicht. Zunächst wollte er die Reliquie verbrennen, aber aus den Flammen sprossen Lotosblätter, die sich schützend um den Zahn legten. Auch zerschlagen konnte der König den Zahn nicht, und als er den Zahn in einen Teich warf, verwandelte sich das Wasser in einen Garten, der den unversehrten Zahn auf einer Lotosblüte barg. Nach so vielen Wundern war der Dieb zum Buddhismus bekehrt und gab den Zahn an König Guhasiwa zurück. Doch zu dieser Zeit war der Buddhismus im hinduistischen Indien dem Untergang nahe, und so schickte der König den Zahn, versteckt in den Haaren seiner Tochter, der buddhistischen Nonne Hemamala, nach Lanka, wo die Lehre des Erleuchteten in hohem Ansehen stand.

Von dieser Zeit an, man zählte etwa das Jahr 320, wurde der Zahn in der Hauptstadt der Insel aufbewahrt und stellte in der Folgezeit für die buddhistische Monarchie Lankas so etwas wie ein Staatssymbol dar. 700 Jahre war Anuradhapura Hüterin der Reliquie, die dann mit den wechselnden Hauptstädten über die Insel wanderte.

Die portugiesische Kolonialmacht beendete diese Wanderung, sie beschlagnahmte die Reliquie, brachte sie nach Goa und glaubte sie dort einzustampfen. In Wirklichkeit war den Katholiken aber nur eine Kopie in die Hände gefallen.

Die heutige Form der Perahera in Kandy, der letzten der singhalesischen Königsstädte, gibt es seit dem Ende des 18. Jahrhunderts, als König Kirti Sri Raja Singha (1747 bis 1780) zur Belebung des Buddhismus die Zurschaustellung der Zahnreliquie veranlaßte.

Aus den vier *Devale-Peraheras*, den Prozessionen, die in den vier Tempeln der Hindu-Götter Natha, Vishnu, Kataragama und Patini begannen und durch Kandys Straßen zogen, wurde die *Dalada-Maligawa-Perahera*, in der die Zahnreliquie des Buddha an vorderster Stelle mitgeführt wurde.

Die Bräuche und Riten des Fests haben sich bis heute erhalten. In der Neumondnacht des Monats Juli beginnt die Perahera mit dem Fällen

Auf der Kandy-Perahera

eines jungen Yak-Baums. Er wird geviertelt und unter Trommelbegleitung in die vier Hindu-Tempel gebracht, wo man die vier Teile als Esala-Bäume einpflanzt. Fünf Nächte lang werden dann in den Tempelbezirken um die Esala-Bäume Prozessionen mit Trommelklang, Fackeln und Fahnen durchgeführt.

In der sechsten Nacht beginnt die *Kumbal-Perahera*. Sie führt zunächst um den ein Tongefäß (Kumbala) umgepflanzten Esala-Baum und dann auf noch kurzen Wegen durch die Straßen von Kandy. Fünf Nächte dauert die *Kumbal-Perahera* – danach wird sie zur *Randoli-Perahera*. Auch dies ist ein aus der hinduistischen Tradition

der Perahera herrührender Name und bezeichnet die in der Prozession mitgeführten Sänften, die die Gemahle der vier Hindu-Götter symbolisieren. Die Wege durch Kandy werden nun immer länger, die Prozession immer umfangreicher, farbenfroher und prächtiger, bis sie abermals in der fünften Nacht, der Vollmondnacht im August, ihren Höhepunkt erreicht.

In dieser letzten Perahera-Nacht geschieht etwas Besonderes. Gegen 1 Uhr morgens wird die Reliquie in einem gesonderten Zug zum *Adanamaluwa-Vihara* gebracht, einem Kloster an der Straße nach Trincomalee. Dieser Brauch reicht in die portugiesische Kolonialzeit zurück, als man aus Gründen der Vorsicht die Reliquie außerhalb von Kandy versteckt hielt. Nachdem die Portugiesen vertrieben waren, holte man die Reliquie in einer prächtigen Prozession nach Kandy zurück. Dies war nicht ohne Unterbrechung möglich, und der Ort, wo die Reliquie wieder die erste Nacht im Gebiet der Stadt Kandy verbrachte, ist eben jenes Kloster. Dort wird sie auch heute noch für ein paar Nachtstunden aufbewahrt. In den Morgenstunden des nächsten Tages, an dem nun die einzige *Tag-Perahera* stattfindet, wird zunächst die ›Zeremonie des Wasserschneidens‹ abgehalten. Die Vorsteher der vier Hindu-Tempel rudern in geschmückten Booten auf den Mahaweli-Ganga bei Getembe und schneiden mit dem *Ran Kaduwa*, dem goldenen Schwert, einen Kreis in das Wasser des Flusses, aus dem nun vier Karaffen gefüllt werden. Gleichzeitig wird das Wasser des Vorjahrs dem Fluß wiedergegeben. Hymnen werden gesungen, kurze Gebete gesprochen, um böse Geister für die kommenden zwölf Monate abzuwehren. Symbolisch gesehen ist der mit dem Kreis umschriebene Ort im Wasser der Übergang der Götter und Geisterwelt zu unserem inkarnierten Erdendasein. Die Karaffen mit dem Flußwasser werden anschließend in den vier Tempeln aufbewahrt. Trocknet ein Gefäß im kommenden Jahr aus, gilt dies als schlimmes Vorzeichen.

Nach der ›Zeremonie des Wasserschneidens‹ ziehen die vier Hindu-Prozessionen zum Adanamaluwa-Vihara, vereinen sich hier mit der für wenige Stunden zu Besuch

gekommenen Zahnreliquie, und die *Tag-Perahera* beginnt. Übrigens vielleicht für viele enttäuschend: der ›echte‹ Zahn wird nicht mehr aus dem Zahntempel genommen; eine Kopie der Reliquie schmückt die Perahera.

In unregelmäßigen Abständen, je nachdem, wann es den Hütern des Zahns angebracht erscheint, wird aber für einige Tage der Zahn in seinem Tempel der Öffentlichkeit zugänglich gemacht. Zuletzt im März 1995 spielten sich in den Straßen und um den See in Kandy unglaubliche Szenen ab. Hunderttausende warteten und kampierten über Nacht, um irgendwann in den Zahntempel zu gelangen.

Tanz und Theater

Sri Lankas Tänze haben ihre Wurzeln in vorbuddhistischer Zeit. Der Buddhismus hält den Menschen an, durch eigenes Bemühen Erlösung vom irdischen Dasein zu erlangen. Dabei kann keiner auf die Hilfe von Göttern zählen. Schon daran wird deutlich, daß Rituale, die Dämonen austreiben, Geister beschwichtigen und Schutzgötter um Hilfe angehen, in einem Volksglauben wurzeln, der bis heute lebendig geblieben ist.

Wie sehr Sri Lanka diese Traditionen pflegt, wird deutlich an den Lehrplänen in Schulen und Studienangeboten der Universitäten, durch die der Staat dieses kulturelle Erbe aufrechterhalten will. Das war nicht immer so. Die westlichen Leitbilder der Kolonialzeit hatten vieles überdeckt. Sich mit den einheimischen Tänzen zu befassen, war bis in die 70er Jahre weder modern noch prestigeträchtig. Durch Pflichtstunden in den Schulen, eigene Fakultäten, mehr als 300 Außenstellen des Kultusministeriums in den Dörfern erfahren der traditionelle Tanz, die Musik und das Theater heute wieder Anerkennung und Erfolg. Es ist ein Stück kultureller Identität, das wiederbelebt wurde, und das nicht nur im eigenen Land, sondern auch durch erfolgreiche Tourneen. Natürlich ist nicht zu übersehen, wie sehr Tänze zur Unterhaltung kommerzialisiert wurden, auch um sie Touristen vorzuführen.

Grundsätzlich sind zwei Tanzarten zu unterscheiden: die *Kandy-Tänze* und die *Tiefland-Tänze* im Südwesten Sri Lankas. Die Kandy-Tänze erfordern mehr Geschicklichkeit, die Tänzer tragen oft reich verzierte Kostüme. Die Tiefland-Tänze legen mehr Wert auf Pantomime, was durch den Gebrauch von Masken unterstrichen wird. Neben diesen Hauptrichtungen gibt es noch *Weddha-Tänze* und das tamilische Erntespiel *Sokari*.

Die *Kandy-Tänze* haben sich im Laufe der Zeit durch höfische Prachtentfaltung verfeinert und zeigen viele Gemeinsamkeiten mit südindischen Tänzen, sowohl in der Tanzart als auch in den ver-

wendeten Instrumenten. Vier Typen sind bekannt: *Vesnetuma, Nayadi, Udekki* und *Pantheruwa*. In der Tanzzeremonie zu Ehren des Gottes Kokomba agieren 50 Tänzer in bunten und reichen Kostümen mit Perlenschnüren, Brustharnischen, Kopfschmuck und Fußspangen in immer rasenderen Bewegungen, die schließlich in eine Unterwerfungsgeste einmünden. Solche Zeremonien können drei Tage dauern. Weltlicher sind *Vannama-Tänze*, die nicht weniger als 18 Arten umfassen; jede ahmt die Bewegungen eines Tieres nach. Viele Arten der *Kandy-Tänze* sind bei der Perahera zu sehen.

Kandy-Tänzerinnen

Bali-Musiker in Anuradhapura

Die *Tiefland-Tänze* umfassen unzählige Riten mit ebenso vielen Masken. Sie werden *Bali-* und *Thovil-Zeremonien* genannt. *Bali* ist Schutzbeschwörung vor den negativen Wirkungen von Gestirnen und Dämonen. *Thovil* ist Geisteraustreibung, Exorzismus. Bei beiden Zeremonien trägt der schwarzgekleidete Beschwörer die Maske des zu beeindruckenden Dämons. Durch die Personifizierung ergeben sich zwischen Tänzern dramatische Dialoge.

Die theaterähnlichen Tänze sind von oft rasenden Trommeln begleitet und dauern meist die ganze Nacht, bis ein Dämon schließlich willens ist, die bereitstehenden Opfergaben anzunehmen und dafür einen Erkrankten zu verlassen. Nicht weniger als 18 Krankheitsgeister können auf den Plan treten. Die Beschwörer tragen dann die meist kleine *Sanni-Maske* der jeweiligen Krankheit. Am Ort der Zeremonie wird eine große Maske aufgestellt, die alle 18 Krankheitsgesichter zeigt (Abb. S. 74).

Ausgehend von diesen Tänzen mit magischer Bedeutung, haben sich mit Maske und Tanz alltägliche Spiele herausgebildet, die ebenso märchenhaften wie lebensnahen Inhalt haben können und meist von einem Balladenerzähler begleitet werden. Dieses *Kolam* genannte Volkstheater wird regelmäßig aufgeführt in Ambalangoda oder noch weiter südlich in Mirissa. Häufig sind es sehr komische, ausdrucksstarke Stücke, die, auch ohne daß man den Dialogen folgen kann, viel vermitteln. Die Aufführungen finden nachts beim Schein von Kokosöllampen in einer Arena statt.

Was der Blues für den Baumwollpflücker in den US-Südstaaten bedeutet, das sind die *Nelun* oder *Goyan Gi* genannten Lieder, die die Reisbauern in Sri Lanka bei der Arbeit bis heute auf den Feldern singen. Flöten, Muscheln, Metallhörner und alle nur denkbaren Formen von Trommeln und Tamburinen untermalen die Volksmusik, wenn sie sich mit der Religion vermischt und bei Festen, Zeremonien und in Tempeln gespielt, gesungen und zelebriert wird. Vieles klingt für europäische Ohren etwas jaulend oder gequetscht, wie es auch einmal der sri-lankische Schriftsteller Michael Ondaatje beschrieb, als er von Tönen sprach, die klingen, als »quetsche man einen Skorpion durch eine Glasröhre«.

Kunst und Kunsthandwerk

Architektur und Plastik

Von wenigen Ausnahmen abgesehen (Tänze, Masken, Volkstheater), hat sich die Kunst in Sri Lanka in einem engen Zusammenhang mit der buddhistischen Religion entwickelt. Der Buddhismus wiederum ist nicht von Indien und dem südasiatischen Kulturkreis zu trennen. Buddha, der sich selbst gegen jeden Kult seiner Person aussprach, forderte vielmehr, den Inhalt seiner Lehre zu verehren, indem man nach ihr lebt und legte damit das Fundament für eine Kunst, die ihn symbolisch (anikonisch) verehrt, denn offensichtlich bedarf der menschliche Wunsch nach Verehrung besonderer Ausdrucksmittel. Solche Symbole waren und sind der *Bodhi-Baum,* unter dem Buddha seine Erleuchtung erfuhr, die *Lotosblüte*, die auf dem klaren Wasser blühend die Reinheit verkörpert; gegenständlicher schon sind die *Dagoba* als Tempel, der Reliquien umschließt, oder der *Fußabdruck Buddhas*, wie z. B. auf dem Adam's Peak.

Die ersten historisch belegten Dagobas entstanden auf der Insel im 3. Jahrhundert v. u. Z. Ihre Konstruktion wurde 800 Jahre später in einer Art Grundkatalog detailliert aufgeschrieben, der genaue Anweisungen bezüglich Proportionen, Formen und Aufbau gibt. Gleich ist allen verschiedenen Formen, daß sie eine Reliquie beherbergen und von den Gläubigen, die Bewegung der Himmelskörper symbolisierend, im Uhrzeigersinn umrundet werden.

Bis etwa zur Zeitenwende wurde die anikonische Verehrung durchgehalten, dann tauchten im heutigen Pakistan die ersten Buddha-Darstellungen auf. Während der klassischen Zeit in Sri Lanka, vor allem in der Anuradhapura-Periode, fand die buddhistische Symbolik, die viele Bezüge zu vorbuddhistischer Mythologie Asiens hat, Eingang in die Architektur. Während diese Stilelemente also zunächst allegorische Mittel waren, um die Erinnerung an die buddhistische Lehre lebendig zu halten, werden sie in der Polonnaruwa-Periode und in der Kandy-Zeit zu nahezu sinnentleerten Dekorationsmitteln.

An Tempeleingängen läßt sich die Symbolik der vorbuddhistischen Mythologie ablesen, daß alles Leben auf einen Ursprung zurückzuführen ist. Dieser Ursprung ist ein mythischer See im Himalaja (Anotatta), den kein Mensch erreichen kann, auf den kein Licht fällt und der am Fuße eines Berges (Meru) liegt, dem Zentrum der Welt. Der See hat vier Ausgänge in die vier Himmelsrichtungen, symbolisiert durch Elefant, Löwe, Stier und Pferd. Er versorgt die Menschen mit Wasser, und jedes Jahr fliegen Gänse (Hamsa) mit Lotosblüten im Schnabel von dort aus in die Welt und bringen ihr Fruchtbarkeit.

Blickt man in den Aufgang eines buddhistischen Tempels, steht man vor der architektonischen Umsetzung dieser Symbolik. Buddha thront auf dem heiligen Berg Meru; das Wasser aus dem See Anotatta fließt im Idealfall bei einem Tempel mit vier Aufgängen an den vier Kardinalpunkten plastisch gestaltet als drachenleibige Balustraden (Makaras) nach unten, wo es in Höhe der Wächtersteine aus den Drachenhälsen bricht. Der Wächterstein zeigt die Kobrakönigin Nagaraya, die Kobra (Naga) ist die Beschützerin des Wassers, die eine mit Wasser gefüllte Vase hält, aus der Lotosblüten als Symbol der Reinheit und Fruchtbarkeit quellen.

Der umgekehrte Weg von unten nach oben ist begleitet von buddhistischer Symbolik. Da ist zunächst einmal der halbrunde Mondstein, den man überqueren muß, wie um die Beschwernisse des Lebens zu überwinden und zu Buddha hinaufzusteigen. Der äußerste der konzentrisch verlaufenden Ringe zeigt ein Flammenband, das Leben spendende, antreibende, aber letztlich verzehrende Feuer der Leidenschaft und Süchte. Dann folgt ein Band mit dem endlosen Zug der Tiere, die die Himmelsrichtungen, aber auch die Leidensstationen des Lebens symbolisieren: der Elefant die Geburt; der Stier den Verfall, das Altern; der Löwe die Krankheit und das Pferd den Tod. Es folgt ein Ring von wuchernden Pflanzen, die die ewigen Verstrickungen des Le-

Aufgang zum
Vatadade in
Polonnaruwa

Mondstein der
Thuparama-
Dagoba in
◁ Anuradhapura

bens, zugleich aber auch die Hoff-
nung als Motor des Lebens darstellen. Danach ein Ring der Gänse
als Symbol der Freiheit, die Flügel
hat. Schließlich erreicht man die
meist erhöht herausgearbeitete Lotosblüte im Mittelpunkt, das Symbol der Reinheit. Von hier beginnt
der Aufstieg durch die Meditati-
onsstufen (Treppen) zum Berge
Meru, auf dem Buddha thront.

Masken

Ambalangoda ist das Zentrum der
Maskenschnitzerei auf der Insel.
Die Erzeugnisse werden ausgestellt
und verkauft, aber man kann auch
den Schnitzern zusehen. Sie verwenden das leichte Holz des Ko-
rallenbaums sowie des Kaduru, einer Mangrovenart. Für alle Tanz-
und Theaterformen haben diese

73

Maske aus dem Krankheitsritual Sanniya-Yakuma: Dämon Maha-Kola und seine 18 Sanni-Dämonen Ceylon, 19. Jh., Museum für Völkerkunde, Berlin

Masken zentrale Bedeutung. Es gilt, je nach ihrer Verwendung, drei Gruppen von Masken zu unterscheiden: Dämonenmasken *(Raksha)*, Geschichts- und Schauspielmasken *(Kolam)* und Krankheitsmasken *(Sanni)*.

Bei allen Themenkreisen, Göttern und Menschen, Tieren und Dämonen, gibt es wiederkehrende Merkmale und Farben. So haben Dämonen hervorquellende Augen, als Kopfschmuck oft Schlangenköpfe oder mehrere verschlungene Schlangen und sind zumeist rot.

Bunt waren die Masken Sri Lankas immer, aber nicht grell. Dies ist leider eine Folge der Massenanfertigung heutiger Zeit, denn Masken sind ein beliebtes Souvenir. Einst wurden sie mit selbst hergestellten Erd- und Pflanzenfarben bemalt, heute verwendet man fertige Lacke mit künstlichen Pigmenten. Es kann lohnend sein, in den Werkstätten der Schnitzer eine fertiggeschnitzte, aber unbemalte Maske zu entdecken, die in ihrer Schlichtheit ausdrucksvoller ist als manch grelles ›Exportstück‹. Wer in Berlin ein paar Stunden Zeit hat, kann dort im Museum für Völkerkunde wohl eine der schönsten Sammlungen ceylonesischer Masken betrachten, die zwischen 1880 und 1883 erworben wurde.

Neben der Maskenherstellung findet man überall im Land Holzschnitzereien. Tierfiguren, Schalen, ebenso wie raffiniert ausgeführte Buchattrappen mit Geheimfächern werden aus den verschiedenen Holzarten wie Ebenholz, Sandelholz, Teak, Mahagoni und Tamarinde angeboten.

Lackmalerei und anderes

Kandy und Umgebung ist ein Zentrum der Kunst der Lackmalerei. Einfache, aber schöne Schachteln aus Holz, Aschenbecher und Buchhüllen werden mit dem Harz bestimmter Baumarten lackiert. Zumeist wird dabei das farbig eingefärbte und zu dünnen Fäden verarbeitete Harz mit dem Fingernagel auf das sich drehende Objekt aufgetragen. Auch die Metall-, Silber- und Goldarbeiten gehören zur Tradition des sri-lankischen Kunsthandwerks. Erwähnenswert ist vor allem die *Repoussé-Technik*, bei der

das dünne Metallblech aus Silber, Kupfer oder Messing von seiner Rückseite aus mit einer Art Stempel bearbeitet wird. Dabei entstehen auf der Vorderseite Wölbungen in allen erdenklichen Mustern.

Batik und Spitze

Weit verbreitet auf der Insel ist die Herstellung von Batik. Diese Technik ist ursprünglich in Indonesien beheimatet, aber auch in Sri Lanka haben sich beachtenswerte Batik-Manufakturen etabliert, die nahezu industriellen Charakter haben können. Batik bezeichnet eine Methode, Stoff zu färben. Nachdem der Entwurf für das Muster auf den Stoff aufgezeichnet wurde, werden in sich immer wiederholenden Vorgängen bestimmte Stoffteile mit Wachs abgedeckt und der Rest eingefärbt. Dadurch ergeben sich die typischen Muster. Meist sind den kleinen Manufakturen Verkaufsräume angeschlossen, wo man Stoffe, Kleider und Wandbehänge kaufen kann.

In Galle, im Süden der Insel, kann man sehr schöne Spitzen *(Lace)* entstehen sehen und für wenig Geld erwerben. Vor allem Tischdecken werden von fliegenden Händlern im Dutch Fort angeboten.

Blick über die Landschaft
bei Mihintale ▷

UNTERWEGS
AUF SRI LANKA

Colombo und
die Westküste

Das historische
Kulturdreieck

Routen ins
Hochland

Südwest- und
Südküste

Reise mit Einschränkung

Die landschaftliche Vielfalt ist eines der Pfunde, mit denen Sri Lanka als Reiseziel wuchert. Exotische Tropenstrände und Dörfer unter Palmen, Großstädte neben unberührtem Dschungel und Plantagen, jäh aufragende Berge und ein klimatisch mitteleuropäisches Hochland, Kulturschätze der Vergangenheit neben lebendigen Traditionen – die Insel nahe dem Äquator bietet all das auf überschaubarem Raum. Die beste Art, sich einen Überblick zu verschaffen, sind Rundreisen mit dem Bus, dem Mietwagen oder auf dem verzweigten Eisenbahnnetz.

Seitdem der Bürgerkrieg die Insel Mitte der 80er Jahre praktisch in zwei Teile getrennt hat, ist es leider kaum möglich, den Osten und Norden Sri Lankas zu bereisen. Lediglich der Raum um Trincomalee war in den kurzen Friedensperioden abschnittweise zugänglich. Die wenigen verbliebenen Pensionen und Hotels dort zeugen von den Härten des Kriegs. Bis ein wirklich dauerhafter Friede zwischen den verfeindeten Volksgruppen bzw. ihren politischen Führern gefunden ist, wird es für den Besucher nur unter letztlich unakzeptablem Risiko möglich sein, die palmengesäumten und von Lagunen durchzogenen Küsten des Ostens und den steppenartig ausgeprägten Norden der Insel zu besuchen. Selbst wenn es dereinst wieder möglich sein sollte, kann man heute schon sagen, daß insbesondere der Norden tiefe Kriegsnarben behalten wird. Der Wilpattu National Park soll weitgehend abgeholzt und von Tieren entvölkert sein. Jaffna, die Metropole des Nordens, zu fast 100 % von hinduistischen

Tamilen bewohnt, ist stark zerstört, Kirchen der Kolonialzeit sind zerbombt, die wenigen Straßen von schwerem Gerät zerpflügt.

In Jaffna ist man 50 Kilometer von Indien, aber 300 Kilometer von Colombo entfernt. Die trockene, fast öde Landschaft erinnert weit mehr an den am Gegenufer der Palk Strait gelegenen südindischen Bundesstaat Tamil Nadu als an die südlichere Tropenpracht Sri Lankas. Die Nordküste der Jaffna-Halbinsel gehört zu den schönsten Küsten Sri Lankas. Fischerdörfer, Lagunen und Korallenstrände schaffen ein abwechslungsreiches Panorama vor dem türkisblauen Meer des Golfs von Bengalen. Doch bis zum Ende des Bürgerkriegs wird sie so unerreichbar bleiben wie die ›Sahara Jaffnas‹, die pittoreske Sandwüste entlang der Ostküste dieser nördlichen Halbinsel.

›Geburtsort‹ des Buddhismus auf Lanka: Mihintale

Der Osten war immer der Hinterhof der Insel. Vom Regen weniger verwöhnt, nur von einigen Flüssen durchzogen, waren diese Landesteile schwer zu bewirtschaften und wurden nur von wenigen Einwanderern erreicht. Für die Kolonialmächte waren sie ebenso uninteressant, zumal sich Colombo zum Haupthafen entwickelte. Lediglich Trincomalee mit seinem großartigen Naturhafen gelangte zu einiger Bedeutung, blieb aber vergleichsweise provinziell. Nördlich und südlich der Stadt liegen einige der schönsten Strände Sri Lankas, die bis zum Bürgerkrieg den Vorzug hatten, weitgehend unberührt zu sein.

Colombo und die Westküste

Eine tropische Metropole

Mount Lavinia

Die Tempelanlage
Kelaniya-Raja-Maha-Vihara

Kokosplantagen
entlang des Dutch Canal

Vom Fischmarkt Negombos
zu den Korallenriffen
von Kalpitiya

Fischerboot bei Negombo

Von Colombo die Westküste entlang nach Negombo und bis Kalpitiya

Colombo, eine tropische Metropole zwischen modernem pulsierendem Leben und kolonialem Erbe mit dem Basarviertel Pettah und dem Regierungssitz im alten Kotte. Religiöse Feste beim Bodhi-Baum von Kelaniya. Im Norden von Colombo geht es entlang des Dutch Canal vorbei an malerischen Fischerorten, katholischen Kirchen und durch Kokoshaine zum Fischereizentrum Negombo und weiter zu den Korallenriffen von Kalpitiya.

Die Metropole

An Colombo führt kaum ein Weg vorbei. Wer nicht vom Flughafen aus direkte Arrangements für die Ostküste, das Hochland oder den Raum Negombo getroffen hat, der gerät unwillkürlich in die pulsierende Metropole des Landes. Wer Colombo nur streift, gleich in ein südliches Strandhotel fährt und womöglich von dort zur Inselerkundung aufbricht, der kann das getrost tun. Schon vor über 100 Jahren schrieb der Brite Sir J. E. Tennent nach einem Besuch der Kolonie: »Die Stadt Colombo bietet nur wenig, was auf einen Fremden anziehend wirken könnte.« Ein harsches Urteil mit einem Kern Wahrheit. Der Stadt fehlt ein anziehendes Flair, sie ist zudem weit da-

mit vorangekommen, ihren teils verschlafenen und liebenswerten Stil einer kolonialen Hafenstadt abzustreifen und zu einer modernen, hektischen, tropischen Metropole zu werden.

Colombo ist eine weiträumige, grüne Stadt, die eher Vielfalt als Schönheit kennzeichnet, mit einigen parkartigen Vierteln (Cinnamon Garden), einem kleinen lauten und hektischen Zentrum (Fort), das mit seinen neuen Hochhäusern und Banken den Versuch unternimmt, Singapur nachzueifern, einem recht asiatischen Basarviertel mit bunten Läden und schmutzigem Elend (Pettah) und zumeist wahrhaft chaotischem Verkehr. Nerven, eine kräftige Hupe und eine Portion Frechheit sind beim Fahren ebenso elementar wie Räder und Motor. Aber es fehlt Colombo an echten Höhepunkten, an unvergleichlichen Sehenswürdigkeiten, und es genügen durchaus zwei Tage, um Colombo kennenzulernen.

Colombo unterteilt sich administrativ wie postalisch in 15 Bezirke, von denen für Besucher die ersten sieben und der elfte (Pettah) von Interesse sind. Die Bezirke heißen: Fort, Slave Island, Kollupitiya, Bambalapitiya, Havelock Town, Wellawatta, Cinnamon Garden, Borella, Dematagoda, Maradana, Pettah, Hulffsdorp, Kotahena, Grandpass, Modera. Ein Stadtzentrum ist nicht leicht auszumachen, umfaßt aber etwa die Stadtteile Fort, Pettah und Slave Island.

Gerüstbau in Colombo

Doch auch der Stadtteil Cinnamon Garden, der als ›Reiche-Leute-Viertel‹ gilt, oder Kollupitiya und Bambalapitiya sind durchaus Mittelpunkte der Stadt. Verwirrung können die seit den 70er Jahren veränderten Straßennamen stiften. Oft haben sich zu den alten kolonialen Namen neue singhalesische gesellt. Hier nur einige der wichtigsten Beispiele: Alexandra Place = C. W. W. Kahnagara Mawatha; Baillie Street = Mudalige Mawatha; Buller's Road = Bauddhaloka Mawatha; Duplication Road = R. A. De Mel Mawatha; Greenlands Avenue = Isipathana Mawatha; Green Path = Ananda Kumaraswamy Mawatha; Norris Road = Olcott Mawatha; Prince Street = Sir Baron D. B. Jayatillake Mawatha; Queens Street = Janadhipathi Mawatha; Turret Road = Dharmapala Mawatha.

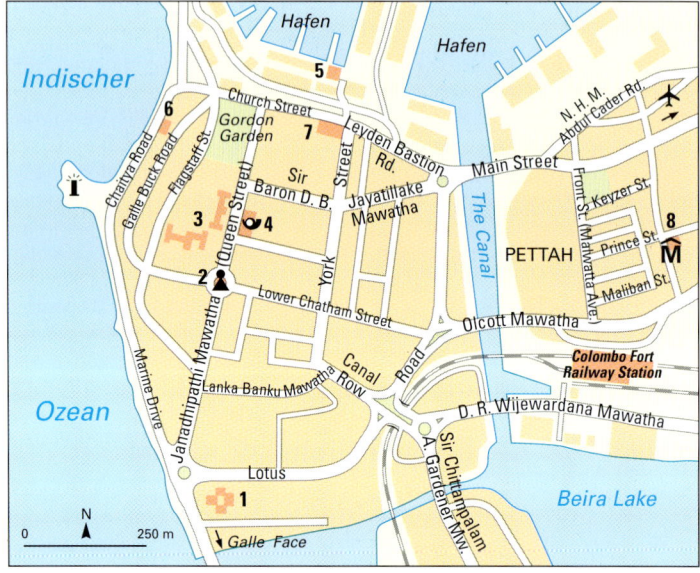

Colombo Fort: 1 Altes Parlament 2 Uhrturm 3 President's House 4 General Post Office 5 Passenger Terminal 6 Paß- und Einwanderungsbehörde 7 Grand Oriental Hotel 8 Dutch Period Museum

Colombo Fort

Ihren Ursprung hat die Hauptstadt, die sich heute – entlang der parallel zur Küste verlaufenden Galle Road – über 14 km am Meer erstreckt, in ihrem Norden an der Mündung des Kelani Ganga. Dort lag ein kleines Fischerdorf namens *Kalamba,* was im Singhalesischen ›Hafen‹ bedeutet, und von dort aus begannen die Portugiesen ihren Zimthandel, bevor sie sich ein *Fort* bauten, das heutige **Zentrum;** an diese Festung erinnern noch ein paar alte Kanonen. Zum Land hin ist das Fort durch Kanäle eingeschlossen, die vom Hafen aus den weit in die Stadt verzweigten *Beira Lake* speisen. Die Gebäude des Forts stammen zumeist aus britischer Kolonialzeit, obwohl nun mehr und mehr Hochhäuser der City eine neue zeitgemäße Skyline geben.

Vom Süden her, vom freien Platz *Galle Face,* wo die Briten ihre Pferderennen abhielten und wo heute an Abenden, Wochenenden und Feiertagen ganze Völkerscharen sich tummeln, geht man direkt neben der Brandung auf den Stadtteil Fort zu. Und gleich hinter dem ›Wassergraben‹ liegt rechter Hand das **Alte Parlament** (1), wie es englischer kaum sein könnte. Nachdem die Parlamentarier 1982 ihren neuen Plenarsaal in *Sri Jayawardanapura (ehem. Kotte)* im Süden Colombos bezogen haben, dient der alte Bau nur noch als Bürohaus der Regierung. Halbrechts vom Meer weg, entlang der Janadhipathi Mawatha, geht es zwischen dem Interconti und Galadari Hotel hindurch, vorbei am Bank of Ceylon Tower auf den **Uhrturm** zu (2). Früher war er einmal der Leuchtturm der Stadt, wurde im Laufe der Zeit aber von den umliegenden Häusern regelrecht eingemauert. Noch vor dem Uhrturm rechts liegt das Ceylinco Building, lange Zeit höchstes Gebäude von Colombo. Noch immer hat man von seinem Dachrestaurant Akasa Kade einen schönen Blick über die Stadt.

Vorbei am Uhrturm liegt linker Hand in einem herrlich grünen (leider nicht öffentlichen) Park das **President's House** (3), vormals der Sitz des britischen Gouverneurs. Alle eineinhalb Stunden werden die starr und finster dreinschauenden Wachen abgelöst, was sich gut von dem gegenüberliegenden, strah-

lendweißen **General Post Office (G. P. O.;** 4) verfolgen läßt. Hier ist die Anlaufstelle für postlagernde Briefe. Wenn Sie Post aufgeben, zumal wenn mehr als zehn Rupien auf Brief, Päckchen oder Karte kleben, bestehen Sie darauf, daß gestempelt wird. Nicht selten stehen die Marken sonst mit noch feuchtem Rücken erneut zum Verkauf!

Weiter um die Ecke stößt man auf die York Street. Zu holländischen Zeiten war hier ein Kanal, der am Hafen begann, wo heute der **Passenger Terminal** (Jetty; 5) ist. Am Hafen nach Westen, durch die Church Street, gelangt man wieder zur Küste, vorbei an der 1956 begonnenen, auf Betonbögen stehenden Dagoba des Buddha Jayanthi. Sie wurde durch Spenden finanziert und soll die ankommenden Schiffe grüßen. Vor der Dagoba links in der Galle Buck Road liegen die für Visaverlängerungen zuständigen Büros der **Paß- und Einwanderungsbehörde** (6).

Am Passagierhafen nach Osten entlang der Church Street passiert man zunächst die Garrison Church of St. Peter, mit Wandtafeln, die vom Leben der ersten europäischen Siedler berichten, und goldenen Altargefäßen, die Geschenke von König George III. sind. An der Ecke York und Church Street steht das **Grand Oriental Hotel** (7), das bis vor wenigen Jahren den Namen Taprobane Hotel trug. Es gehört nicht mehr zu den Spitzenhotels und lebt durch ehemalige Gäste wie Somerset Maugham ein wenig vom Glanz seiner Geschichte. Gleichwohl ist der Bookshop in der Lobby erwähnenswert mit einem guten Sortiment über Sri Lanka sowie auch internationaler Literatur. Im vierten Stock ist das Harbour Room Restaurant, wo man gut ißt und vor allem abends einen herrlichen Blick über den erleuchteten Hafen hat (Tisch am Fenster reservieren). An der York Street liegen die alten, traditionsreichen Warenhäuser Colombos: das Miller's, das Cargill's und ein Stückchen weiter das Laksala, wo man vor allem auch traditionelles Kunsthandwerk kaufen kann. Davor kann man in den heute völlig überforderten ›five foot walkways‹ spazierengehen, jenen von den Briten auf zwei Personen (= fünf Fuß) ausgelegten überdachten Bürgersteigen. Am Ende York Street Ecke Canal Row befindet sich ein kleiner Laden des Vermessungsamts (Map Sales Centre), wo man alle möglichen alten und neuen Karten und Stadtpläne bekommt.

Pettah

Östlich an das Fort schließt sich das enge, bunte und laute Basarviertel Pettah an. Der Name bedeutet schlicht ›außen‹ oder ›außerhalb des Forts‹. Es ist das Viertel der *Moors*, der muslimischen Händler und Geldverleiher, und war, früher mehr als heute, auch ein Viertel tamilischer Geschäftsleute, doch während der Auseinandersetzun-

gen 1983 wurden viele tamilische Läden geplündert und in Brand gesteckt. Vieles von dem, was danach als ›Restaurierung‹ des Viertels bezeichnet wurde, war schlichtes Beseitigen von Trümmern und Wiederaufbau. Die Moors stellten in diesen Unglückstagen rasch eine eigene Schutztruppe zusammen, die ihre Läden und Straßenzüge vor weiteren Plünderungen bewahrte.

Typisch für Pettah ist das nach Straßenzügen gegliederte Warenangebot. Foto- und Elektrogeräte an der 1st Cross Road, Schmuck, Uhren und Edelsteine an der 2nd. Goldschmiede, Juweliere und Geldverleiher beherrschen die Sea Street, die 5th Cross Road ist ein Dorado für Gewürz-, Kräuter- und Teefans. In Pettah kann man ein Schnäppchen machen, und es lohnt sich zu handeln. An der 1st Cross Road und in der Sea Street stehen drei der wichtigsten Hindu-Tempel Colombos, der **Ganeshan Temple,** der **New Kathiresan Temple** und der **Old Kathiresan Temple.** Ansonsten ist das Viertel zwischen Hafen und Bahnhof von mehreren Moscheen gekennzeichnet als Hinweis auf die Vorherrschaft der muslimischen Bevölkerung. Am eindrucksvollsten ist die **Jami-ul-Alfar-Moschee,** ein rotweißer Backsteinbau. Pettah wie auch das östlich anschließende Viertel Hulffsdorp waren stark von den Holländern geprägt. Darauf verweist seit 1982 das **Dutch Period Museum** (8), 95 Prince Street

(Sa–Do 9–17 Uhr, Eintritt 40 Rupien, Fotografieren 100 Rupien). Es ist in einem der letzten repräsentativen Wohnhäuser der Holländer eingerichtet und unbedingt einen Besuch wert, schon des Hauses und Innenhofs wegen. Möbel, Karten, Wappen, Gebrauchsgegenstände und historische Hinweise geben einen umfassenden Eindruck des Lebens im *Ceilan* des 18. Jahrhunderts. Östlich des Glockenturms an der Main Street auf der Südseite des Kreisverkehrs ist seit 1984 im ehemaligen Gebäude der Stadtverwaltung das **Municipal Museum** untergebracht (Sa–Do 9–17 Uhr). In seinem ersten Stock ist sehr anschaulich mit Puppen eine Stadtverwaltungssitzung Ende des 19. Jahrhunderts dargestellt. In einem Anbau ist das in kolonialem Stil gehaltene Restaurant People's Hotel zu finden. An der Südseite des Pettah-Viertels liegt die **Colombo Fort Railway Station,** der Hauptbahnhof Colombos mit regelmäßigen Verbindungen in alle Landesteile.

Galle Face und die südlichen Stadtviertel

Der Name **Galle Face** kommt vom holländischen ›Galle-Fosse‹ oder ›Galle-Graben‹ und bezeichnete Teile der südlichen Fort-Befestigungen in Richtung Galle; heute bilden eines der neueren und eines der ältesten Hotels der Stadt die südliche Einfassung des Viertels.

Das Restaurant des Taj Samudra Hotel ist im alten Gebäude des Colombo Club untergebracht, von dem es hieß, es sei der beste britische Club östlich von Suez. An der südlichen Stirnseite von Galle Face, direkt am Meer, liegt das von kolonialem Flair geprägte Galle Face Hotel. Ein nachmittäglicher Spaziergang am Meer und ein Kaffeestündchen im Galle Face Hotel sind jedenfalls ein lohnendes Unterfangen. Nur ein kleines Stück nach Süden entlang der Galle Road steht linker Hand das Lanka Oberoi, ein ausgezeichnetes Hotel, das 1995 völlig renoviert wurde und mit dem Hilton im Fort um den ersten Rang unter den Hotels in Colombo kämpft. In der Lobby des Oberoi hängen vier meterhohe, sehenswerte Batiken. Eine kleine Bäckerei bietet gutes Brot an. Etwas nördlich des Oberoi steht die 1842 erbaute **St. Andrews Scott Church,** die erste Presbyterianerkirche auf Ceylon. Schräg gegenüber des Lanka Oberoi hat das **Ceylon Tourist Board** sein Hauptquartier. In der Eingangshalle bei der **Tourist Information** kann man sich mit Karten, Broschüren und Tips versorgen.

Landeinwärts von Galle Face, umfangen von Kanälen und Armen des Beira Lake, liegt **Slave Island,** eines der ärmlichsten Viertel der Stadt. Bevor dort Sümpfe trockengelegt wurden, brachten die Holländer in dem von mit Krokodilen bevölkerten Wasserläufen durchzogenen Gebiet ihre Sklaven unter. Südlich von Slave Island oder die

Das Rathaus Colombos: Town Hall

Galle Road entlang nach Süden, vorbei an dem schönen Garten, der den **Sitz des Ministerpräsidenten** beherbergt *(Temple Trees)*, und der gegenüber am Meer gelegenen Britischen und Amerikanischen Botschaft bis nach Kollupitiya und dann vom Meer weg entlang der Dharmapala Mawatha gelangt man in den Stadtteil **Cinnamon Garden.**

Die exklusivste Wohngegend der Hauptstadt war einst eine Zimt- und Gewürzplantage. Es ist der grünste Teil Colombos. Sein Herzstück bildet der **Viharamahadevi Park** (bis 1958 Victoria Park), benannt nach der Mutter des singhalesischen Königs Dutthagamani, der 161 v. u. Z. die Insel erstmals unter singhalesischer Herrschaft einigte. Ein kleines Bähnchen tuckert durch den Park zwischen einer Vielzahl tropischer Bäume, Lotosteichen, Orchideen und zahllosen Fliegenden Hunden, großen Verwandten der Fledermäuse, die tagsüber in den Bäumen hängen. An der Nordostecke des Parks leuchtet strahlend weiß die 1928 erbaute **Town Hall.** Hinter dem Rathaus ein wenig nach Nordosten zeigen sich die kleinen Minarette von Colombos ältester **Moschee Devatagaha.** Am südlichen Ende des Parks beherrscht das 1877 gebaute **Nationalmuseum** (Sa–Do 9–17 Uhr, Eintritt 40 Rupien) die Szenerie. Seine ausgezeichnete Sammlung zeigt in Dokumenten, antiken Plastiken, Fahnen und rituellen Masken wie kein anderes Museum in Sri Lanka die Geschichte des Landes. Im ersten Stock werden zudem umfangreiche völkerkundliche, anthropologische und naturkundlich Sammlungen gezeigt. Wer gar keine Zeit findet, die historischen Stätten der Insel zu besuchen, kann sich hier einen umfassenden Eindruck von der Kultur Sri Lankas verschaffen. Die Bibliothek des Museums besitzt mehr als eine halbe Million Titel, einschließlich Tausender alter Palmblatt-Manuskripte (Olas). Auch ergänzend zum Besuch in Anuradhapura und Polonnaruwa bietet das Museum viel Sehenswertes.

Südlich des Nationalmuseums liegt an der Reid Avenue die seit 1956 ungenutzte Pferderennbahn; westlich davon die **Universität** mit Bibliothek und dem wigwamförmigen **Planetarium.** Die nächste Straße östlich davon ist die Independence Avenue. Zwischen ihr und Maitland Place steht die **Independence Memorial Hall.** Sie wurde im Baustil von Audienzhallen aus der Zeit des Kandy-Reiches 1946 errichtet, und am 4. Februar 1948 erklärte hier der Duke von Gloucester als Vertreter der englischen Krone das Parlament des unabhängigen Ceylon für eröffnet.

Am südlichen Ende von Maitland Place kommt links eine große, moderne achteckige Halle ins Blickfeld, die **Bandaranaike Memorial International Conference Hall,** kurz BMICH genannt. Das Gebäude ist ein Geschenk der Volksrepublik China und wurde Anfang der 70er

Independence Memorial Hall

Jahre gebaut. 1976 fand hier eine Konferenz der Staatschefs der Blockfreien Staaten statt. Aus Anlaß dieser Konferenz wurde die Straße vom Flughafen nach Colombo auf heutige Dimensionen gebracht und die parallel zur Galle Road verlaufende Dublication Road gebaut, auf der man übrigens oft flott vorankommt, während auf der Küstenstraße wieder einmal alles verstopft ist. Die BMICH faßt 1500 Personen und gilt als eine der schönsten Konferenzhallen in Süd- und Südostasien. Im Nordostteil der Halle befindet sich ein kleines Museum mit Zeugnissen aus dem Leben Solomon W. R. D. Bandaranaikes, von 1956 bis zu seiner Ermordung 1959 Ministerpräsident des Landes.

Gegenüber der BMICH steht eine verkleinerte Kopie des großen **Aukana-Buddha** (s. S. 117 f.), die zumindest einen Eindruck von dem berühmten Original geben kann. Von der BMICH nach Osten trifft man an der Ecke D. Senanayake Mawatha auf das College of Indigenous Medicine und das Ayurvedic Hospital. Auf der Galle Road Richtung Süden drängen sich Geschäfte und Restaurants. Rund 4 km südlich von Galle Face beginnt an der großen **Bambalapitiya Junction** der Stadtteil gleichen Namens.

Weiter nach Süden schließt sich der auch Klein-Jaffna genannte Stadtteil **Wellawatta** an. Die überwiegend tamilische Bevölkerung hat während der Ausschreitungen 1983 besonders gelitten. **Dehivala,** der nächste südliche Stadtteil, be-

herbergt den **Zoo** (tägl. 9–18 Uhr). Der Weg zu der schönen parkartigen Anlage ist gut ausgeschildert. Hauptattraktion ist jeden Nachmittag gegen 17 Uhr die Elefantenvorführung mit allerlei Kunststückchen. Der Zoo entstand aus einer Tierfängerstation John Hagenbecks, der hier Ende des 19. Jahrhunderts arbeitete. Neben dem Zoo befinden sich die Büros des **Department of Wildlife Conservation.** Die Adresse ist wichtig, da man hier Bungalows in den Nationalparks buchen kann. Ein Stück südlich liegt der **Ratmalana Airport,** wo Inlands- und Besichtigungsflüge starten und landen.

Information

Ceylon Tourist Board, Travel Information Centre, 78 Stuart Pl., Galle Rd., Colombo 3, P.O. Box 1504, ✆ 01/42 70 59-60, 43 79 52-4, Mo bis Fr 8.30 – 16.15, Sa, So 8.30 – 12.30.
Das **Railway Information Centre** an der Colombo Fort Railway Station informiert über Zugverbindungen und hält gelegentlich auch Fahrpläne bereit, ✆ 01/43 58 38.
Das **Department of Wildlife Conservation,** zuständig für die Nationalparks, nimmt Reservierungen für die Park Bungalows entgegen. Mindestens 5 Personen sind notwendig, und empfehlenswert ist es, mehrere Wochen oder sogar Monate im voraus zu reservieren, ✆ 01/69 42 41.
Der **Central Cultural Triangle Fund,** 212 Bauddhaloka Mw., Colombo 7, informiert über die Königsstädte. Hier ist für 30 US-$ ein Sammelticket für die

Königsstädte, Kandy und Dambulla erhältlich, Fotoerlaubnis eingeschlossen. Das Ticket ist, wenn nicht anders verabredet, für zwei Wochen gültig.

Das **Department of Archaeology**, Reid Av., Colombo 7, erteilt eventuell Exportgenehmigungen für Antiquitäten, ☏ 01/42 15 28-9.

Unterkunft

Zentrum: *****Ceylinco Hotel, 69 Janadhipathi Mw., ☏ 01/2 04 31; Ceylon Intercontinental, 48 Janadhipathi Mw., ☏ 01/42 12 21; Colombo Hilton, Lotus Rd., ☏ 01/54 46 44 (z. Zt. bedingte Dienstl.); Le Galadari Meridien, 64 Lotus Rd., ☏ 01/54 45 44 (wie Hilton); Taj Samudra, 25 Galle Face Rd., ☏ 01/44 66 22; Trans Asia Hotel, 115 Sir Chattampalam A. Gardiner Mw., ☏ 01/54 42 00; Holiday Inn, Sir Mohammed Macan Markar Mw., ☏ 01/42 20 01; ***Grand Oriental Hotel (Kolonialstil), York Str., ☏ 01/44 87 34; *Globe Hotel (low budget, einfach, sauber) Mudalige Mw.; YMCA, 39 Bristol Str., ☏ 01/32 52 52.

Galle Road: *****Lanka Oberoi, 77 Stuart Pl., ☏ 01/43 74 37; ****Galle Face Hotel (kolonial, einziges Hotel direkt am Meer), Galle Face, ☏ 01/54 10 10; ***Hotel Renuka, 328 Galle Rd. (Colombo 3), ☏ 01/57 35 98; **Greenlands Hotel, 3a Shrubbery Lane, ☏ 01/58 55 92; Lake Lodge, 20 Aluvis Terrace, ☏ 01/32 64 43; Sea View Hotel, 15 Sea View Av., ☏ 01/57 35 70; Hotel Sapphire, 371 Galle Rd. (Colombo 6), ☏ 01/58 33 06.

Andere Stadtteile: ***Galaxi Hotel, 388 Union Place, ☏ 01/69 93 20; *Hotel Janaki, 43 Fife Rd., ☏ 01/50 21 69; A Wayfarer's Inn (Privathaus), 77 Rosmead Pl., ☏ 01/69 39 36.

Essen und Einkaufen

Essen im Zentrum: Alle großen Hotels führen gute Restaurants. Hervorzuheben ist das Navaratna Restaurant (indisch) im Taj Samudra und der Harbour Room im Grand Oriental Hotel. Gut, sauber, preiswert ißt man im Kanchi Vihar (Sri-Lanka-Küche), Chattam Street; Akase Kade Restaurant (Sri-Lanka-Küche) im Ceylinco Building; **in anderen Stadtteilen:** Flower Song, Duplication Rd. (sehr gute chin. Küche); Shanti Vihar (vegetarisch), Havelock Rd., ☏ 01/58 02 24; Palms Restaurant (vegetarisch), 40 Galle Rd. (Colombo 6).

Einkaufen: Alle großen Hotels haben Geschäftsarkaden; Kaufhäuser mit großer Auswahl auch in Kunsthandwerk findet man in der York Street. Edelsteine und Juwelen gibt es in vielen Geschäften; die Rechnung muß immer Goldgehalt und Karatzahl enthalten. Prüfen lassen kann man dies bei der State Gem Corporation, 310 Galle Rd., Colombo 3. Kommt man bei einer Rundreise nach Ratnapura, sind dort Preise und Auswahl oft besser. Bücher und Landkarten findet man in guter Auswahl im Lake House Bookshop, 100 Sir A. Gardiner Mw.

Banken: Geldwechseln möglichst nicht in den Hotels, die immer schlechte Umtauschraten haben. Wenn Sie Traveller Cheques benutzen wollen, dann in US-$. Alle Banken tauschen um; besonders lange Öffnungszeiten (9–18 Uhr, Wochenende 9–16 Uhr) hat die Filiale der Bank of Ceylon in der York Street gleich neben dem Grand Oriental Hotel. American Express, 45 Janadhipathi Mw., ☏ 01/43 12 88

Verbindungen

  Staatliche und private **Busse** sind zumeist völlig überfüllt, aber billig. Die Fernverbindungsbusse fahren an der SLTB Bus Station (Central Bus Station) am Olcott Mawatha etwa 200 m nordöstlich des Hauptbahnhofs Fort Station ab. Nach Kandy fährt z. B. die Linie 01, nach Matara die Linie 32 und zum Flughafen die Linie 187. Minibusse fahren an der Nordseite der Busstation ab. Hier wie bei der Fort Station, wo **Züge** in alle Landesteile abfahren, treiben sich Schlepper herum, die viel anpreisen und die man schlicht ignorieren sollte.

Three Wheeler: Einfacher, preiswerter Transport, Preis vorher aushandeln; Richtwert: 1 km kostet 25 Rupien; jeder weitere km 10 Rupien.

Taxis haben zumeist keinen Zähler, also Preis aushandeln; Richtwert 15 Rupien. Neu sind **Funktaxis** (etwas teurer) mit guten Autos und Zählern, ✆ 01/50 15 02-4 oder ✆ 01/ 50 28 88.

Mietwagen für Selbstfahrer gibt es bei Avis, ✆ 01/44 96 32, und Ranil Tours, ✆ 01/42 21 83. Mietwagen mit Fahrer werden von zahlreichen Unternehmen angeboten. Absolut zuverlässig und korrekt bei Ebert Silva Touring, ✆ 01/71 219 94-5, oder preiswerter bei Lanka Vacations, ✆ 01/ 57 63 30.

Weitere wichtige Adressen

Gesundheit: Krankenhäuser: Colombo General Hospital, Regent Str., Colombo 8, ✆ 01/69 11 11; Sri Jay-awardanapura Hospital in Kotte, ✆ 01/56 36 10-9. **Privatkrankenhaus:** Nawaloka Hospital, 23 Sri Sugathodaya Mw., Colombo 2, ✆ 01/54 44 44-8. **Krankenwagen:** ✆ 01/42 22 22. **Unfall Notdienst:** Ward Pl., Colombo 7, ✆ 01/69 31 84. **Ärzte:** Dr. Theva A. Buell, 410-19 Baudhaloka Mw., Colombo 7, ✆ 01/ 42 20 31; D. P. Sivasubramaniam (Augenarzt), 11/1 Cambridge Pl., Colombo 7, ✆ 01/9 50 73; M. Muthukumara (Zahnarzt), 12 Queen's Terrace, ✆ 01/ 8 48 01.

 Weitere wichtige Telefonnummern: Vorwahl Colombo ✆ 01; Tourist Police: ✆ 69 41; Information Flughafen Katunayake: ✆ 45 28 61; Bus Station: ✆ 2 80 81; Immigration Office (Visa): ✆ 43 63 53; Telefon Auskunft Inland: ✆ 1 61; Ausland: ✆ 1 41.

Die Umgebung von Colombo

Mount Lavinia

Mount Lavinia im Süden Colombos sollte, so plante es im 19. Jahrhundert der britische Gouverneur Barnes, ein großzügiges Villenviertel mit Sportanlagen werden. Er träumte davon in seinem prächtigen Kolonialbau, der auf einem Felsvorsprung ins Meer ragt und heute das von Touristen geschätzte Mount Lavinia Beach Hotel beherbergt. In der Umgebung gibt es zahlreiche Pensionen und Restaurants. Ein Drink zur Zeit des Sonnenuntergangs auf der Hotelterrasse und der schöne Blick auf das beginnende abendliche Gefunkel des 12 km entfernten Zentrums von Colombo sind einen Ausflug wert.

Die Badequalitäten Mount Lavinias sind zweifelhaft. Schon immer war das Meer hier in den Sommermonaten rauh und Vorsicht geraten. Seit Jahren aber läßt auch die Sauberkeit des Wassers und der Strände im gesamten Großraum Colombo mehr und mehr zu wünschen übrig. Schmutzige Strände und trübes Meer (nicht nur aufgewühlt) sind von Mount Lavinia bis nördlich von Negombo mehr die Regel als die Ausnahme.

Unterkunft: ****Mount Lavinia Beach Hotel (kolonial), ✆ 01/71 52 21; ***Mount Royal Beach Hotel, ✆ 01/71 40 01; Hotel Sea Breeze, ✆ 01/71 40 17; YMCA Tourist Guest House, ✆ 01/71 37 86.

Essen: La Langousterie am Strand nördlich des Mount Lavinia Beach Hotels mit sehr gutem Fisch.

Sri Jayawardanapura

Wenn Sie auf den Namen Sri Jayawardanapura stoßen und das dortige neue Parlament rühmen hören, dann hat das nichts mit der Hybris des ehemaligen Präsidenten zu tun, der unbedingt den neuen Regierungssitz mit seinem Namen schmücken wollte. Nein, Sri Jayawardanapura oder **Kotte,** wie es zuvor hieß, war eine alte singhale-

sische Königsstadt in der Folge der vielen, die nach der Aufgabe Polonnaruwas bezogen und wieder verlassen wurden. Hier ist wieder der Regierungssitz entstanden. Das Parlament, ein großzügiger Bau inmitten eines Sees, wurde dem Stil der Kandy-Zeit nachempfunden. 43 Mio. Dollar kostete das Unternehmen, was viel Kritik hervorrief in einem Land, wo Geld überall knapp ist. Man darf aber umgekehrt nicht übersehen, was ein solcher Bau für das National- und Selbstbewußtsein der Sri-Lanker bedeutet. Dies ist auch beim Besichtigen zu spüren, was leider wegen des Bürgerkriegs nicht immer möglich ist – Plenarsaal und die gesamte Anlage sind durchaus sehenswert.

Kelaniya

Die Tempelanlage **Kelaniya-Raja-Maha-Vihara** in Kelaniya, 11 km nordöstlich von Colombo, ist für alle Buddhisten im Großraum Colombo die wichtigste. Alljährlich im Januar findet eine Perahera statt, die nur von der Kandy-Perahera übertroffen wird und an den Besuch Buddhas erinnert, der hier gepredigt haben soll. Die Mahavamsa berichtet, Buddha habe sich auf einen Reishaufen gesetzt, um seine Lehre (Dharma) zu verkünden. Vielleicht hat man deshalb die ursprünglich aus dem 3. Jahrhundert v. u. Z. stammende Dagoba, welche von den Portugiesen zerstört wurde,

Gnome am Tempel von Kelaniya

Ende des 18. Jahrhunderts in der Reishaufenform wieder aufgebaut. Ganz in klassischer Manier stehen Dagoba, Bodhi-Baum (ein Ableger des Anuradhapura-Baums) und Statuenhaus auf dem erhöhten Tempelgeviert (Abb. S. 64). Das Eingangstor zu der Anlage hat, nebenbei bemerkt, der Tierfänger John Hagenbeck Ende des 19. Jahrhunderts für den Hamburger Zoo kopiert. Die Außenwände des Statuenhauses sind Vorbildern aus Anuradhapura und Polonnaruwa folgend mit Reliefdarstellungen von Gänsen, Elefanten und Gnomen verziert; besonders plastisch sind die *Makaras* am Eingang, deren Zungen in Lotosblüten übergehen.

Der Hauptsaal und derjenige zur Rechten, wenn man das Gebäude betreten hat, stammen aus dem 17. Jahrhundert, der Rest wurde zu Beginn des 20. Jahrhunderts angebaut. Es ist ein reich dekorierter Tempel mit besonders faszinierend angelegten geometrischen Deckenornamenten. Die Malereien des rechten Saals mit der liegenden Statue erzählen Geschichten aus dem Leben Buddhas *(Jatakas)*, im Zentrum des Hauptsaals steht, flankiert von zwei Leibwächtern, die Statue des vorbuddhistischen Königs Maniakkhika, zu dessen Regierungszeit (was historisch unhaltbar ist) Buddha in Kelaniya gewesen sein soll. Der hintere Saal beherbergt die Buddha-Reliquien der jährlichen Perahera. Hier wie in den weiteren hinteren Räumen gibt es gut erhaltene Wandmalereien von den legendären Besuchen Buddhas in Lanka und aus der Frühgeschichte des Landes. Ein Bild zeigt, wie der heilige Zahn Buddhas von der Nonne Hemamale nach Lanka gebracht wird.

Dem Kloster angegliedert ist eine buddhistische Hochschule, eine der führenden des Landes. Außerdem besitzt Kelaniya eine Universität. Kelaniya selbst ist Zentrum der Töpferkunst; schon auf der Fahrt vom Flughafen nach Colombo fallen die Töpferstände auf. Direkte Busse nach Kelaniya verkehren ab Colombo Fort Railway Station.

Wer länger in Colombo bleibt oder einige Monate hier lebt, für den lohnt das kleine Büchlein ›Colombo Handbook‹, von der American Women's Association zusammengestellt, mit einer Fülle von Tips und Hinweisen.

Im Norden von Colombo

Noch mitten im Verkehrsgewühl Colombos, an der Kandy Junction, heißt es aufpassen, um die Straße nach Norden zum Katunayake-Flughafen zu erwischen. Bald danach zweigen zum Meer hin verschiedene Sträßchen ab, die alle zu einer der idyllischsten Wegstrecken Sri Lankas führen. Parallel zum Ozean verläuft von Colombo durch die Lagune von Negombo bis hin nach Puttalam weit im Nor-

den der **Dutch Canal.** Die Holländer legten diese Binnenschiffahrtsstrecke an, um in der gesamten Region, in der sie Zimt anbauten, eine gute und schnelle Verkehrsverbindung zu haben.

Lange Zeit führt die Nebenstrecke nach Negombo entlang des gealterten Kanals mit kleinen Brücken, bunten Fischerbooten, badenden Kindern, waschenden Frauen (es ist ein Süßwasserkanal) und Fischern, die mit ihren Wurfnetzen eher kümmerliche Fänge an Land ziehen. Die Straße verläßt den Kanal und verläuft weiter auf der schmalen Landzunge zwischen Ozean und der Negombo-Lagune. In Kokoshainen und kleinen Dörfern stehen zahlreiche katholische Kirchen, Grabkreuze erheben sich über Sanddünen. Zwischen Colombo und Puttalam war die christliche Mission der Portugiesen besonders erfolgreich. Die einst zugewanderten tamilischen Fischer waren auch durch ihren niedrigen sozialen Status leicht zum Christentum zu bekehren. Nach christlichen Massentaufen hörten sie auf Namen wie Pereira, Fernando und de Mel, die bis heute in dieser Inselregion häufig anzutreffen sind. In **Duwa** an der nördlichen Spitze der Landzunge finden in der Karwoche Passionsspiele statt, die am Karfreitag in großen Prozessionen ihren Höhepunkt finden.

Wer entlang der Hauptstraße von oder nach Colombo kommt, sollte nicht versäumen, bei Ja-Ela in

Richtung Gampaha abzuzweigen, um den **Henaratgoda Botanical Garden** zu besuchen. Hier wurden 1876 mit Erfolg die ersten aus Brasilien herausgeschmuggelten Setzlinge des Para-Gummibaums *(Hevea brasiliensis)* gezüchtet. Die Bäume sind heute noch zu sehen. ›Nr. 6‹ war der erste Gummibaum in Asien.

Verbindungen: Zug oder Bus bis Gampaha, weiter zu Fuß oder Three Wheeler ca. 35 Rupien. Taxi ab Colombo oder Negombo und retour ca. 900 Rupien.

Negombo

Negombo, am Ausgang der Lagune gelegen, ist das Fischereizentrum an der Westküste. Nördlich der 65 000 Einwohner zählenden Stadt liegt eines der Touristenzentren der Insel. Hotels und Pensionen jeden Standards säumen die Küste. Leider sind die Strände nicht sonderlich sauber, so daß die Hotels eher für Übernachtungen nach der Ankunft oder vor der Abreise in Frage kommen.

Vor der Küste gibt es gute Tauchmöglichkeiten entlang der Korallenriffe. Der internationale Flughafen liegt wenige Kilometer entfernt. Für Fischerei- und Fotobegeisterte ist Negombo eine wahre Fundgrube. Dies gilt für die mit Lädchen vollgestopften Straßen der Stadt, den **Fischmarkt** südlich der Lagu-

neneinfahrt und vor allem gegen 15 Uhr, wenn die großen Auslegerboote mit geblähten, bunten Segeln vom Fang heimkehren (Abb. S. 80/81).

Negombo war schon den arabischen Seefahrern bekannt. Portugiesen, Holländer und Briten bauten und veränderten das kleine **Fort** der Stadt, das heute als Gefängnis dient. Unter den alten Banyan-Bäumen zwischen Fort und Küste findet jeden Sonntagmorgen ein bunter, exotischer Markt statt.

Unterkunft: ***Browns Beach Hotel, 175 Lewis Pl., ✆ 0 31/20 31; **Blue Oceanic Beach Hotel, Ethukala, ✆ 0 31/23 72; Royal Oceanic Hotel (hübsche Anlage), ✆ 0 31/43 06; Goldi Sands Hotel Ethukala, ✆ 0 31/20 21; Catamaran Beach Hotel, Lewis Pl., ✆ 0 31/26 06; New Rest House, Circular Rd., ✆ 0 31/22 99.

Essen: Alle größeren Hotels verfügen über zumeist ordentliche bis gute Restaurants. An der Strandstraße sind zudem viele Restaurants. Sea Food ist sehr gut in John's Hotel, und gute Snacks gibt es im Coronation Hotel & Bakery. Ebenso finden sich an der Main Street zahlreiche Restaurants, z. B. das Kavitha Restaurant mit *Rice and Curry*.

Verbindungen: Ab Colombo Fort Railway Station fahren alle zwei Stunden Züge nach Negombo. CTB-Busse (Linie 240) und Minibusse von der Central Bus Station bzw. Fort Station, Olcott Mw. Vom Katunayake Flughafen fahren Minibusse alle Viertelstunde. Taxen von Colombo kosten hin und zurück mit Aufenthalt ca. 1000 Rupien.

Nach Chilaw und Puttalam

Nördlich von Colombo bis über Chilaw hinaus erstrecken sich endlose Kokosplantagen. Hier sollen die besten Kokosnüsse gedeihen; ein Stück landeinwärts bei **Lunuwila** ist das *Coconut Research Institute*, wo neue Anbaumethoden und die Schädlingsbekämpfung erforscht werden für diese inseltypische Plantagenpflanze. Der Binnenmarkt ist für die Kokosplantagen wichtiger als der Export, Ausländer waren in diesem Wirtschaftszweig nie stark vertreten, und so blieb dies eine Domäne der Einheimischen.

Die Gegend der Städtchen **Marawila** und **Mahawewa** ist bekannt für ihr Batikgewerbe. In zahlreichen kleinen und großen Betrieben kann man die Arbeitsgänge verfolgen und oft – leider zu bunte – Batiken günstiger kaufen als in Colombo oder in den Touristenhotels.

Nördlich des Fischerstädtchens **Chilaw**, dessen Rest House mit leckeren Fischgerichten zu einer Essenspause einlädt, wird die Natur spärlicher, die Trockenzone beginnt. Etwa 1 km östlich von Chilaw steht der älteste Hindu-Tempel der Insel, **Munnessaram**. Er soll bereits vor der Landung der ersten Singhalesen im 5. Jahrhundert v. u. Z. bestanden haben. 1578 machten die Portugiesen den Munnessaram-Tempel dem Erdboden gleich. Ab dem 18. Jahrhundert wurde er wieder aufgebaut und ist mehrmals im Jahr Schauplatz bedeutender hinduistischer Feste. Vor allem das 27 Tage dauernde Fest im August und September bietet ein komplettes Kaleidoskop hinduistischer Rituale.

Fast 40 km landeinwärts von Chilaw stehen die Ruinen von **Panduvas Nuwara**. König Parakrama Bahu I., der im 12. Jahrhundert das Singhalesenreich und seine neue Hauptstadt Polonnaruwa zur Blüte führte, regierte zuvor von hier aus. Die Stadt muß einst eine mächtige Festung gewesen sein, umschlossen von 12 m dicken Backsteinmauern. Der Grundriß der Palastreste zeigt, daß Parakramas Palast in Polonnaruwa Vorbild war.

Puttalam, an der zweitgrößten schiffbaren Lagune der Insel gelegen, ist ein verschlafenes Fischereistädtchen. Prinz Vijaya, der Urvater der Singhalesen, soll in dieser Gegend gelandet sein. Arabische Händler nützten die Lagunenlage als Stützpunkt und betrieben Perlenfischerei. Von hier geht der Dutch Canal bis Colombo. Heute lebt Puttalam vor allem von seinen Salinen und der südlich der Stadt gelegenen Zementfabrik.

Ein landschaftlich lohnender Ausflug führt über die palmenbestandene Landzunge westlich der Lagune bis **Kalpitiya**. Erneut zeugen zahlreiche Kirchen von erfolgreicher Missionstätigkeit. Die Korallenriffe vor der Landzunge gehören zu den lohnendsten Tauchzielen. Von Kalpitiya mit den Resten eines alten Forts besteht eine Fährverbindung nach Puttalam.

Das historische Kultur- dreieck

Anuradhapura:
erste Hauptstadt des Reichs

Mihintale:
›Geburtsort‹ des Buddhismus

Aukana-Buddha und
Bergfestung Sigiriya

Königsstadt Polonnaruwa

Kandy:
Stadt des heiligen Zahns

Yapahuwa, Freitreppe zum
Palast Bhuvaneka Bahu I.

Das historische Kulturdreieck

Ein Weltkulturerbe der UNESCO im Herzen von Sri Lanka: die alten Königsstädte Anuradhapura und Polonnaruwa. Das junge Kandy, wo der Zahn Buddhas aufbewahrt wird. Mihintale, der ›Geburtsort‹ des Buddhismus auf Lanka. Heilige Stätten in grandioser Landschaft: die Einsiedeleien und Felsenklöster wie Aukana und Dambulla. So einmalig wie rätselhaft: der Felsen von Sigiriya mit seinen Wolkenmädchen und Gewitterprinzessinnen.

Seit dem 1. Januar 1980 sind die historischen Stätten Sri Lankas eines der weltweiten Projekte, die die UNESCO zum Weltkulturerbe (World Heritage) erklärt hat, um die Baudenkmäler auszugraben und zu restaurieren. Und das bedeutet vor allem: es wird Geld gebraucht. Sri Lanka will seinen Teil beitragen, doch die Hauptsumme der geschätzten 25 Mio. Dollar bringt die UNESCO auf und bittet dafür die Besucher zur Kasse.

Das ganze Projekt läuft unter dem Namen ›Kulturdreieck‹, gebildet von einer gedachten Linie mit den Eckpunkten Anuradhapura, Polonnaruwa und Kandy. Eingeschlossen in dieses Dreieck sind zudem Mihintale, der Aukana-Buddha, die Einsiedelei von Ritigala, die Felsenanlage von Sigiriya und die Höhlen von Dambulla. Gegraben wird unter der Leitung einheimischer Experten, aber natürlich werden auch ausländische Archäologen zugezogen. Bis zu 800 Ausgräberinnen und Ausgräber sowie zahlreiche Fachleute sind bei einzelnen Vorhaben im Einsatz, so bei den Arbeiten an der gewaltigen Jetavanarama-Dagoba in Anuradhapura. Als Ergebnis der jahrzehntelangen Arbeiten darf man kein wiedererbautes Polonnaruwa oder gar Anuradhapura erwarten. Nur wenige Bauwerke werden rekonstruiert. Im großen und ganzen soll vielmehr der jetzige Zustand der Ruinen gesichert werden. Das allein verschlingt angesichts des Klimas, üppiger Vegetation und sturzbachartiger Monsunregen viel Geld und bedeutet viel Arbeit.

Ein Wiederaufbau kommt schon deshalb oft nicht in Frage, weil es

Das historische Kulturdreieck

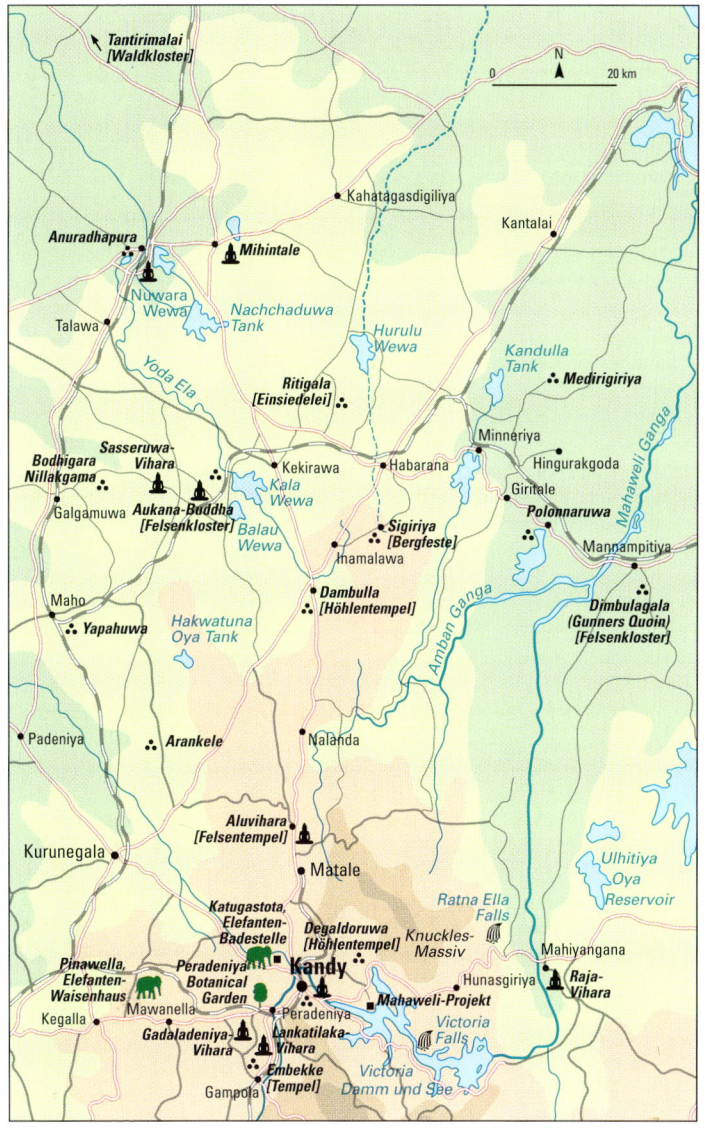

Tantirimalai
[Waldkloster]

N

0   20 km

Kahatagasdigiliya

Kantalai

Anuradhapura

Mihintale

Nuwara
Wewa

Nachchaduwa
Tank

Hurulu
Wewa

Talawa

Kandulla
Tank

Yoda Ela

Medirigiriya

Ritigala
[Einsiedelei]

Minneriya

Sasseruwa-
Vihara

Bodhigara
Nillakgama

Kekirawa

Habarana

Hingurakgoda

Giritale

Galgamuwa

Kala
Wewa

Aukana-Buddha
[Felsenkloster]

Polonnaruwa

Mahaweli Ganga

Balau
Wewa

Sigiriya
[Bergfeste]

Mannampitiya

Ihamalawa

Maho

Hakwatuna
Oya Tank

Dambulla
[Höhlentempel]

Amban Ganga

Dimbulagala
(Gunners Quoin)
[Felsenkloster]

Yapahuwa

Padeniya

Arankele

Nalanda

Ulhitiya
Oya
Reservoir

Aluvihara
[Felsentempel]

Kurunegala

Matale

Ratna Ella
Falls

Katugastota,
Elefanten-
Badestelle

Degaldoruwa
[Höhlentempel]

Knuckles-
Massiv

Mahiyangana

Pinawella,
Elefanten-
Waisenhaus

Peradeniya
Botanical
Garden

Kandy

Raja-
Vihara

Hunasgiriya

Mahaweli-Projekt

Kegalla

Mawanella

Peradeniya

Victoria
Falls

Gadaladeniya-
Vihara

Lankatilaka-
Vihara

Embekke
[Tempel]

Victoria
Damm und See

Gampola

keine Aufzeichnungen oder gar Baupläne der Originale gibt. Auch die Baumaterialien geben Rätsel auf. So berichtete Dr. Hema Ratnayake, langjähriger Leiter des Jetavanarama-Projekts in Anuradhapura, niemand kenne die Mischung des Grundmaterials und das Brennverfahren der Backsteine im Zentrum des 120 m hohen massiven Kuppelbaus. Druckberechnungen zufolge müssen sie jedenfalls doppelt so hart sein wie heute bekannte Backsteine.

Unzählige Funde werden und wurden gemacht. Die Magazine der Archäologen füllen sich mit Statuen, Keramik, Schmuck und Geldstücken. Die Verantwortlichen geraten ins Schwelgen, wenn sie anhand der Fundstücke die alte singhalesische Zivilisation erläutern. Einen der sensationellsten Funde machten B. G. Padmavati und K. G. Somapala am 18. Dezember 1982 morgens um kurz vor 8 Uhr nahe der Jetavanarama-Dagoba (kurz Jetavana genannt): 50 cm unter der Oberfläche fanden sie sieben Goldblätter, etwa 60 cm lang, 8 cm breit und 5 mm dick, auf denen ein philosophischer Diskurs Buddhas eingraviert ist. Er ist der Mahayana-Richtung des Buddhismus zuzurechnen, stammt aus dem 9. Jahrhundert und ist unvollständig, da einige Platten fehlen; vielleicht müssen diese erst noch gefunden werden. Museen sind entstanden, um vor Ort in den alten Hauptstädten die Reichtümer der Vergangenheit zu beherbergen.

Anuradhapura

Geschichte

Mehr als 1000 Jahre war Anuradhapura Mittelpunkt und Hauptstadt der Insel: etwa 250 v. u. Z. bis 1017. Was von ihr geblieben ist, läßt kaum mehr die weltliche, wohl aber die religiöse Bedeutung erkennen. Die Hauptstadt des Reichs war zugleich die buddhistische Metropole. Zur ewigen Lobpreisung Gautama Buddhas und seiner Lehre wurden Dagobas, Tempel und Klöster aus Stein erbaut, während Holz- und Lehmbauten für Herrscher und Bewohner genügten. Anuradhapura war, anders als etwa die antiken griechischen und besonders die römischen Städte, keine konzentrierte, strukturierte Kommune, sondern eine weitläufige Anlage, in der aber durchaus Ordnung und System erkennbar sind. Einzelnen Berufs- und Bevölkerungsgruppen waren bestimmte Straßen zugewiesen. Friedhöfe und Krankenhäuser wurden angelegt, Unterkünfte für Besucher anderer Religionen bereitgestellt. Deutlich getrennt von diesem weltlichen Bereich entstanden im Lauf der Jahrhunderte auf dem über 50 km^2 großen Areal verschiedene Klosterbezirke mit jeweils einer Dagoba als Zentrum sowie Schulen, Wohnhäusern und Badeeinrichtungen. Existenzgrundlage der alten Stadt waren ihre drei großen Tanks, die in der Reihenfolge Basawakkulama

Die noch nicht restaurierte
Abhayagiri-Dagoba

(um 430 v. u. Z.), Tissa Wewa (um 230 v. u. Z.) und Nuwara Wewa östlich der Stadt im 1. Jahrhundert v. u. Z. angelegt wur-den. Ihr Wasser bildete die Voraussetzung für den Reisanbau im Umland, der den Reichtum der Stadt begründete. In den mehrgeschossigen, oftmals unterkellerten Häusern der Stadt lebten mehrere tausend Einwohner.

Fast ein Jahrtausend lag Anuradhapura nach seiner Zerstörung 1017 durch die tamilischen Cholas vergessen und überwuchert im Dschungel. Zwar hatten die Könige des 12. Jahrhunderts von der neuen Hauptstadt Polonnaruwa aus noch einmal die kultisch bedeutsamsten Teile von Anuradhapura restauriert und neue Gebäude hinzugefügt; Bedeutung aber erlangte Anuradhapura nicht mehr, und erst um 1820 wurde die Stadt von einer privaten Expedition des britischen Beamten Ralph Backhaus ›wiederentdeckt‹. Seine Berichte wurden erst weitere 50 Jahre später von offizieller Seite zur Kenntnis genommen, und 1890 begannen unter dem britischen Archäologen H. C. P. Bell erste Ausgrabungen. Im 20. Jahrhundert trugen ein aufkeimender singhalesischer Nationalismus, buddhistische Religiosität und die Entscheidung der Briten, in Anuradhapura ein Verwaltungszentrum

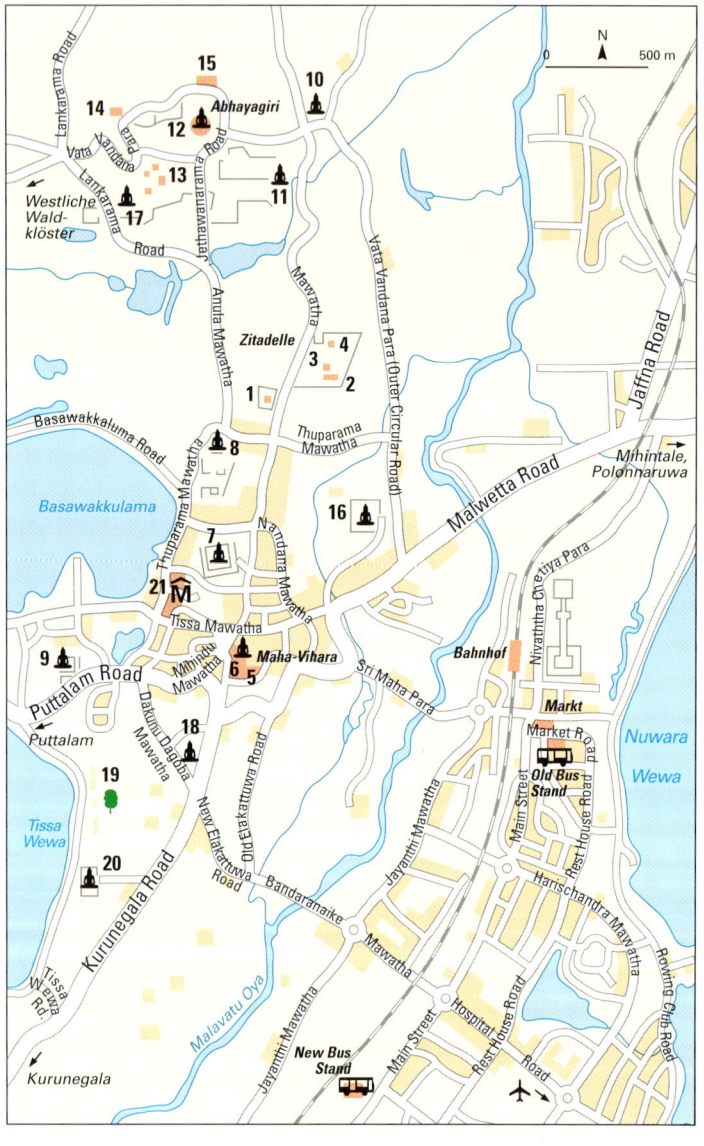

aufzubauen, dazu bei, daß die Ruinen nicht wieder in Vergessenheit gerieten. Überall wird man Zeuge der Ausgrabungen und Restaurierungen. Laufenden Veränderungen unterliegen auch die immer aufs neue angelegten Fußwege, um die Altertümer und neue Ausgrabungen besuchen zu können. Ihren aktuellen Stand gilt es zu erfragen, um nicht in dem reichlich unübersichtlichen Gelände herumzuirren.

Neben dem alten Anuradhapura, durch den Fluß Malwatu Oya getrennt, entstand die neue Stadt mit heute rund 50 000 Einwohnern. Die beste Zeit für einen Besuch in Anuradhapura ist bei Vollmond im Juni *(Poson Poya)*, an jenen Tagen also, an denen einst der Buddhismus auf die Insel kam. Das weite, parkähnliche Areal der alten Hauptstadt läßt sich gut mit dem Fahrrad erkunden.

Zitadelle

Das Herzstück des alten Anuradhapura, sein weltliches Zentrum, ist die **Zitadelle:** ein mehrere Quadratkilometer großes Areal, eingefaßt von einer einst 5 m dicken wie hohen Mauer. Tore in allen vier Himmelsrichtungen bildeten den Zugang zur Stadt. Hier mußte Zoll in Form von Naturalienabgaben auf alle in die Stadt eingeführten Nahrungsmittel entrichtet werden. Innerhalb der Stadtmauer haben Stichgrabungen Besiedlungsspuren aus dem 5. Jahrhundert v. u. Z. ans Tageslicht gebracht. Von den Holzbauten ist kaum ein Zeugnis geblieben. In den Berichten des chinesischen Mönchs Fa Hsien (5. Jahrhundert) und den Chroniken ist überliefert, daß es »sehr elegante« Häuser gab. Die Menschen ernährten sich von Reis, Gemüse, Currys und Fisch aus den Tanks, im großen und ganzen also wie heute. Zucker und Gewürze wurden angeboten, Händler, Ärzte, Architekten, Töpfer, Edelsteinschleifer und Schauspieler boten ihre Dienste an, es gab sogar ausländische Botschaften.

Was der Besucher heute an Ruinen vorfindet, wenn er von Süden auf der Sanghamitta Mawatha neben dem alten Stadttor über die zugewachsene Stadtmauer fährt, sind linker Hand Reste des **Königspalastes** (1) aus dem 11. Jahrhundert. Der schon in Polonnaruwa residie-

Anuradhapura: 1 Königspalast 2 Tempel des Zahns (Dalada Maligava) 3 Almosenhaus (Mahapali) 4 Schreine 5 Bodhi- oder Bo-Baum 6 Bronzener Palast (Lohapasada) 7 Ruvanweli-Seya-Dagoba 8 Thuparama-Dagoba 9 Mirisavati-Dagoba 10 Kuttam Pokuna (Zwillingsbecken) 11 Samadhi-Buddha 12 Abhayagiri-Dagoba 13 Bodhigara 14 Edelsteinpalast (Ratna Prasada) 15 Mahasena-Palast 16 Jetavanarama 17 Lankarama-Dagoba 18 Dakkhina-Dagoba 19 Königliche Gärten 20 Isurumuniya-Felsenkloster 21 Anuradhapura-Museum

rende König Vijaya Bahu ließ ihn offensichtlich an der Stelle der alten und zerstörten Paläste errichten. Sieben Treppenstufen führen zu dem ehemals mehrgeschossigen Gebäude, eingefaßt von zwei Stelen aus dem 8. sowie 10. Jahrhundert, auf deren Reliefs die Zwerge Padma und Shanka dargestellt sind. Diese mythischen Zwerge, Padma trägt eine Lotoskrone, Shanka eine Muschel auf dem Kopf, sind Halbgötter, Gehilfen des Gottes Kuvera, der über die Schätze der Welt wacht. Hundert Meter weiter liegen rechter Hand an der Straße mehrere schlecht erhaltene Ruinen aus früheren Jahrhunderten. Auf einem rechteckigen Fundament stehen Säulen, die zu dem zuletzt um 960 unter König Mahinda IV. restaurierten **Tempel des Zahns** (Dalada Maligava; 2) gehören. Mehrere Tempel haben hier unter der Obhut der Könige gestanden, für die die Verfügungsgewalt über die heilige Reliquie (ein Zahn Buddhas) durch die Jahrhunderte immer mehr zur Machtlegitimation wurde.

Nebenan liegen die Reste des **Almosenhauses** (Mahapali; 3) aus dem 5. Jahrhundert. Hier wurden die Mönche vom Herrscher bewirtet. Das ›Reisboot‹, eine mehr als 8 m lange Steinwanne, diente zur Aufnahme von Speisen für bis zu 6000 Mönche. Bestritten wurde diese Einrichtung im wesentlichen von den Eingangszöllen zur Stadt. 1933 entdeckte man in der Nordwestecke des Mahapali einen 10 m

tiefen Brunnen, in den Steinstufen hinabführten, über die die Mönche direkt ans Wasser gelangten. Nördlich davon, dort, wo sich in alten Tagen die Nord-Süd- und Ost-West-Achse in der Stadt kreuzten, stehen die Reste zweier **Schreine** (4) aus Backstein, in denen wohl Reliquien und heilige Bücher aufbewahrt wurden.

Maha-Vihara

Um die Zitadelle, das weltliche Zentrum des alten Anuradhapura, gruppieren sich drei religiöse Bezirke, die, teils vor der Zitadelle entstanden, für die Stadt meist wichtiger waren als die Regierungszentrale und als Steinbauten auch besser erhalten sind.

Südwestlich der Zitadelle, bis an den Damm des Basawakkulama-Tanks reichend, liegt der älteste Klosterbezirk Maha-Vihara, das ›Große Kloster‹. Er beherbergt den heiligsten Ort der Insel mit der Welt ältestem dokumentiertem Baum: den **Bodhi- oder Bo-Baum** (5). Als der Buddhismus auf der Insel Fuß faßte, entsandte König Devanampiya Tissa um 250 v. u. Z. seinen Neffen Aritha an den Hof Kaiser Ashokas nach Pataliputra in Indien und ließ um einen Zweig des heiligen Bo-Baums bitten, unter dem Gautama Buddha seine erleuchtende Erkenntnis erfuhr. Ashoka entsprach der Bitte und schickte durch seine Tochter, die buddhistische Nonne Sanghamitta, den erbetenen Zweig. Im 3. und im 4. Jahrhundert wurde *Sri Maha Bodhi* mit einer Steinterrasse umgeben. Die Mauer, die das ganze Areal umschließt, ist erst 1803 vom letzten Kandy-König erbaut worden. Heute stützen eiserne Krücken den alten Baum, der relativ klein und von vielen jüngeren Ablegern umgeben ist. Zu der hohen Terrasse hat man keinen Zutritt. An dem erst 1966 errichteten goldenen Zaun beten die Pilger, bringen Lotosblüten und Räucherstäbchen und die unzähligen bunten Gebetswimpel als Opfer. Die Besichtigungskosten für den Baum sind nicht im generellen Ticket enthalten.

Nordöstlich des Sri Maha Bodhi stehen auf einer quadratischen Grundfläche von knapp 46 m Seitenlänge 1600 teils roh behauene, teils kunstvoll verzierte steinerne Säulen. Es ist der Ort des ersten Versammlungs- und Wohngebäudes der Mönche, des **Lohapasada**. Dieser ›**bronzene Palast**‹ (6) muß eines der eindrucksvollsten Bauwerke der Stadt gewesen sein. König Dutthagamani, der erste Einiger der Insel, ließ, wie die Chronik zu berichten weiß, im 2. Jahrhundert ein neungeschossiges Haus mit 1000 Zimmern und einem Kupferdach, das dem Bau den Namen gab, erbauen. Nach nur 15 Jahren brannte der Palast ab und wurde dann, nur siebengeschossig, unter der Regentschaft Mahasenas zwischen 334 und 362 wieder errichtet. Die heute noch sichtbaren Säulen gehören zu einem noch späteren Wiederaufbau aus dem 12. Jahrhundert und wurden teilweise von benachbarten zerstörten Gebäuden genutzt.

Noch weiter nördlich erhebt sich (zumeist) strahlend weiß die **Ruwanweli-Seya-Dagoba** (7). Für den gläubigen Buddhisten ist sie die wichtigste Dagoba von Anuradhapura, bildete sie doch das Zentrum der reinen buddhistischen Lehre, des Theravada-Buddhismus. Angeblich ist in dieser *Maha Thupa*, der ›Großen Dagoba‹, ein Bo-Baum eingemauert mit einem silbernen Stamm und goldenen Früchten. Zu Recht trägt sie den Namen ›Große Dagoba‹, denn schon bei der Errichtung im 1. Jahrhundert

Statue bei der Ruwanweli-Seya-Dagoba

v. u. Z. war sie mehr als 90 m hoch. Begonnen wurde der Bau von Dutthagamani, der aber während der Arbeiten todkrank wurde. Sein jüngerer Bruder Saddhatissa, der sie vollendete, ließ die Baulücken mit weißen Tüchern abdecken, um dem Sterbenden den gewaltigen Eindruck des vollendeten Baus zu geben. Ursprünglich hatte die Dagoba eine Topfform, seit aber 1893 buddhistische Mönche die Restaurierung ohne Aufzeichnungen in Angriff nahmen, ist keine der traditionellen Formen einer Dagoba zu erkennen, und so ist ihre kunsthistorische Bedeutung beeinträchtigt.

In den 1950er Jahren vollendet, erreicht die Ruvanweli-Seya-Dagoba heute eine Höhe von 110 m bei einem Umfang von 283 m und steht auf einer quadratischen Plattform von 140 m Seitenlänge. Die gut 2,5 m hohe Plattform wird von 344 steinernen Elefanten symbolisch getragen, nur sechs von ihnen, links und rechts des westlichen Aufgangs, sind Originale des 8. Jahrhunderts, alle anderen waren nur als Fragmente erhalten und wurden nach 1945 restauriert (Abb. S. 56). Diese für eine Dagoba auf Sri Lanka einzigartige Bauweise geht auf indische Vorbilder zurück. Die Gesamtzahl der Elefanten wurde wohl erst im 12. Jahrhundert durch Parakrama Bahu erreicht. Man nimmt an, daß die Elefanten mit echten Stoßzähnen versehen waren. Auf der Spitze der *Chattra*, der gegliederten, konischen Spitze

des Bauwerks, glänzt ein 60 cm großer Bergkristall im Licht: ein Geschenk burmesischer Buddhisten. Der Hauptaufgang zur Plattform befindet sich im Osten. An den vier Kardinalpunkten sind Altäre *(Vahalkadas)* aufgestellt, neben denen geopfert wird. Umrundet man die Dagoba wie ein Buddhist im Uhrzeigersinn, passiert man im Süden und Osten mehrere Statuen: zum Teil restaurierte Skulpturen, die wahrscheinlich Könige darstellen. Neben dem Altar im Osten berichtet die Inschrift auf einer Steinplatte von der Pilgerfahrt König Nissanka Mallas (1187–1196) von Polonnaruwa nach Anuradhapura. Westlich der Dagoba liegen Überreste der Klostergebäude: Schreine, Badeteiche und Wohnhäuser.

Folgt man weiter der eingeschlagenen Achse vom Bodhi-Baum über die Ruvanweli-Seya-Dagoba nach Norden, trifft man auf den ältesten Tempel der Stadt, die **Thuparama-Dagoba** (8). Dieses kleine Bauwerk ist der Überlieferung nach die älteste Dagoba des alten Lanka, entstanden wohl zur gleichen Zeit wie die Kantaka Cetiya in Mihintale, dem unweit von Anuradhapura gelegenen ›Geburtsort‹ des Buddhismus auf der Insel. Als König Devanampiya Tissa sich dort zum Buddhismus bekannte, wurde ein Jünger des Missionars Mahinda zu Kaiser Ashoka im indischen Pataliputra gesandt mit der Bitte, Reliquien des großen Buddha zu schicken, um sie in eine *Thupa* (Pali für Stupa) einzumauern. Dieser Bitte

Thuparama-
Dagoba, mit
Grundriß (unten)

wurde mit der Übersendung von
fünf Reliquien entsprochen: das
rechte Schlüsselbein, ein Halskno-
chen, ein Haar, eine Almosenscha-
le und der *Dalada*, der heilige
Zahn, der, ob echt oder nicht, heute in Kandy aufbewahrt wird. Wo
die restlichen Reliquien heute sind,
ist nicht bekannt. »Große Freude
herrschte, als diese Reliquien nach
Anuradhapura gebracht und in einer feierlichen Zeremonie in einer
Dagoba außerhalb der Stadtmau-

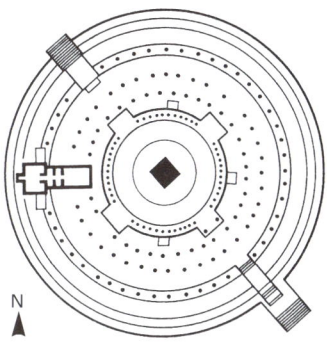

N
▲

ern niedergelegt wurden«, berichtet die Chronik. Dabei handelt es sich um die ursprünglich in der Reishaufenform *(Dhanyakara)* erbaute Thuparama. Stark zerfallen, wurde sie im 7. Jahrhundert in Glockenform *(Ghantakara)* restauriert. Sie mißt knapp 18 m im Durchmesser. Eine Besonderheit ist die Überdachung, die die Dagoba im 7. Jahrhundert erhielt. Diese als *Vatadage* bekannte Bauform umfaßt vier Reihen achteckiger Säulen mit verzierten Kapitellen, die eine Holzkonstruktion trugen. Die jetzige Form der Thuparama stammt aus dem Jahr 1862, als sie zuletzt restauriert wurde. Die beiden gegenüberliegenden Aufgänge werden von jeweils vier Wächterstelen eingefaßt.

Westlich an den Komplex Maha-Vihara schließt sich die kleinere **Mirisavati-Dagoba** (9) an. Sie entstand ebenfalls in der Regierungszeit Dutthagamanis, war aber nie von besonderer Bedeutung. Ein Besuch lohnt gleichwohl, denn sie wurde, sozusagen als Ausnahme von der Regel, wieder aufgebaut, und man kann sehr gut die Struktur der etwa 2,5 Mio. Backsteine begutachten.

Abhayagiri (Uttara-Vihara)

Vor besonderen Aufgaben stehen die Archäologen des UNESCO-Projekts bei den Arbeiten im Uttara-Vihara, dem nördlichen Kloster, heute bekannt als Abhayagiri. Eine

Art buddhistisches Schisma ließ dieses Kloster und seine Dagoba entstehen. Im Jahr 88 v. u. Z. gründete König Vattagamani Abhaya im Norden der Zitadelle dieses Kloster für den Mönch Mahatissa, der ihn politisch unterstützt hatte, aber dann aus dem *Sangha*, dem Mönchsorden des Maha-Vihara, ausgeschlossen worden war. Mahatissa war ein Anhänger des neueren, man könnte sagen moderneren Mahayana-Buddhismus, bei dem Statuenverehrung und Reliquienkult breiteren Raum im Glaubensgefüge einnahmen. Tissa, ein Jünger des Ausgeschlosse-

Kuttam Pokuna

nen, folgte bald mit weiteren 500 Mönchen nach; ein indischer Mönch namens Dhammarucci wurde Abt des neuen Klosters.

Die Kultformen förderten die Popularität des neuen Ordens, und die Zahnreliquie wurde ab 310 im neuen Kloster aufbewahrt. Bis zu 5000 Mönche lebten und disputierten dort, Kunst und Wissenschaft erblühten durch den freieren Geist der *Dhammaruccis*. Zur Popularität des Klosters, an dem jahrhundertelang kein König bei seinen Entscheidungen vorbeikam, trug sicher auch der Bodhisattva-Gedanke bei. Dies sind ›Heilbringer‹ auf einer Vorstufe zur Buddhaschaft, die aber zunächst darauf verzichten, ins Nirvana einzugehen, um

sich in den Dienst der Menschen zu stellen.

In der Chronik werden die Mahayana-Buddhisten als Häretiker gebrandmarkt, aber sonst nicht weiter erwähnt. Soviel ist jedenfalls bekannt: Parakrama Bahu I. vereinigte im 12. Jahrhundert die drei Strömungen Maha-Vihara, Abhayagiri und Jetavana wieder in einem Mönchsorden. Ab dem 16. Jahrhundert ist von den *Dhammaruccis* nichts mehr zu hören.

Fährt man östlich der Zitadelle entlang an sattgrünen Reisfeldern zum Abhayagiri-Komplex, stößt man zuerst auf das Doppelbad der Mönche: **Kuttam Pokuna** (Zwillingsbecken; 10). Die herrliche, in die Landschaft eingepaßte Anlage umfaßt zwei Becken von 42 × 17 und 30 × 17 m, 5–6 m tief. An den Stirnseiten der Becken führen, von halboffenen Lotosblüten flankiert, die Freitreppen ins Wasser. Drei Bänke im Wasser bieten Bequemlichkeit. In das kleinere, nördliche Becken ist eine *Nagaraya-Stele* (Beschützerin des Wassers) eingelassen.

Weiter westlich auf der Outer Circular Road folgt linker Hand die sehr schöne Statue eines meditierenden Buddha, der **Samadhi-Buddha** (11). Die aus dem 3. bis 6. Jahrhundert stammende, heute überdachte Statue wurde an der Nase leider unsachgemäß restauriert. Etwas weiter nordwestlich stößt man auf die noch ihrer Restaurierung harrende **Abhayagiri-Dagoba** (12; Abb. S. 105), mit ur-

sprünglich 115 m Höhe die zweitgrößte Dagoba des Landes. Besondere Beachtung verdienen ihre
wiederum an den Kardinalpunkten
errichteten Altäre *(Vahalkadas)*. Sie
zeigen schon die ausgeprägte Reliefkunst des 2. Jahrhunderts, obwohl die Bauzeit der Dagoba noch
ins 1. Jahrhundert v. u. Z. fällt.

Weiter nach Westen liegen, wiederum linker Hand, die Reste eines
Tempels für den heiligen Bodhi-
Baum: **Bodhigara** (13). Er zeigt besonders deutlich die gegenständlich
gewordene Buddha-Verehrung des
Mahayana. Um den Baum stehen
vier Podeste für sitzende Statuen des
erleuchteten Buddha. Zwei davon
sind im Anuradhapura-Museum
ausgestellt; eine dritte, stark von der
Zeit mitgenommene verblieb am
Standort. Über die Straße, ein wenig
nach Norden, bezeichnen riesige
Säulen (die der Ruine schon den
Spitznamen ›Elefantenstall‹ eingetragen haben) den Platz des **Edel-
steinpalastes** (Ratna Prasada; 14).
Mit seiner Funktion hat diese Bezeichnung freilich nichts zu tun.
Vielmehr war es ein mehrstöckiges
Versammlungshaus der Abhayagiri-
Mönche, das von Mahinda II. im
8. Jahrhundert unter Einsatz von
300 000 Münzen (wie die Chronik
berichtet) auf den Grundmauern äl-
terer Gebäude errichtet wurde. Am
schönsten und am besten erhalten
ist die Wächterstele neben dem Eingang. Ein Wächtergeist *(Nagaraya)*
hält eine Vase des Überflusses
(Kumbakalasha) und einen blühenden Zweig als Zeichen des Wohl-

stands in der Hand. Begleitet ist er
von einem Zwerg; eine siebenköpfi-
ge Kobra beschützt ihn.

Noch etwas nördlicher – man
hat nun die Abhayagiri-Dagoba
halb umrundet – liegen die wenigen Reste des sogenannten **Maha-
sena-Palastes** (15), eines Statuenhauses aus dem 8. Jahrhundert.
Der Mondstein vor seinem Haupteingang jedoch und die fünf Stufen darüber sind außergewöhnlich
schön. Der 2,92 m breite Mondstein, das bemerkenswerteste Ex-
emplar der Anuradhapura-Zeit, ist
heute mit einem Gitter gegen Van-
dalismus geschützt. Dem äußeren
Flammenkranz, der die Begierde
symbolisiert, folgen – meisterhaft
festgehalten in einem Kranz – die
heiligen Tiere Elefant, Stier, Löwe
und Pferd; auf ein Band mit ver-
schlungenen Pflanzen folgt ein
weiterer Fries mit heiligen Gänsen,
bis schließlich im Zentrum Lotosblüten das Nirvana symbolisieren.
Die Stufen über dem Mondstein
werden von Zwergen gehalten; am
Ende des Aufgangs stehen zwei
weitere Götter und zwei singhalesische Löwen.

Verläßt man auf der Outer Circular Road den Abhayagiri-Komplex nach Westen, stößt man hinter
dem kleineren Bulankulam-Tank
auf die Überreste der sogenannten
14 **westlichen Waldklöster**. Sie waren bewohnt von asketischen Mönchen, die *Pamsakullika* genannt
wurden. Dieser Name (Friedhofstü-
cher) stammt von ihrem Gelübde,
äußerst entbehrungsreich zu leben

und die eigene Kleidung einzig aus Leichentüchern Verstorbener herzustellen, die sie von Verbrennungsplätzen holen. Ab dem 7. Jahrhundert hatten die Waldmönche erheblichen Zulauf.

In ihrer Tradition stehen auch die heutigen Einsiedlermönche Sri Lankas, die man an ihrem dunkleren, bräunlich-orangefarbenen Umhang erkennt. Die *Pamsakullika* entwickelten eine recht eigene, schmucklose Architektur. Ihre Meditationshallen bestanden aus zwei von einem Wasserbecken getrennten steinernen Plattformen, die durch eine Brücke verbunden waren. Ausgerechnet und einzig ihre Latrinensteine verzierten die *Pamsakullika* mit meisterhaften Steinmetzarbeiten. Zurück nach Süden, vorbei an der Zitadelle, liegt südöstlich des weltlichen Zentrums der dritte Klosterkomplex mit der gewaltigen Jetavanarama-Dagoba.

Jetavana-Vihara

Wenn die Ausmaße einer Dagoba Rückschlüsse erlauben auf die Bedeutung des dazugehörigen Klosters, kann gar kein Zweifel bestehen, wer im 3. Jahrhundert in Anuradhapura in religiösen Fragen bestimmend war. Die **Jetavanarama** (16) ist heute noch gewaltig, obwohl sie im Lauf der Jahrhunderte durch Verwitterung 50 m an Höhe eingebüßt hat: Die Ausgrabungsarbeiten der UNESCO zeigen eindrucksvoll die Dimensionen der

Ende des 3. Jahrhunderts in 30 Jahren Bauzeit errichteten Dagoba. Sie ruht auf einer 9 m hohen und quadratischen Plattform mit 200 m Seitenlänge, die bis auf den gewachsenen Felsgrund reicht. Die Archäologen sind voller Bewunderung für die Konstruktion, mußte doch das Grundwasser abgeleitet und ein exakt fixierter Mittelpunkt berechnet werden für den Bau mit einem Durchmesser von 125 m an seiner Basis, das aufgesetzte Viereck und die Spitze von einst insgesamt 122 m Höhe.

In der Tat war die gesellschaftliche Bedeutung des neuen Klosters und seiner Dagoba erheblich. König Mahasena, der 276 seinem Bruder Jettatissa auf dem Thron nachfolgte, war von einem dem Mahayana anhängenden indischen Mönch erzogen worden, mit dem er beim Tod des Vaters schon einmal zum Schlag gegen den Bruder ausgeholt hatte. Rechtmäßig im Amt, machte er keinen Hehl aus seiner Verachtung gegenüber dem orthodoxen Maha-Vihara, erhob Steuern auf dessen Almosen und vertrieb es für Monate aus der Stadt; er enteignete seine östlichen Klosterbezirke und begann mit dem Bau der Jetavanarama und des Klosters. Ein zweites Häretikerkloster! Die streng orthodox orientierte Chronik ist in ihrem Urteil über den ›Ketzerkönig‹ gespalten, da Mahasena auch eine Reihe wichtiger Tanks anlegen ließ: »So sammelte er viele Verdienste, aber auch viel Schuld.« Rund um die Dagoba liegen die Ruinen der Klostergebäude: im Westen das Statuenhaus *(Pilimage)* mit den Resten eines Lotosthrons, weiter südlich (über die Straße) Reste einer Einfriedung: der Steinzaun der Klosterschule.

Weitere Sehenswürdigkeiten

Einige Ruinen und Anlagen Anuradhapuras sind keinem der beschriebenen Komplexe zuzurechnen. So die südlich der Abhayagiri-Dagoba gelegene **Lankarama-Dagoba** (17). Sie ist im 1. Jahrhundert v. u. Z. entstanden als Dagoba, später zu einer überdachten Dagoba *(Vatadage)* umgebaut worden und bis heute ein wichtiger Ort der Buddhisten geblieben. Erheblich weiter im Süden liegt die **Dakkhina-Dagoba** (18) aus dem 2. Jahrhundert, sie könnte nach der Chronik und ihrer Datierung in ihrer Reliquienkammer die Asche von König Dutthagamani beherbergen. Westlich, bis an den Damm des Tissa Wewa reichend, erstrecken sich die **königlichen Gärten** (19) in Nord-Süd-Richtung. Im 7. bis 10. Jahrhundert wurde die großzügige Anlage mit Lotosteichen, Pavillons und teils kunstvoll behauenen Monolithen angelegt. Unter den riesigen, schattenspendenden Bäumen des Parks sollen sich Prinz Saliya und seine zukünftige Braut Ashokamala erstmals getroffen haben.

Dem Vernehmen nach sind es diese beiden, die als ›Die Lieben-den‹ im weiter südlich gelegenen **Isurumuniya-Felsenkloster** (20) auf einem der schönsten Reliefs in Anuradhapura dargestellt sind. Gegründet wurde das Kloster im 2. Jahrhundert v. u. Z., seine Reliefs stammen hingegen aus der Spätzeit Anuradhapuras, wie die indischen Einflüsse der Gupta-Zeit zeigen. Die Anlage ist um zwei Felsen gruppiert. Beim Wiederaufbau Ende des 19. Jahrhunderts hat man sich allerdings kaum an alte Pläne gehalten. Die Dagoba auf der Felsspitze ebenso wie die in der Art von Comic Strips ausgemalte Höhle sind zeitgenössisch. Neben den ›Liebenden‹ sind die Reliefs von Elefanten beim Bad, eine Gottheit mit Pferdekopf, Zwerge und vogelleibige himmlische Musikanten erhalten.

Das **Anuradhapura-Museum** (21), am westlichen Rand des Maha-Vihara-Komplexes gelegen, beherbergt neben dem National Museum in Colombo die umfangreichste Sammlung bedeutender Funde aus der klassischen Zeit. Ausgestellt sind Buddha-Statuen sowie Modelle von Dagobas und überdachten Rundtempeln. Im obersten Stock ist eine Sammlung besonders gut erhaltener Bronzen aus dem 11. Jahrhundert, der frühen Polonnaruwa-Zeit, zu sehen. Münzen, Porzellan und Pretiosen aus Rom, Persien, China, Indien und Arabien, meist in der Gegend von Mantota und Mannar gefunden, bezeugen den internationalen Handel der alten Hauptstadt. Im Innenhof steht eine ganze

Kollektion von Latrinensteinen und ihren aseptischen Tanks: der Urin lief durch Kalk, Holzkohle und Sandschichten.

Unterkunft: **Miridiya Hotel, ✆ 0 25/21 12, 25 19; und (neu) **Randiya Hotel; nahe den Ruinen wohnt man am besten im **Tissa Wewa Rest House, ✆ 0 25/22 99, einem alten Kolonialhaus in herrlichem Park; *Ashoka Hotel, ✆ 0 25/27 53; *Rajarata Hotel, ✆ 0 25/25 78, 51 79. Am New Bus Stand gute Unterkunft im *Nuwara-wewa Rest House, ✆ 0 25/25 65. Ein sehr gutes Privatquartier bietet das *Shanthi Guest House, 891 Mailagas Junction, ✆ 0 25/25 15.

Essen: Außer den genannten Unterkünften bieten einfache, gute Gerichte das Crown Chinese Restaurant, 381 Dharmapala Mw.; Hotel Majestic gegenüber dem Old Bus Stand, wo man nachmittags die seltenen, aber leckeren Honey Hoppers bekommt, und das Anusiri Hotel gegenüber dem New Bus Stand.

Verbindungen: Zugfahrt von/nach Colombo ca. sechs Stunden, Expreßzüge drei Stunden und kostet 2. Klasse ca. 120 Rupien. Verbindungen nach Jaffna und dem Fährhafen Talaimannar sind unterbrochen. Vom New Bus Stand Busse nach Polonnaruwa und Dambulla, vom Old Bus Stand nach Kandy und Colombo, von hier auch Minibusse. Je nach Situation des Bürgerkriegs täglich ein Bus nach Trincomalee, der aber mindestens zehn Armeekontrollen passieren muß und sehr langsam vorankommt. In Anuradhapura bewegt man sich am besten per Fahrrad von Hotels und Verleihstationen, ca. 100 Rupien pro Tag.

Mihintale – ›Geburts-ort‹ des Buddhismus

Wenn auch Anuradhapura die Ehre gebührt, die buddhistische Religion erstmals im alten Lanka mit prachtvollen Bauten gefeiert und ihr politischen Einfluß zugestanden zu haben, der eigentliche ›Geburtsort‹ des Buddhismus auf der Insel ist es nicht. Es war 13 km östlich, wo im Jahr 247 v. u. Z. Mahinda, Sohn des indischen Kaisers Ashoka, der sich die Verbreitung des Buddhismus zur Aufgabe gemacht hatte, mit einigen Mönchen nach Lanka gekommen war und in den Höhlen des Cetiya-Felsens rastete. In ebendieser Gegend, unweit der Hauptstadt, jagte König Devanampiya Tissa, traf Mahinda, hörte von der seiner Absicht und schenkte ihm

Mihintale

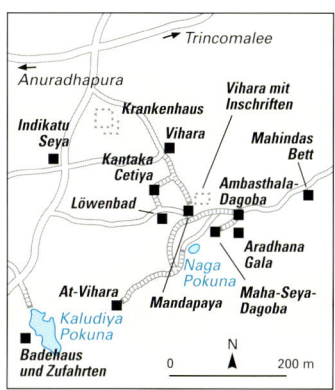

115

Gehör. Und Mahinda verkündete dem König und seiner Jagdgesellschaft die Lehre Buddhas: mit Erfolg, wie nicht anders zu erwarten war. Bald danach bekannten sich der König und 40 000 Bewohner zu dem dreifachen Juwel: *Buddha, Dharma* (Lehre) und *Sangha* (Mönchsgemeinschaft).

An der Höhle des Mahinda – Mihintale – entstand ein Kloster mit drei Dagobas. Bis heute ist Mihintale einer der wichtigsten Wallfahrtsorte für Buddhisten; vor allem zur Zeit des Junivollmonds *(Poson Poya),* der Jahreszeit der Missionierung, ist der Ort ein weißes Lichtermeer und voll von Pilgern.

Der Parkplatz, von wo aus die Besichtigung beginnt, liegt mitten in den Klosterruinen; von dort führen 340 flache Stufen hinauf bis zum Refektorium. Auf dem Weg zweigt rechts eine Treppe zur **Kantaka Cetiya** ab, eine der ältesten Dagobas der Insel. Sie heißt nach Buddhas Pferd Kantaka. Bei Ausgrabungen stieß man auf besonders kunstvoll gestaltete Altäre *(Vahalkadas).* Weiter die Haupttreppe hinauf passiert man Steinwannen für Heilbäder und zwei Badeanlagen. Eine davon zeigt die Skulptur eines sich aufbäumenden Löwen, durch dessen Maul das Wasser lief.

Die Treppen enden zunächst an einem palmenbestandenen Platz mit der **Ambasthala-Dagoba** in der Mitte. Bei einem Durchmesser von 10 m, von Säulen umstanden, war sie ebenso überdacht wie die Thuparama-Dagoba in Anuradhapura.

Sie beherbergt eine Reliquie Mahindas. Auch die verwitterte Kalksteinfigur neben der Dagoba wird als eine Abbildung des Missionars angesehen. Von dem Platz führt ein Weg nordwestlich hinab zu ›Mahindas Bett‹, einer Steinnische, die zu dem Höhlenbereich gehört, wo einst die Mönche lebten. Unweit der Ambasthala-Dagoba führen Stiegen und Leitern zum Sila-Felsen, wo der Überlieferung zufolge die Reise Mahindas aus Indien endete.

Noch einmal gilt es, Richtung Südost Treppen zu erklimmen, vorbei an der weißen **Maha-Seya-Dagoba** aus dem 10. Jahrhundert, zu einem buddhistischen und einem hinduistischen Tempel. Belohnt wird, wer sich noch zu einem etwa 20minütigen Fußmarsch Richtung Süden aufmacht. Es geht zunächst bergab über einen großen Sattel und durch Buschland zu überwachsenen Treppen. Oben erreicht man ein Felsplateau mit einer kleinen Dagoba, das die ganze Anlage von Mihintale überragt. Von oben bietet sich ein grandioses Panorama. Im Westen erscheinen die Dagoba-Spitzen von Anuradhapura, nach Norden und Osten erstreckt sich die Tank- und Bewässerungslandschaft Sri Lankas mit den Dagobas von Mihintale im Vordergrund. Nach Süden geht der Blick über den Urwald zu den in die Ebene auslaufenden Bergen (Abb. S. 44/45, 76 und 78/79).

 Unterkunft: Bis auf das Hotel Mihintale kaum Möglichkeiten.

Verbindungen: Am besten plant man Mihintale als Tagesausflug von Anuradhapura, was zeitlich gut geht. Busse fahren ab dem Old Bus Stand in Anuradhapura.

Rund um den Aukana-Buddha

Zahlreiche andere Stätten der alten singhalesischen Kultur innerhalb des Kulturdreiecks sind von Anuradhapura aus zu erreichen, oder es bietet sich an, sie auf dem Weg zu und von der alten Hauptstadt zu besuchen. Rund 50 km südlich von Anuradhapura auf der Straße A 9 nach Kandy biegt man in der Ortschaft Kekirawa nach Westen ab, umfährt das Nordufer des Kala Wewa bis südlich des gleichnamigen Orts, biegt erneut nach Westen ab und erreicht nach 2–3 km das kleine **Felsenkloster Aukana** mit der 13 m hohen mächtigen Statue des segnenden Buddha, der größten antiken Buddha-Figur auf der Insel. Mit der Eisenbahn reist man auf der Strecke Colombo–Trincomalee und steigt bei der Station Kala Wewa aus; von hier verkehren mehrmals täglich Busse zum Aukana-Buddha.

Über ein paar Stufen erreicht man zunächst das noch bewohnte Kloster und steht dann erhöht dem nach Osten auf den Kala Wewa blickenden Buddha gegenüber. Er ist aus dem Felsen geschlagen, aber am Rücken über einen schmalen Steg noch mit ihm verbunden. Besonders bemerkenswert und nicht immer so gelungen wie hier ist der verinnerlichte Gesichtsausdruck, während die linke Hand, welche die Robe rafft, etwas klobig ist. Aukana bedeutet ›Sonne essend‹, was man bei Sonnenaufgang auch beobachten kann. Die Statue datiert ins 6.– 8. Jahrhundert und stand ursprünglich unter einem schützenden Dach (die heutige etwas störende Ziegelüberdachung ist erst Mitte der 70er Jahre errich-

Aukana-Buddha

tet worden). Gläubige flehen diese Statue um Regen an, wobei Milch über die Füße und den Lotosthron geschüttet wird. (Z. Zt. ist die Anlage geschl., informieren Sie sich vor Reiseantritt beim Tourist Board.)

Eine besondere Geschichte verbindet den Aukana-Buddha mit einer zweiten, ähnlich kolossalen Statue rund 11 km weiter westlich, mitten im Busch. Der Weg dorthin zum **Sasseruwa-Vihara** ist vor allem in der Monsunzeit schwer, oft geht es nur zu Fuß auf den grundlosen Wegen weiter. Aber es ist ein von der Natur her schöner, im letzten Drittel einsamer Pfad durch Urwald und Felder, umschwirrt oft von bunten Schmetterlingswolken. Das kleine Sasseruwa-Kloster war ein Höhlenkloster, das seine beste Zeit vom 3. Jahrhundert v. u. Z. bis zum 2. Jahrhundert hatte. Die Buddha-Statue aber stammt aus jüngerer Zeit. Zwischen dem Meister, der den Aukana-Buddha erstellte, und seinem Schüler, der den Buddha in Sasseruwa arbeitete, soll ein mehrjähriger Wettstreit stattgefunden haben. Rauchzeichen sollten anzeigen, wer zuerst seine kunstvolle Skulptur fertiggestellt hatte. Es gewann zwar der Meister, doch die Zeit belohnt den Schüler, dessen halbfertige Statue in der unberührten Umgebung heute eine besondere Ausstrahlung hat. (Je nach Wegverhältnissen ca. 2–4 Std.)

Sieben Kilometer westlich des unvollendeten Sasseruwa-Buddha liegt der sehr gut erhaltene Baumtempel **Bodhigara Nillakgama.** Rei-

che Steinmetzarbeiten schmücken die Umfassungsmauer und den Altar. Der Tempel ist auf das 8. oder 9. Jahrhundert datiert und wurde 1954 vorbildlich restauriert. Im Ort Galgamuwa auf der Straße Anuradhapura – Kurunegala biegt man in östlicher Richtung zum Dorf Nillakgama ab (ca. 10 km). Bei der Moschee des Ortes zweigt links ein Fahrweg ab zum Bodhigara.

Südwestlich des Aukana-Buddha, bei dem Städtchen Maho, dort wo die Eisenbahnlinie nach Trinco und Batticaloa von der Hauptstrecke Colombo – Jaffna abzweigt, liegen die Ruinen von **Yapahuwa,** einer der kurzlebigen Hauptstädte des Singhalesenreichs im 13. und im 14. Jahrhundert. Der Gneisfelsen, an den sich die Hauptstadt anlehnte, erinnert deutlich an Sigiriya. Die Verteidigungsanlagen gegen die nach Süden drängenden indischen Mächte lagen zu Füßen des Felsens und waren mit einer doppelten Ringmauer nach Süden hin gesichert. Sehenswert ist die teils restaurierte Freitreppe zu dem kleinen Palast, in dem König Bhuvaneka Bahu I. von 1272 bis 1289 residierte (Abb. S. 1 und 98/99).

Waldklöster und Einsiedeleien

Gut 50 km nordwestlich von Anuradhapura, an der Grenze des Wilpattu National Park, liegt das **Wald-**

kloster Tantirimalai. Seine Zugänglichkeit ist von der Situation des Bürgerkriegs abhängig. Der Ort ist seiner beiden Buddha-Statuen wegen erwähnenswert. Ein 12 m großer liegender Buddha erinnert an die Statue von Polonnaruwa, ist aber weniger vollkommen gestaltet. Er stammt ebenso wie der daneben in einer Nische sitzende Buddha aus dem 9. oder 10. Jahrhundert.

Nicht ganz leicht zu finden, aber ein besonders gelungenes Beispiel jüngster Ausgrabungen sind die Ruinen der Einsiedeleien von **Ritigala.** Hier am Ritigala-Bergmassiv, das mit 765 m Höhe die höchsten Gipfel zwischen dem Bergland Sri Lankas und dem südindischen Dekkan aufweist, entstanden seit dem 2. Jahrhundert v. u. Z. Einsiedeleien und schließlich im 9. Jahrhundert ein Kloster des Pansukulika-Ordens, der in Anuradhapura großen Einfluß hatte. Der Name Ritigala bedeutet ›Fels der Geborgenheit‹, und der Ort diente nicht nur Mönchen, sondern gelegentlich auch bedrängten Königen als Unterschlupf. Zu sehen sind heute nach weiter andauernden Ausgrabungen die Fundamente von Klosteranlagen, Krankenhaus und Einsiedeleien sowie etwa 70 verstreut liegende Wohn- und Meditationshöhlen. Auch hier trifft man wieder auf die für Einsiedeleien typischen Urinale: *Mutragala,* was auch treffend mit ›Pinkel-Stein‹ übersetzt wird. Am schönsten aber sind die aus behauenen Natursteinen kunstvoll in den Urwald gelegten Steinwege.

Die Anreise ist etwas beschwerlich. Auf der A 11 von Habarana nach Anuradhapura zweigt bei km 13 und dem Dorf Gatapitagala ein sandiger Feldweg nach Norden ab. Meist findet sich ein hilfreicher Führer, wenn man danach fragt. Nach etwa 3 km geht links ein Pfad durch den Urwald zu den Ruinen: der Fußweg führt 45 Min. durch Urwald und Wiesen. Man kann aber auch weiterfahren und nach 6 km links abbiegen, um auf zunehmend schlechterem Weg nach weiteren 3 km ans Ziel zu kommen. Vor Ort sind freundliche Ausgräber in einem Camp, die gern führen und erklären.

Bergfestung Sigiriya

Sigiriya ist so etwas wie ein exotischer Ausrutscher in der singhalesischen Geschichte, der geradezu zur Legendenbildung auffordert. So, wie der klotzige Gneisfelsen himmelhoch aus dem flachen Buschland wächst, muß er dem schlechten Gewissen des königlichen Schurken Kassapa, der der Welt mit seinem Felsenfort die eindrucksvollste Einzelanlage der Insel hinterließ, wahrlich als ideale Festung und Fluchtburg erschienen sein. Ursächlich für die ganze Geschichte mit dem Felsen war ein Familiendrama in Anuradhapura. Es spielte im 5. Jahrhundert und begann zur Zeit der Regentschaft von

König Dhatusena (460–478), einem der großen Tankbauer in der singhalesischen Geschichte. Dhatusena hatte zwei Söhne: einen legitimen namens Mogallana und einen zweiten, Kassapa, Folge eines Seitensprungs mit einer Mätresse. Zimperlich kann Dhatusena nicht gewesen sein, denn er ließ eines Tages seine eigene Schwester verbrennen, weil deren Sohn die Tochter des Königs mißhandelt hatte. Der auf Rache sinnende Neffe fand in dem ›zweitklassigen‹ Sohn Kassapa einen idealen Komplizen. Die beiden nahmen den König gefangen und ließen ihn lebend einmauern. Thronfolger Mogallana nahm verständlicherweise Reißaus und floh nach Indien. Kassapa übernahm die

Macht und regierte 18 Jahre: von 478 bis 496. Die Rückkehr des Bruders fürchtend, begann er alsbald mit dem Ausbau des 200 m hohen, rötlich schimmernden Monolithen zu einer Festung. Der Name des Felsens setzt sich aus den Wörtern Giri (Fels oder Maul) und Sinha (Löwe) zusammen. Man mag nun streiten, ob es schlicht der Löwenfelsen ist oder ob das noch teilweise erhaltene Vorderteil eines Löwen, durch dessen Rachen man das Felsplateau erklomm, dem Ort seinen Namen gab.

Nach sieben Jahren Bauzeit konnte Kassapa den Palast auf dem Felsen beziehen, von dem Grundmauern, Felsenthron und Wasserreservoire noch sichtbar sind. Am beeindruckendsten ist aber doch der weite Blick vom Plateau, der nach Norden über die Buschlandschaft geht und nach Süden bis zu dem aus Dunst aufragenden zentralen Bergland reicht.

Nach 18 Jahren erfolgte die Invasion. Mogallana näherte sich mit einem indischen Söldnerheer Sigiriya. Kassapa, keiner weiß warum, verließ seine Zitadelle und zog mit seinen Truppen dem Halbbruder entgegen. Noch bevor es beim heutigen Habarane zur Schlacht kam, flohen die Truppen Kassapas, der auf einem Elefanten sitzend sich selbst die Kehle durchschnitt.

Mogallana verlegte die Residenz wieder nach Anuradhapura, und Sigiriya versank, ohne seinem eigentlichen Zweck als Festung je gedient zu haben, wieder im Ab-

Bergfestung Sigiriya

seits der Geschichte; so blieb die Anlage – blieben insbesondere ihre unvergleichlichen Fresken – vor Zerstörung bewahrt.

Die Gesamtanlage ist keineswegs auf den Felsen beschränkt, sondern umfaßt weitläufige Gartenanlagen, Lustgärten, die sich symmetrisch angeordnet westlich des Felsens erstrecken. Sie werden an drei Seiten von einer Mauer umfaßt, die östliche Begrenzung ist der Felsen selbst. Wasserspiele und Pavillons waren geometrisch angelegt und wurden in Regie des UNESCO-Projekts wiederhergestellt. Ein Rundgang durch die Gartenanlagen ist unbedingt zu empfehlen.

Geht man von Osten auf den Felsen zu oder hält, durch das Südtor eintretend vor dem ansteigenden Gelände an, befindet man sich im ehemaligen Klosterbereich. Will man ohne den üblichen Rummel von Händlern etc. die Anlage genießen, sollte man früh kommen: der Aufgang zum Felsen ist von 7 bis 17 Uhr geöffnet. Auf dem Weg vom Parkplatz zum ›Einstieg‹ in den Felsen passiert man zahlreiche Höhlen, in denen Mönche lebten: die **Kobra-Höhle,** so genannt, weil ihr überhängender Felsen verblüffend einer aufgerichteten Schlange gleicht; die **Asana-Höhle** mit einem Thron in der Mitte; die **Audienzhalle,** deren Steinthron ebenso wie der Fußboden aus dem Felsen gehauen wurde, und den **Zisternenfels,** eine Steinwanne.

Über Stufen und eine eiserne Wendeltreppe gelangt man etwa auf halber Höhe der Westseite des Felsens auf einen schmalen Sims, der von überhängendem Fels geschützt wird. Hier sind die weltbekannten Sigiriya-Fresken erhalten, das wichtigste Zeugnis alter singhalesischer Malkunst. Neben der Bewunderung für die erotischen Frauendarstellungen erstaunt vor allem, wie die Bilder in dem tropischen Klima annähernd 1500 Jahre überdauern konnten. Wie Fachleute feststellten, war einst wohl ein Großteil der Westseite des Felsens bemalt. Es handelt sich strenggenommen nicht um Fresken, sondern um eine Tempera-Malerei mit einer witterungsfesten Grundsubstanz aus pflanzlichem Bindemittel und Öl, der die Farbpigmente beigemischt wurden, vorherrschend Gelb, Grün und Rot. Die Farben wurden dann auf den trockenen Putz aufgetragen. Nur unter dem schützenden Felsüberhang haben sie die Zeiten überdauert. Eine grundlegende Restaurierung erfolgte nach einem wohl politisch motivierten Anschlag auf die Bilder 1967.

Wen stellen sie dar, diese bis zur Hüfte von Wolken verhüllten weiblichen Figuren, deren durchsichtiges Obergewand die betont erotische Ausstrahlung noch unterstreicht? Einzeln oder in Zweiergruppen sind sie auf den Felsen gemalt, einige scheinen Blüten auf die Besucher zu streuen. Sind es Bildnisse von Prinzessinnen des Hofs

Wandmalereien von Sigiriya ▷

von Kassapa mit ihren Dienerinnen, die dem Kastenwesen entsprechend mit dunklerer Hautfarbe dargestellt sind? Oder wollte der Usurpator in Sigiriya ein irdisches Gegenstück zum himmlischen Paradies des Gottes Kuvera, den oft schöne Nymphen umgeben, auf dem Berg *Kailash* im Himalaja schaffen? Dafür spricht die Chronik, in der es heißt: »Sigiriya gleicht Alakamanda, der Paradiesstadt, und Kassapa lebt in ihr wie Gott Kuvera.« Auch ihr Auftauchen aus den Wolken spricht dafür, daß es sich um himmlische Wesen *(Apsaras)* handelt, vielleicht auch, wie der singhalesische Gelehrte Paranavitana interpretiert, um dunklere Wolkenmädchen *(Meghalata) und* hellere Gewitterprinzessinnen *(Vijjukumari)*. In der Betonung der weiblichen Formen folgen die dargestellten Frauen dem indischen Schönheitsideal und lassen sich mit den Amaravati-Skulpturen (Südindien) vergleichen.

Graffiti aus dem 8. bis 12. Jahrhundert zeigt die 12 m unter den Fresken in Richtung Norden verlaufende ›Spiegelgalerie‹. Es ist eine glänzend feinpolierte Mauer, in die Besucher jener Zeit ihre Kommentare ritzten.

Folgt man dem Steg nach Nordost um den Felsen, kommt man auf ein vorgelagertes Plateau, wo eine von monumentalen Löwenpranken eingeschlossene Treppe den Beginn des Aufstiegs auf den Felsen markiert. Einst führte sie durch den Rachen des aus Backsteinen gemauerten Löwenkopfes. Ein wenig

schwindelfrei sollte man sein, wenn man sich auf den zwar gesicherten Leitern und Stiegen zum lohnenden Gipfelblick vom großen Plateau aufmacht. Bleibt noch das südlich der Umfassungsmauer gelegene kleine Museum mit Funden der Ausgrabungen zu erwähnen.

Unterkunft und Essen: Alle Unterkünfte liegen im engeren Umkreis des Felsens und sind leicht zu finden. Am besten wohnt man im ***Sigiriya Village Hotel, ℘ 0 66/3 18 03-5, die Zimmer der Bungalows liegen in einem schön angelegten Areal, Management und Personal sind wie immer bei Hotels der Jetwing Gruppe ausgezeichnet; *Sigiriya Hotel, ℘ 0 66/8 48 11; *Sigiriya Rest House, ℘ 0 66/3 18 99; s. a. Unterkunft Dambulla.

Verbindungen: Stündlich fahren Busse ab Kandy, Matale und Dambulla; der schnellste ab Kandy morgens um 8 Uhr; ebenso Direktbusse ab Colombo.

Dambulla

Das Städtchen Dambulla, auf halbem Weg zwischen Anuradhapura und Kandy, an der Abzweigung nach Habarane und Trincomalee, hat sich in den letzten zehn Jahren zu einem geschäftigen Marktflecken entwickelt, wo vor allem Gemüse für den zentralen und nördlichen Teil der Insel umgeschlagen wird. Ein gewisser Wohlstand ist erkennbar, Banken, Dienstleistungsbetrie-

Höhlentempel von Dambulla

be und Handwerker haben Geschäfte eröffnet. Dambulla ist ein gutes Beispiel für die positive Auswirkung des Mahaweli-Bewässerungsprojekts in diesem Teil der Insel. Rundherum boomt die Landwirtschaft, entstehen neue Gehöfte und Siedlungen.

Historisch bemerkenswert und für Besucher einen Halt wert sind die in den Felsenbuckeln hinter Dambulla gelegenen **Höhlen** mit einer umfangreichen Tempelanlage. Die Höhlenräume entstanden um 100 v. u. Z., als König Valagama Bahu einer Tamileninvasion auswich und hier 70 km südlich von Anuradhapura 14 Jahre im Exil lebte. Er hinterließ einen bemer-

kenswerten Höhlenkomplex, dessen Ausgestaltung aber zumeist aus dem 18. und 19. Jahrhundert stammt.

Es dauert schon 15–20 Min., bis man den 340 m hohen Fels bestiegen hat und vor dem Eingang der Tempelanlage steht. Der Rundblick ist phantastisch: von den Bergen im Süden bis zum markant im Nordosten aufragenden Sigiriya-Felsen. In den Höhlen darf seit einigen Jahren nicht mehr fotografiert werden (tägl. 6–11 und 14–19 Uhr).

Die Anlage besteht aus fünf nebeneinander aufgereihten Höhlen, die durch einen vorgesetzten, galerieartigen Vorbau verbunden sind. Die erste kleine **Devaraja-lena** (Götterkönigshöhle) ist mit einem liegenden Buddha annähernd ausgefüllt, während sein Lieblingsjünger Ananda sitzend dargestellt ist.

Unter den weiteren Skulpturen befindet sich auch eine des Hindu-Gottes Vishnu. Die vermutlich 2000 Jahre alten Malereien sind heute weitgehend verblaßt.

Am eindrucksvollsten und größten ist die zweite Höhle, die **Maharaja-lena** (Höhle der großen Könige). Entlang der Wände sind Dutzende von Buddha-Statuen aus verschiedenen Epochen aufgereiht. Die linke Hälfte der 48 m langen und 15 m breiten Höhle beherrscht ein segnender Buddha. Das Interessanteste aber ist die Malerei an der Höhlendecke. Zahlreiche Episoden aus dem Leben des Buddha sind dargestellt. In der rechten Höhlenecke erzählen die Bilder von der Verbreitung des Buddhismus auf der Insel. Hier wie in den anderen Höhlen haben die Malereien durch Feuchtigkeit und Rauch stark gelitten. Auch sie werden im Rahmen des UNESCO-Projekts restauriert.

Die dritte Höhle, **Maha Alut Viharaya** (Großer neuer Tempel), wurde von einem der letzten Kandy-Könige, Kirti Sri Raja Singha (1747–1780), begonnen, dessen Statue rechts in der Höhle steht. Die Decke ist mit Hunderten von sitzenden Buddhas ausgeschmückt.

Die kleinere vierte Höhle, **Pachima-Viharaya** (Westliche Höhle), wird von einer sitzenden Buddha-Statue und einer kleinen Stupa, die vor nicht allzu langer Zeit von Grabräubern geöffnet wurde, ausgefüllt. Man hat fälschlich gemutmaßt, sie enthalte als Reliquie die Juwelen der Königin Somawathie, der Frau König Vattagamanis (1. Jahrhundert v. u. Z.).

Die fünfte und letzte Höhle, **Devana Alut Viharaya** (Zweiter neuer Tempel), ist neueren Datums und diente früher als Lagerraum. Neben dem liegenden Buddha fallen zahlreiche Figuren hinduistischer Gottheiten auf.

Höhlen und Kloster sind vor allem ein eindrucksvolles Dokument für die Lebendigkeit buddhistischer Religion und Kunst von der Frühzeit bis in die Gegenwart.

 Unterkunft und Essen: Nahe dem Felsen liegt das kleine *Rest House, ✆ 0 66/82 99, mit gutem Standard versehen; einige km entfernt finden sich zwei der luxuriösesten Hotels Sri Lankas mit guten Restaurants. Das *****Kandalama Hotel, ✆ 0 66/8 41 00, Internet: www.aitkenspence. com/kandalama, und der *****Culture Club, ✆ 0 66/2 35 00, oder Reservierung über Connaissance Hotel Management in Colombo, ✆ 01/68 33 78. Beide Anlagen eignen sich auch als Unterkunft, um den benachbarten Sigiriya-Felsen zu besuchen oder als zentrale Bleibe für das gesamte Kulturdreieck; beide sind teuer, werden auch von Sri-Lankern benutzt und sind leicht ausgebucht. Das architektonisch eher mißlungene Kandalama Hotel, direkt über dem großen Kandalama-Stausee, hat sicher das spektakulärste Schwimmbad der Insel. Die architektonisch harmonischere Bungalow-Anlage des Culture Club liegt am gegenüberliegenden Ufer.

Verbindungen: Busse fahren regelmäßig von Colombo, Kandy, Kurunegala und Anuradhapura.

Polonnaruwa

Die zweite große singhalesische Haupt- und Königsstadt, Polonnaruwa, erschließt sich dem Besucher leichter als ihre ›Vorgängerin‹ Anuradhapura. Sie ist, ebenfalls großflächig angelegt, aber klarer gegliedert. Klöster, der Kultbezirk des Königs, wo die Zahnreliquie aufbewahrt wurde, und schließlich der eigentliche Regierungsbezirk, das administrative Zentrum des Reichs, sind deutlich zu unterscheiden und einander zugeordnet. Weil jünger als in Anuradhapura sind viele Strukturen besser erhalten. Polonnaruwa erlebte seine Glanzzeit vom 11. bis zum 13. Jahrhundert. Die 200jährige Geschichte mit nur zwölf Königen ist ein überschaubarer Zeitraum, verglichen mit den

Polonnaruwa: 1 Palast Parakrama Bahu I. 2 Ratshalle des Königs 3 Bad des Königs 4 Kleiner Hindu-Tempel 5 Heiliger Bezirk (Quadrangle/Dalada Maluwa) 6 Pabulu-Vihara-Dagoba 7 Hindu-Tempel 8 Edelstein-Dagoba (Menik-Vihara) 9 Rankot-Vihara oder Ruvanweli-Dagoba (Goldener Sand) 10 Alahana Pirivena (Kloster beim Verbrennungsplatz) 11 Versammlungshalle der Mönche (Baddbasima Prasada) 12 Statuenhaus (Lankatilaka) 13 Kiri-Vihara (Milchweiße Dagoba) 14 Felsentempel Gal-Vihara 15 Lotosbad 16 Tivanka-Statuenhaus 17 Palastbezirk Nissanka Mallas 18 Potgul-Vihara 19 Statue eines Weisen oder Königs

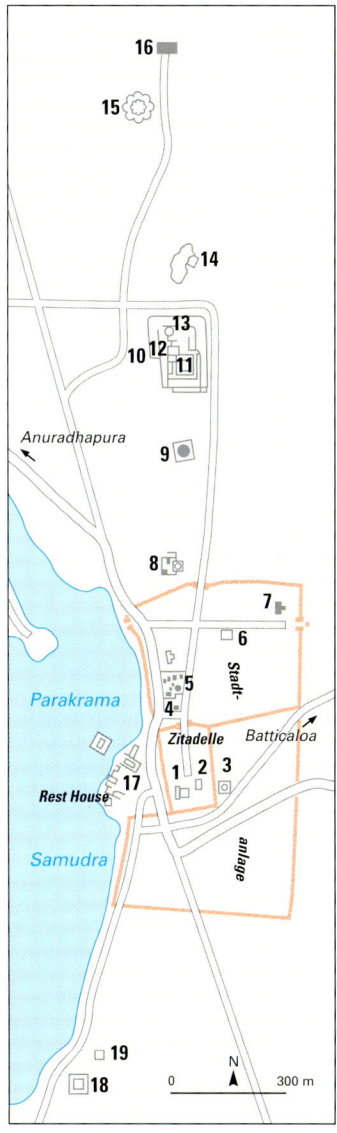

1400 Jahren und 123 Königen in Anuradhapura.

Doch Polonnaruwa ist nicht aus dem Nichts zur Hauptstadt aufgestiegen und wurde von den Königen nicht ohne gute Gründe zur Kapitale erklärt. Mindestens seit dem 6. Jahrhundert existierte in Polonnaruwa ein festes und bedeutendes Militärlager, war doch von hier der Mahaweli Ganga zu kontrollieren und ein schnellerer Zugriff auf die unruhige südliche Provinz Ruhuna möglich. Wahrscheinlich wurde in Polonnaruwa bereits um die Zeitenwende ein Stützpunkt eingerichtet. Als die südindischen Cholas im 11. Jahrhundert Anuradhapura und das singha-lesische Reich eroberten, machten sie Polonnaruwa zu ihrer Hauptstadt, vorwiegend auch aus dem strategischen Grund, mehr im Zentrum der Insel zu sein; eine kurze Zeit nur, denn die singhalesische Rückeroberung unter König Vijaya Bahu war 1073 erfolgreich. Der König, dessen Name für Wiederaufbau vor allem der Bewässerungssysteme steht, behielt Polonnaruwa als Hauptstadt bei, wenn er auch noch in Anuradhapura residierte.

Unter der Regentschaft von Parakrama Bahu I. (1153–1186) entwickelte sich Polonnaruwa zu vorher im Singhalesenreich ungekannter Blüte. Aus seiner Zeit stammen die großartigsten noch erhaltenen

Aufgang zur Ratshalle

Bauwerke. Auch sein Nachfolger Nissanka Malla betrieb noch eine emsige Bautätigkeit, doch da sank der Stern Polonnaruwas bereits. Von dem Feldzug des indischen Kalinga-Reichs erholten sich die Singhalesen nicht mehr. Nach 1215 verlegte sich das Regierungszentrum in die südlichen Feuchtregionen. Polonnaruwa versank wie zuvor schon Anuradhapura im Grün des wuchernden Urwalds.

Nach der Wiederentdeckung im 19. Jahrhundert begann man um 1900 mit den Ausgrabungen. 1935 wurde die Ruinenstadt zur Besichtigung freigegeben. Einbezogen in die Ausgrabung und Restaurierung des Kulturdreieck-Projekts sind umfangreiche archäologische Vorhaben. Wer Polonnaruwa aus früheren Jahrzehnten kennt, mag das zunächst bedauern, denn die parkartig hügelige Landschaft der überwachsenen Ruinen hatte einen besonderen Reiz – ein Eindruck, der vielerorts dem eines von Forschern umgepflügten Maulwurfsareals gewichen ist. Doch man darf der üppigen Natur vertrauen, die viele Wunden wieder heilen wird, wie es auch schon geschehen ist.

Innerhalb der Stadtmauer

Die Anlage von Polonnaruwa gliedert sich in vier Komplexe, hinzu kommen einzelne verstreute Bauten. Den Kern bildet die von einer Steinmauer umfaßte eigentliche Stadt, die 100 000 Einwohner beherbergt haben soll. In ihrem Zentrum, wiederum von einer Mauer eingefaßt, liegen die Zitadelle mit dem Wohnbereich des Königs und der angrenzende Heilige Bezirk mit dem Tempel der Zahnreliquie. In der Südwestecke der Zitadelle stehen die Reste des **Palastes von Parakrama Bahu I.** (1). Auf einer Grundfläche von 50×50 m erhob sich der Backsteinbau mit sieben Stockwerken und 100 Zimmern, alles andere überbietend an Pracht, wie die Chronik berichtet. Am Boden der Ruine kann man noch die 30 runden Fundamente erkennen, auf denen die Holzsäulen und Einfassungen ein buntes, prächtiges Bild abgegeben haben. Richtig ins Schwärmen aber gerät der Chronist der Chulavamsa, der ›Kleinen Chronik‹, wenn er vom Schlafzimmer des Königs berichtet, seinen Perlen und Goldverzierungen, dem verführerischen Duft köstlicher Essenzen und der raffinierten Anordnung kleiner Glöckchen, die einen permanenten Klangteppich im Gemach erzeugten.

Gegenüber, in der Südostecke, erhebt sich die **Ratshalle des Königs** (2). Die langgestreckte, offene Säulenhalle ruht auf einem dreistufigen Fundament, geschmückt mit umlaufenden Friesen voller Elefanten, Löwen und Gnomen. Die Treppe wird von zwei *Makaras* (Fabelwesen aus Elefant, Löwe und Krokodil) eingefaßt; oben thronen zwei Löwen: Reminiszenz an die Herkunft der Singhalesen. Über eine Treppe nach Osten gelangt man zum **Bad des Königs** (3), das über unterirdische Kanäle aus dem Parakrama Samudra gespeist wurde. Das Wasser sprudelte aus zwei Makara-Bögen ins Bassin, an dessen südlichem Ende ein Aufgang zum Badepavillon führte.

Außerhalb der nördlichen Umfriedung der Zitadelle stehen die Reste eines **kleinen Hindu-Tempels** (4) aus der Zeit der tamilischen Invasoren des frühen 13. Jahrhunderts. Obwohl nur der massive Unterbau erhalten ist, enthält er doch sichtbar die Elemente eines hinduistischen Tempels mit stark gegliederter Fassade und den Nischen der Götterstatuen. Man hat hier einige gut erhaltene, wahrscheinlich aus Indien stammende Bronzestatuen gefunden; sie sind im Nationalmuseum in Colombo ausgestellt.

Der heilige Bezirk (5)

Nördlich schließt sich daran der heilige Bezirk (Quadrangle/Dalada Maluwa) an. Er liegt erhöht und umschließt eine Vielzahl von Gebäuden innerhalb einer Fläche von 100×110 m. Beginnen wir mit den beiden wichtigsten, im Norden der Plattform gelegen: Atadage und Hatadage. Im 11. und 12. Jahrhundert beherbergten sie die Zahnreliquie. **Atadage** (Haus der acht Reliquien; a) wurde von Vijaya Bahu errichtet und war mehrgeschossig. Die Reliquie wurde im Obergeschoß (aus Holz) aufbewahrt, im Erdgeschoß standen Buddha-Statuen, von denen sich heute noch

eine recht gut erhaltene hier befindet. Interessant ist eine Inschrift an der westlichen Seite der Ruine, die belegt, daß der Tempel unter dem Schutz von südindischen Söldnern errichtet wurde: Zeugnis für den Einfluß der drawidischen Nachbarn während der Polonnaruwa-Periode.

Direkt westlich neben dem ersten Zahntempel steht der **Hatadage** (Haus der 60 Reliquien; b), der von Nissanka Malla Ende des 12. Jahrhunderts erbaut wurde. Der Name bedeutet auch »das in 60 Tagen erbaute Haus«. Auch wenn das für dieses ebenfalls mehrgeschossige Gebäude unmöglich erscheint, so lassen doch die Reliefs und Skulpturen eine gewisse Eile und Nachlässigkeit in der Bearbeitung erkennen. Auch der Mondstein am Eingang des zweiten Zahntempels zeigt, daß die Zeit der Klassik sich ihrem Ende zuneigte: die Fülle der Darstellungen sprengt jedes Maß, und das harmonische Halbrund ist zugunsten eines größeren Kreisabschnitts aufgegeben.

Gegenüber dem Hatadage liegt der prächtigste Bau der heiligen Terrasse, der **Vatadage** (c; Abb. S. 73), Höhepunkt der Entwicklung einer überdachten Dagoba in der singhalesischen Architektur. Ursprünglich von Parakrama Bahu I. als Tempel für die Zahnreliquie gestiftet, wurde der Tempel von seinem Nachfolger Nissanka Malla erneuert. Der Tempel steht auf zwei konzentrischen Plattformen, 36 bzw. 24 m im Durchmesser. Im

Zentrum befindet sich die Dagoba. Man betritt die erste Plattform von Norden durch einen kleinen Vorbau. Die innere Plattform ist an ihren vier Kardinalpunkten zu ersteigen. Sowohl der Aufgang zur ersten als auch die vier Zugänge zur zweiten Plattform führen über (zwei längliche) Mondsteine zwischen teils sehr gut erhaltenen Wächterstelen hindurch. Die gesamte innere Plattform wird von umlaufenden Gnomen- und Löwenfriesen symbolisch getragen. An den vier Kardinalpunkten sitzen meditierende Buddha-Statuen, deren Umhang keinen Faltenwurf zeigt und deren sonst übliche Lockenpracht einem glatten Kopf gewichen ist, was die Statuen ernst und sachlich erscheinen läßt. Sowohl die Haare als auch der Faltenwurf waren vermutlich gemalt.

Den besonderen Charakter der Vatadage macht die Steinmauer zwischen dem ersten und zweiten von drei konzentrischen Säulenkreisen aus. Sie bildete gemeinsam mit dem in seiner Form heute nicht mehr vorstellbaren Dach eine schützende Hülle um den Kern des Tempels. Aufgefundene Tonscherben und Eisennägel legen die Vermutung nahe, daß es sich um ein ziegelgedecktes Holzdach gehandelt hat.

In der Südwestecke der heiligen Terrasse steht ein weiteres imposantes Gebäude: das **Thuparama-Statuenhaus** (d). Das recht gut erhaltene ›Haus des Buddha-Bildnisses‹ ist ein Backsteinbau aus dem 12. Jahrhundert und verfügt als einziger alter Bau in Polonnaruwa noch über ein intaktes Dach, dessen Konstruktion zudem bemerkenswert ist. Die Mauern des außen stark gegliederten Baus, der südindische Einflüsse aufweist, werden innen zur Decke hin immer stärker, bis sie sich schließlich kuppelartig schließen. Die Reste einer Buddha-Statue ebenso wie weitere Skulpturen, die außerhalb des Gebäudes ausgegraben und im Thuparama wieder aufgestellt wurden, unterstreichen die Funktion als buddhistischer Tempel.

Diagonal gegenüber in der Nordostecke des heiligen Bezirks steht ein siebengeschossiges, pyramidenartiges Gebäude, dessen

---

Polonnaruwa, heiliger Bezirk (5): a Atadage b Hatadage c Vatadage d Thuparama-Statuenhaus e Satrahal Prasada f Monolith Galpata g Lotosaltar (Nissankalata Mandapa) h Statue

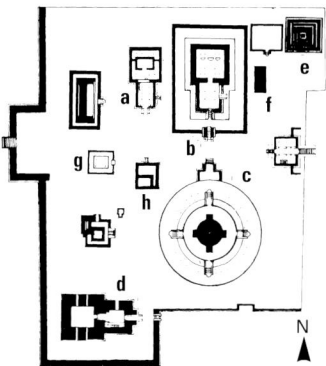

Funktion unklar ist. Es trägt eindeutig Züge der Khmer-Architektur
und ist wahrscheinlich von thailän-
dischen Mönchen im 12. Jahrhundert errichtet worden, die in Lanka
den orthodoxen Buddhismus stu-
dierten. Die **Satrahal Prasada** (e)
könnte auch südostasiatischen
Söldnern des Königs als Kultstätte
gedient haben.

Ein paar Schritte weiter südlich
ruht auf kurzen Säulen ein 15 t
schwerer, behauener Monolith:
Galpata (f), das ›Steinbuch‹. Nach
dem alten Motto »Tue Gutes und
sprich darüber« beinhaltet die
längste Stein-inschrift der Insel eine
ausführliche Lobeshymne auf König Nissanka Malla und seine Werke. Der 8,25 × 1,37 × 0,55 m große
Stein hat die Form von Palmblättern, wie sie in Ola-Büchern verwendet wurden. An einer Schmalseite sieht man Elefanten, die die
Göttin des Reichtums, Lakshmi,
mit Wasser überschütten. Die andere Schmalseite erzählt den Transport des Monolithen von Mihintale
nach Polonnaruwa.

Ebenfalls in Zusammenhang mit
dem auf Selbstdarstellung bedach-
ten König steht der kleine Tempel
am westlichen Eingang des Bezirks. Der **Lotosaltar** (Nissankalata
Mandapa; g) ist von einem massiven Steinzaun umgeben. Die kleine Plattform in der Mitte umschließt einen Kreis von Säulen, die
Lotosstengel und deren Kapitelle
halboffene Blüten darstellen. Auf
ihnen ruhte ein Holzdach, unter
dem der König Zeremonien zu Eh-

Alahana Pirivena

ren der Zahnreliquie oder Lesungen heiliger Texte beiwohnte. Die
östlich stehende, 2 m hohe, unda-
tierte **Statue** (h) zeigt entweder einen unbekannten König oder einen
Bodhisattva.

Verläßt man den heiligen Bezirk
über den übrigens besser erhaltenen östlichen Aufgang und folgt
der Straße nach Norden, liegen noch
innerhalb der Stadtmauer nach etwa 100 m in Richtung Osten die
Reste der **Pabulu-Vihara-Dagoba**
(6) und eines zweiten hinduistischen Tempels. Die Dagoba wird

Rupavati, der Frau Parakrama Bahus, zugeschrieben und war von einer Reihe kleiner Statuenhäuser umgeben.

Der **Hindu-Tempel** (7) ist das älteste erhaltene Bauwerk in Polonnaruwa. Zu identifizieren war er durch eine tamilische Inschrift an der südlichen Außenmauer. Er hieß Vanavan Medevi Sivaramudaiyar nach einer Frau des Chola-Herrschers Rajaraja I., der Polonnaruwa im 11. Jahrhundert besetzt hielt.

Außerhalb der Stadtmauer

Verläßt man die Stadt auf der alten Pflasterstraße aus dem 12. Jahrhundert in nördlicher Richtung, finden sich gleich hinter der Stadtmauer links die Reste der **Edelstein-Dagoba** (Menik-Vihara; 8). Das Besondere an ihr sind die Terrakottafriese mit Löwen in Frontalansicht, die furchterregend große Rachen, Mähnen und Augen zeigen.

Entlang der Straße nach Norden folgt ebenfalls westlich die größte Dagoba Polonnaruwas, die **Rankot-Vihara** oder **Ruvanweli-Dagoba** (Goldener Sand; 9). Der etwa 50 m hohe Bau, dessen Kuppel einen Durchmesser von 56 m hat, wurde in den vergangenen Jahren restauriert. Begonnen von Rupavati, der Frau Parakrama Bahus, wurde die Dagoba von Nissanka Malla im 12. Jahrhundert vollendet. Beim Eingang im Osten ist ein Steintisch zu sehen, von wo aus der König die Arbeiten begutachtete. Eine Besonderheit ist die Ausschmückung des viereckigen Reliquienbehälters auf der Kuppel mit geöffneten Lotosblüten statt mit Sonne und Mond, die für das Licht der Lehre Buddhas stehen. Die Spitze der Dagoba ist gut erhalten.

Nördlich der Rankot-Vihara erstreckt sich die größte Klosteranlage: **Alahana Pirivena** (Kloster beim Verbrennungsplatz; 10). Gegründet wurde das Kloster – es verdankt seinen Namen dem benachbarten Krematoriumsgelände für Mönche und Mitglieder der königlichen Familie – von Parakrama Bahu I.

Kultstätten waren bereits seit dem 5. Jahrhundert die Höhlen der Einsiedler im Gopalabatta-Felsen nördlich des Rankot-Vihara. Das Gelände mit drei sehenswerten Gebäuden ist übersät mit Fundamenten, die im Rahmen des UNESCO-Projekts freigelegt wurden. Auf dem höchsten Punkt steht die mit vier Aufgängen versehene repräsentative **Versammlungshalle der Mönche** (Baddbasima Prasada; 11): ein mehrgeschossiges Gebäude, in dem sich der zur Regierungszeit von König Parakrama Bahu I. wieder geeinte Sangha versammelte, um die tradierten religiösen Regeln zu verlesen.

Ein kleines Stück weiter nördlich stößt man auf die Ruine des einst größten **Statuenhauses,** das ›Juwel Lankas‹ (Lankatilaka; 12). Es ist fast 50 m lang, 20 m breit und hatte mit dem es einst überspannenden Tonnengewölbe eine Höhe von wohl 30 m. Monumental wirkt das Gebäude durch die den Haupteingang begrenzenden Rundpfeiler. Betritt man das Statuenhaus, wirkt es überraschend klein, was sich durch die außergewöhnlich dicken, bis zu 16 m hohen Mauern erklärt. An der Stirnseite steht der Torso einer einst 13 m großen, mit Stuck über einem Backsteinkern modellierten Buddha-Statue. Der Kopf ist erst im 20. Jahrhundert verwittert und abgebrochen. Entlang der Seitenwände ruhten schmale Holzgalerien auf 17 Pfeilern, so daß der Blick auf die Hauptstatue immer frei blieb.

Ein Rundgang um das ›Juwel‹ zeigt erneut den starken südindischen Einfluß in der gegliederten Fassade, die zudem das Gebäude mehrgeschossig erscheinen läßt. Gegenüber dem nach Osten gelegenen Haupteingang liegt eine kleine Terrasse mit einem besonders kunstvollen Löwenfries und schmalen Säulen, die wohl nur ein leichtes Dach trugen. Man nimmt an, daß es ein Musikpavillon war, in dem die Musikanten die Zeremonien begleiteten.

Vom Lankatilaka geht der Blick hinüber zur **Kiri-Vihara,** der milchweißen Dagoba (13). Früher wurde die helle Kalkfarbe aus zermahle-

Die Buddhas des Gal-Vihara

nen Muscheln hergestellt. Trotz einer Höhe von nur 24 m leuchtet diese besterhaltene Dagoba Polonnaruwas, deren Proportionen besonders harmonisch sind, weithin und kündet von der Lehre Buddhas.

Über die Straße nach Norden betritt man das Areal des Felsentempels **Gal-Vihara** (14). Vielen gilt das Ensemble der vier aus einem Felsen geschlagenen Buddha-Statuen als schönster Ort auf der Insel; ohne Zweifel ist dies die Krone der singhalesischen Bildhauerkunst. Die parkartige Umgebung strahlt eine Harmonie und Ruhe aus, die von den herrlichen Skulpturen auszugehen scheint. Der

heutige Betrachter ist im Vorteil, kann doch der Blick frei über die Skulpturen schweifen, während sie im 12. Jahrhundert in ein das gesamte Ensemble überdachendes Statuenhaus einbezogen waren. Das mangelnde Licht auf den Buddhas mag ausgeglichen gewesen sein durch bunte Bemalung oder Vergoldung der Statuen. Die zwei sitzenden, die stehende und die liegende Figur sind annähernd vollplastisch aus dem Fels gearbeitet und nur am Boden fest mit ihm verbunden. Von Süden kommend begegnet man zuerst der 5 m hohen Sitzstatue des meditierenden Buddha *(Dhyana Mudra)*. Sein Lo-

tosthron, ebenfalls plastisch aus dem Felsen gestaltet, ist mit Löwen und Blitzen verziert; die Felswand hinter der Statue zeigt den reliefierten Heiligenschein, der das Haupt hinterfängt. Die ganze Gestaltungsweise – auch die ringsum in den kleinen Nischen stehenden Buddhas – deutet stark auf den Tantrismus hin, der im 12. Jahrhundert auf dem indischen Subkontinent von Bedeutung war. Als ›Diamantenes Fahrzeug‹ (Vajrayana) fand er vor allem in den Himalaja-Staaten und in Tibet Verbreitung und unterscheidet sich in erster Linie durch eine magische Komponente und die Betonung des Yoga vom Hinayana- und Mahayana-Buddhismus.

Neben dieser ersten Statue sitzt in einer Felsengrotte, deren Säulen ebenfalls aus dem Fels gehauen sind, ein weiterer 1,50 m hoher meditierender Buddha. Diesmal weisen die Götterdarstellungen, Vishnu (links) und Brahma (rechts), auf den indischen Einfluß hin.

Und wen stellt die stehende 7 m hohe Statue dar? Ist der die Arme kreuzend und ein Knie leicht angewinkelt Dastehende Buddha? Wenn ja, wäre diese Haltung ohne Beispiel. Sollten sich die Künstler solche Freiheiten herausgenommen haben? Immerhin, die Figur steht auf einem Lotosthron und trägt die heilige Locke, hatte zudem ein eigenes Haus. Allerdings berichtet die Chulavamsa-Chronik nur von drei Buddha-Statuen. Ist es also vielleicht Ananda, der Lieblingsjünger des Erleuchteten? Schließlich war er als einziger dabei, als Buddha ins Nirvana einging, und genau das stellt die vierte, neben ihm liegende Statue dar. Aber, wendet der Buddha-Kenner wiederum ein, was hat er am Kopf des Meisters verloren, immer ist Ananda zu Füßen des Meisters dargestellt. Möglicherweise waren aber auch nur äußere Gegebenheiten ausschlaggebend: der sich über dem liegenden, sterbenden Buddha abflachende Fels ließ zu des Meisters Füßen keine stehende Statue mehr zu. Bemerkenswert ist die künstlerische Ausführung der liegenden Figur. Wie der Kopf sanft das Steinkissen eindrückt und der Faltenwurf des Umhangs scheinbar federleicht aufliegt, das ist überaus lebendig und realitätsnah dargestellt.

Ein bemerkenswertes Bauwerk ist auch das zauberhafte Becken des **Lotosbads** (15) in Form einer achtblättrigen Lotosblüte von immerhin 7,5 m Durchmesser. Erst wenn das zur Zeit Parakrama Bahus I. erbaute Bad seinem Zweck dient, also mit Wasser gefüllt ist, sieht man seine architektonische Vollkommenheit.

Das nördlichste Bauwerk des historischen Polonnaruwa ist das **Tivanka-Statuenhaus** (16). Seine gegliederte Fassade mit Nischen und umlaufenden Gnomenfriesen (am besten auf der Westseite) zeigt wie die beiden anderen Statuenhäuser ausgeprägte indische Einflüsse. Mit Mondstein, Wächterstelen und Pakaras weist der Eingang alle typischen Stilelemente auf. Im Innern ist weniger der kopflose Buddha von Interesse als vielmehr die Freskenmalerei mit Szenen aus dem Leben Buddhas *(Jatakas)*.

Zurück nach Süden am See entlang, an der Einfahrt zur Zitadelle vorbei, geht es zum **Rest House** direkt am See, wo eine Stärkung möglich ist, weil noch zwei kleinere Komplexe auf den Besuch warten. Das in den See hinein gebaute Rest House wurde eigens 1954 für den Besuch von Queen Elizabeth II. errichtet. Man genießt einen herrlichen Blick über den See. Unmittelbar nördlich des Rest House erstreckt sich am See der **Palastbezirk Nissanka Mallas** (17). Technisch raffiniert angelegt war das aus dem See gespeiste Bad des Königs. Nördlich davon liegen das Mausoleum des Königs, wo er 1196 eingeäschert wurde, und seine Ratshalle, die heute wieder den Löwenthron des Herrschers beherbergt, der lange im Nationalmuseum von Colombo stand.

Entlang des Seeufers nach Süden nähert man sich dem südlichen Klosterkomplex, gegenüber dem neuen Hotelgebiet am See. Von dort leicht zu Fuß zu erreichen sind die Reste des Klosters mit Bibliothek: **Potgul-Vihara** (18), eine aus vier Terrassen aufgebaute Anlage. Sie zeigt in ihrer Konzeption kambodschanische Einflüsse. Nördlich davon steht eine überlebensgroße **Statue** (19), die zur gleichen Zeit wie die Gal-Vihara-Buddhas gefertigt wurde. Die sehr kunstvolle Figur stellt entweder einen Weisen

mit einem Palmblattbuch dar oder einen König mit einem Joch in den Händen als Symbol der Bürde seiner Herrschaft.

🛏 🍴 **Unterkunft und Essen:** Gut und zentral kann man in den Hotels bei Habarane und Dambulla wohnen und von dort Tagesausflüge unternehmen. In Polonnaruwa wohnt man ordentlich in sehr schöner Lage im **Rest House, ☏ 027/2 22 99; südlich davon wohnt man ebenfalls gut, aber ohne besondere Aussicht im **Hotel Seruwa, ☏ 027/2 24 11; **The Village, 027/2 24 05. Gut ißt man im Rest House und im Hotel Seruwa.

Wächterstein an der Vatadage

Verbindungen: Züge kommen zweimal am Tag von Colombo (Fahrzeit 6 Std.). Busse fahren von Colombo, Anuradhapura, Dambulla und Habarane. Taxen kosten für die einfache Strecke von Colombo ca. 3800 Rupien, ab Kandy ca. 2300 Rupien.

Die Umgebung von Polonnaruwa

40 km nördlich von Polonnaruwa liegt eine der besterhaltenen Dagobas des Landes. Man verläßt die A 11 bei Minneriya oder Giritale in nördlicher Richtung, biegt in Hingurakgoda hinter der Bahnlinie erneut nach Norden ab und erreicht über eine schlechte Straße die Tempelanlage **Medirigiriya** oder Mandalagiri-Vihara, wie sie früher hieß. Busverbindungen gibt es ab Minneriya und Giritale.

Der Tempel bildet den Mittelpunkt eines Klosters, das vom 9. bis 13. Jahrhundert seine Blütezeit erlebte. Erstmals erwähnt wird der Ort im Jahr 180 v. u. Z., als König Kanitha Tissa dort eine Halle für Vollmondfeiern errichten ließ. Über zwei Treppen erreicht man die Ebene der Heiligtümer. In einem der vier Statuenhäuser mit Resten von liegenden und stehenden Buddha-Statuen findet man Steinwannen für Kräuterbäder: das Kloster hatte auch die Funktion eines Krankenhauses. Der restaurierte Rundtempel mit einem einst überdachten Stupa steht dem Vatadage des heiligen Bezirks

in Polonnaruwa kaum nach in Ausgewogenheit der Komposition und Reichtum der Steinmetzarbeiten.

Dimbulagala ist eines der ältesten Felsklöster Sri Lankas, eingebettet in eine Hügelkette 15 km südöstlich Polonnaruwas. Der Ort wird schon früh in den Chroniken als Unterschlupf der Dämonen genannt. Der Felsen ragt etwa 500 m steil empor und kann mit einiger Vorsicht bis zu den drei ehemals weißverputzten Höhlen bestiegen werden. Zwei von ihnen zeigen Malereien aus dem 5. bis 8. Jahrhundert. Um die Höhlen zu erreichen, die auch unter dem Namen **Gunners Quoin** bekannt sind, biegt man in der Ortschaft Mannampitiya von der A 11 in Richtung Süden ab.

 Unterkunft und Essen: Am Parakrama Samudra liegen das **Rest House, ✆ 0 27/2 22 99, in bester Lage mit ordentlichen Zimmern; südlich das **The Village, ✆ 0 27/2 24 05; daneben das *Hotel Seruwa, ✆ 0 27/2 24 11, mit angeschlossenem gutem Restaurant; im Stadtteil Kaduruwela das *Hotel Ramadha, Batticaloa Rd.; ebenfalls an der Batticaloa Rd. ist das Restaurant Devon für *Rice and Curry* empfehlenswert.

  Verbindungen: Zweimal täglich Zugverbindung nach Colombo, Fahrzeit ca. 6 Std. Züge ebenso wie Busse nach Anuradhapura, Kandy, Dambulla und Habarane, fahren ab/bis zum Stadtteil Kaduruwela, von wo regelmäßig Stadtbusse zu den historischen Stätten und Unterkünften verkehren. Dort bewegt man sich am einfachsten mit dem Fahrrad.

Kandy

Die südlichste Spitze des Kulturdreiecks bildet Kandy. Schon die Einwohnerzahl von mehr als 150 000 weist darauf hin, daß es sich bei der Hochlandzentrale nicht um eine weitere historische Ruinenstadt handelt mit unbedeutenden modernen Städten wie Anuradhapura und Polonnaruwa, sondern um eine höchst lebendige Metropole. Kandy hat Geschichte und ist zugleich modern, Kandy schlägt die Brücke vom heutigen Sri Lanka zur Vergangenheit singhalesischer Dynastien.

Kandy ist vergleichsweise jung. Als Polonnaruwa schon wieder im

Kandy: 1 Castle Hill Park 2 Malwatte-Vihara 3 Dalada Maligava (Zahntempel) 4 Ehemalige Audienzhalle 5 Kandy National Museum 6 Natha-Devale 7 Maha-Vishnu-Devale 8 Patini-Devale 9 Skanda- oder Kataragama-Devale 10 Asgiriya-Kloster 11 Kandyan Arts and Crafts Association 12 Bahirawa Kande Buddha

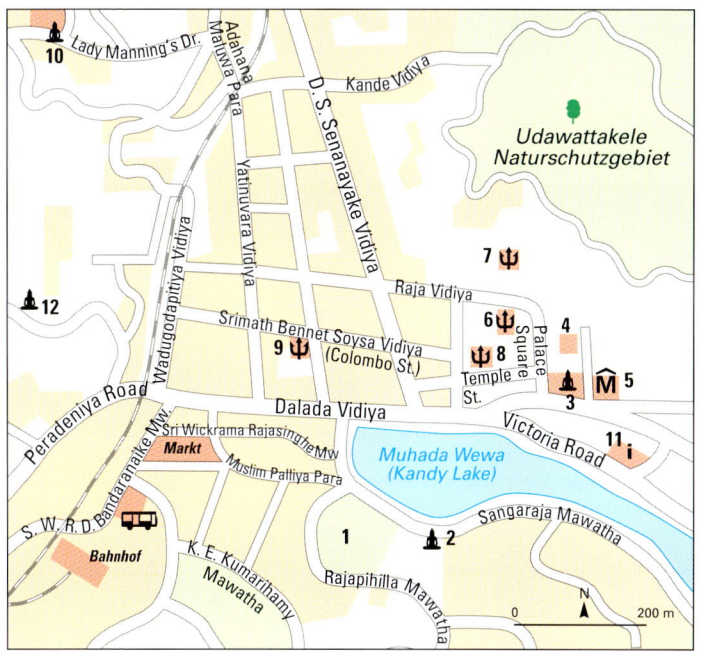

wuchernden Urwaldgrün ver-
schwand, wurde Kandy unter dem
Namen *Senhadagala* (nach einem
Einsiedler) erstmals erwähnt, um
dann gegen 1500 für 300 Jahre zur
letzten singhalesischen Bastion zu
werden, die den europäischen
Mächten trotzte. Die ›Distrikte auf
den Bergen‹ *(Kanda uda pasrata)*
heißt das Hochland um die Stadt,
woraus sich ihr Name herleitet.

Wann immer die Rede auf Kandy
kommt, wird seine Schönheit ge-
lobt. Das betrifft zunächst die Lage
in der klimatisch angenehmen
Höhe von 500 m über dem Meeresspiegel, inmitten grüner Hügel, eingefaßt vom Urwaldfluß *Mahaweli
Ganga,* dem ›Großen Sandfluß‹,
der mal träge und schlammig zwischen Palmenufern dahinfließt und
dann wieder reißend durch Felsen
und Steininseln bricht.

Ein guter Ort, sich ein eigenes
Urteil zu bilden, ist der **Castle Hill
Park** (1), auch Wace Park genannt.
Der Aussichtspunkt oberhalb der
Südwestecke des Sees gibt den
Blick über die Stadt in Richtung
Norden frei, und man kann sich
von der Lage Kandys zwischen den
grünen Hügeln einen guten Eindruck verschaffen. Eine andere Per-
spektive gewinnt man von dem vor
wenigen Jahren fertiggestellten, die
Stadt überragenden großen, weißen **Bahirawa-Kande-Buddha** (12).
Der den Mittelpunkt der Stadt be-
herrschende **See** (Kandy Lake) wurde vom letzten König Sri Vikrama
Raja Simha zu Beginn des 19. Jahrhunderts angelegt. Der Kiri Mahu-

da Wewa (Milchsee) läßt sich auf
einem 4 km langen Weg bequem
umrunden, mit immer neuen Sze-
nerien und unter wunderbaren alten Bäumen, die zum Teil nicht
einheimisch sind, wie z. B. der rot-
blühende Flamboyant-Baum (April
bis Juni), der aus Madagaskar
stammt und von den Briten gepflanzt wurde. An der Ostseite des
Sees kann man Boote für eine Rundfahrt mieten. Südlich passiert man
das **Malwatte-Kloster** (2). Es wurde
von König Kirti Sri Raja Singha Mitte des 18. Jahrhunderts für die ins
Land geholten siamesischen Mönche gegründet, die den Buddhismus
wiederbeleben sollten. Noch heute
ist der Klostervorsteher ein bedeutender Mann und besitzt einen der
drei Schlüssel für den Reliquienbehälter des Heiligen Zahns.

Der nördlich des Sees gelegene
Zahntempel, der **Dalada Maligava**
(3), ist das Wahrzeichen und das
wichtigste Bauwerk der Stadt. Ein
erster Schrein hat schon im
16. Jahrhundert an der Stelle des
heutigen Tempels gestanden. Die
heute erhaltene Form des mehrfach
umgebauten Tempels geht auf den
letzten Kandy-König zurück. Das
Anfang des 19. Jahrhunderts errich-
tete Gebäude fällt zunächst durch
den achteckigen, turmartigen Vorbau auf, der die Südwestecke des
Tempels beherrscht und eine Bibliothek mit wertvollen Palmblatt-
büchern beherbergt. Auf der Plattform des Turms zeigte sich der König zu besonderen Anlässen und
wohnte der *Perahera* bei, der gro-

ßen Kultprozession zu Ehren der Zahnreliquie (Abb. S. 67).

Kandys Zahntempel (Dalada Maligava)

Obwohl der Tempel an sich keine kunsthistorischen Besonderheiten bietet, zeigt er doch sehr eindrucksvoll die typische Kandy-Architektur mit der von Holzsäulen getragenen ›abgeknickten‹ Dachkonstruktion. Über eine Steintreppe, die von einem Makara-Bogen überspannt ist, betritt man die Anlage und kann deutlich ihre Konzeption erkennen: einen zweistöckigen Bau um einen offenen Innenhof, in dem der Schrein steht, in dessen Obergeschoß die Zahnreliquie aufbewahrt wird (s. S. 65 f.). An seiner Schmalseite ist der Schrein mit dem Haupthaus verbunden. Zur Gebetszeit (*Puha;* 5.30 Uhr, 9.30 Uhr, 18.30 Uhr, jeweils für eine Stunde) schließt man sich einfach dem Pilgerstrom an

Geschmückter Elefant auf der Kandy-Perahera

Im Innern des Dalada Maligava

und nähert sich Schritt für Schritt dem Schrein mit seinen silberbeschlagenen, bemalten und mit Elfenbein eingelegten Türen. Auf dem Weg ist Zeit, die mit Malereien geschmückten Wände, Decken und Säulen zu betrachten. Von dumpfen Trommeln begleitet, erreicht man das Allerheiligste, den dagobaförmigen Reliquienbehälter, in dem, jeweils einer in dem anderen, sechs weitere stecken, deren innerster eine Elfenbeinkapsel mit der verehrungswürdigen Zahnreliquie umschließt.

Schaut man an den Türen auf den Boden, ist deutlich zu sehen, wie sich diese Mondsteine gegenüber den klassischen verändert ha-

ben. Sie dienen nun eindeutig dekorativen Zwecken. Es gibt keine festgelegte religiöse Symbolik mehr, keine halbrunde Form. Vielmehr überwiegen Pflanzenornamente, sogar kreisrunde Lotosblüten sind eingearbeitet. Zum Teil haben die Steine eine fast dreieckige Form angenommen mit einem runden Lotos in der Mitte.

Nördlich des Zahntempels, ebenfalls innerhalb des mit zwei Wehrmauern und Wassergraben umgebenen Bezirks, liegt die ehemalige **Audienzhalle** (4). Die sehenswerte Holzkonstruktion des geschmückten Ziegeldaches – typische Kandy-Architektur – ist reich mit Pflanzenornamenten versehen. Als der letzte König die Halle 1784 bauen ließ, ahnte er sicher nicht, daß er dort 1815 die britisch unterkühlt ›Kandy Convention‹ genannte

Kapitulationsurkunde seines Reichs unterzeichnen sollte. In dem Komplex tagt heute das oberste Gericht. Ein Seitenflügel beherbergt das Archäologische Museum.

Direkt hinter dem Tempel liegt etwas erhöht, in erhaltenen Teilen des königlichen Palasts (Queens Palace) untergebracht, das **Kandy National Museum** (5). Die sehenswerte Ausstellung von Gebrauchs- und Kunstgegenständen, Waffen, Karten, Festkleidung und einer Kopie der ›Kandy Convention‹ gibt einen guten Einblick in das Leben zu der Zeit, als Kandy Hauptstadt war. Die Reste des Palastgebäudes sind eher einfach und schlicht, aber mit den halboffenen Höfen und Gängen dem Klima optimal angepaßt.

Vier weitere Tempel sind im Zentrum Kandys von Belang. Alle vier sind Hindu-Tempel *(Devale),* alle sind sie in die *Perahera* eingebunden, und ihre Gottheiten schützen auf besondere Weise die Insel Sri Lanka. Die Oberhäupter dieser Tempel sind auch keine Mitglieder des buddhistischen Mönchsordens *(Sangha),* sondern sogenannte Volkspriester *(Kapua),* die auch an Dämonenbeschwörungen mitwirken.

Nordwestlich des Zahntempels, schräg über die Straße, liegt **Natha-Devale** (6), der älteste Tempel der Stadt. Er stammt aus dem 14. Jahrhundert und ist einem Hindu-Gott geweiht, der, zugleich Bodhisattva, im Glauben der Singhalesen als höchster Buddha ins Nirvana eingehen wird. In vorbuddhistischer Zeit war Natha wahrscheinlich ein regionaler Volksgott. Die Vorhalle des Tempels hat besonders schön geschnitzte Holzsäulen.

Vom Haupteingang des Natha-Devale nach Norden erreicht man über eine Treppe den **Maha-Vishnu-Devale** (7). Vishnu wird von den Insel-Buddhisten als *Upulvan* verehrt, als Schutzgott der Insel. Der Besuch lohnt wegen der Malereien, eines typischen Kandy-Mondsteins und eines Makara-Bogens.

Westlich des Natha-Devale, quasi an seine Rückfront anschließend, steht der **Patini-Devale** (8), geweiht der Göttin der Keuschheit und der Ehe, zu der die Singhalesen eine besondere Beziehung haben, weil sie der Insel den Reis geschenkt haben soll.

Folgt man der Straße, die gleich nördlich des Patini-Tempels stadteinwärts nach Westen verläuft, stößt man zwei Blocks weiter linker Hand auf den vierten, dem Kriegsgott **Skanda** oder **Kataragama** geweihten **Devale** (9).

Bei so viel traditioneller und noch wirksamer Religiosität kann es kaum verwundern, daß in Kandy auch die Zentralen der singhalesischen Mönchsorden beheimatet sind. Eine davon ist das schon benannte Malwatte-Vihara am Südufer des Sees, die andere das **Asgiriya-Kloster** (10) im Nordosten der Stadt am Lady Manning's Drive. Alle Klöster und Mönche von Kandy fallen unter die Oberhoheit des Asgiriya-, alle südlich unter die des Malwatte-Klosters.

In Kandy gibt es zwei Orte, wo das Einkaufen Spaß macht und sich lohnt: den **Markt** und die Kandyan Arts and Crafts Association. Auf dem Weg vom See zum Bahnhof passiert man die Markthalle. Hier gibt es das bunteste und umfassendste Angebot an Früchten und Gewürzen im ganzen Land. Man probiert, schaut und handelt. Die Preise sind niedriger als in den Gewürzgärten entlang der Straße von Kandy nach Dambulla. Neben dem alten Markt sind neue Stände entstanden, in denen es alle möglichen Textilien gibt und man sich innerhalb von ein paar Stunden Hemden, Hosen oder Sarongs nähen lassen kann.

Die **Kandyan Arts and Crafts Association** (11) am nördlichen Seeufer, eine staatlich kontrollierte Einrichtung, bietet so ziemlich alles, was es an Kunsthandwerklichem in Sri Lanka gibt: Messing-, Silber-, Holz- und Textilarbeiten in reicher Auswahl. Interessant ist es, den Handwerkern zuzuschauen, die mit traditionellem Werkzeug arbeiten. Zuverlässig funktioniert auch der Postversand, falls man sein Gepäck reduzieren will. Neben dem Handel mit kunsthandwerklichen Erzeugnissen unterhält die Association eine Bühne, auf der vor allem die Aufführungen der Kandy-Tänze zu empfehlen sind. Am besten macht man vormittags einen Besuch und

reserviert sich Plätze für die etwa 90 Min. dauernde Vorstellung.

An der Ostspitze des Sees hat die **Buddhist Publication Society** ihre Räume. Dieser Verlag mit Buchhandlung bietet eine große Auswahl an buddhistischer Literatur (auch in deutscher Sprache). Englisch sprechende Mönche beraten einen gern. Für Naturfreunde hat Kandy nicht nur den Spaziergang um den See zu bieten. Hinter dem Zahntempel beginnt das ausgedehnte **Naturschutzgebiet Udawattakele**. Es ist der ehemalige königliche Park, wo man inmitten des dichten, grünen Urwalds wandern kann, in einer bunten Blütenwelt mit Scharen von Affen und unzähligen Vögeln. Wer es bequemer mag, fährt auf einer der Panoramastraßen oberhalb von Kandy (Lady Havelock's Drive, Lady Horton's Drive) mit herrlichem Blick auf den Mahaweli und das Bergland.

Lohnend ist der Blick auch vom **Bahirawa-Kande-Buddha** (12). Die 28 m hohe weiße Statue wurde wegen Geldmangels über einen Zeitraum von 15 Jahren gebaut und 1993 eingeweiht. Der Aufstieg beginnt an der Tourist Police Station, Peradeniya Road, gleich hinter dem Uhrturm und dauert ca. 20 Min.

> **ℹ Information:** Tourist Information Centre, Headmans Lodge, 3 Deva Veediya, ✆ 08/22 26 61, tägl. von 8 bis 18 Uhr.
> Am See in Kandy berät die Buddhist Publication Society, 54 Sangharaja Mawatha, über Meditationskurse, ✆ 08/2 36 79.

Auf dem Markt von Kandy

Unterkunft: Kandy bietet eine Fülle von Unterkünften für jeden Geldbeutel, die nicht alle genannt werden können; ausdrücklich abzuraten ist, sich irgendeinem der Schlepper an Bahnhof und Busbahnhof anzuvertrauen, am besten ignorieren Sie diese. Die Preise schwanken stark zwischen *Season* (November bis April) und *Off-Season*. Einen kräftigen Sprung nach oben machen alle Preise zur Zeit der *Perahera*, und es ist kaum ein Zimmer zu bekommen. Vorausbuchungen sind ein Muß.

Innenstadt: Preiswert und gut wohnt man in der Kandy City Mission, 125 Senanayake Vidiya, ✆ 08/2 34 64, angeschlossen ist ein gutes Restaurant; ebenso im Old Empire Hotel (Gemeinschaftsbäder), 21 Temple St.; koloniales Ambiente im *Queens Hotel, Dalada Vidiya, ✆ 08/2 21 21; *Casamara Hotel, 12 Kotugodella Vidiya, ✆ 08/2 32 06; *Burmese Rest, 270 Senanayake St., wird von buddhistischen Mönchen geführt.

Rund um den Kandy Lake: Neu, gut und teuer ist das ***King's Park Hotel, 34 Sangharaja Mw., ✆ 08/22 36 20; **Hotel Thilanka, 3 Sangamitta Mw., ✆ 08/23 24 29, Internet: www.lanka.net/thilanka; *Lake Inn, 43 Saranankara Para, ✆ 08/22 22 08; *Ivy Banks Guest House, 52 Sangharaja Mw., ✆ 08/23 46 67; *Hotel Chalet, 32 Gregory's Rd., ✆ 08/23 45 71; *Hotel Suisse, 30 Sangharaja Mw., ✆ 08/22 26 37.

Weitere: Nach wie vor das schönste, wenn auch teure Hotel ist das *****Citadel außerhalb der Stadt am Mahaweli gelegen und sehr zu empfehlen, 124 Srimath Kuda Ratwatte Mw., ✆ 08/23 43 65-6; etwas außerhalb am Fluß befindet sich das ***Mahaweli Reach Hotel, 35 Siyam Balagastene Rd., ✆ 0 74/47 27 27; darüber hinaus kann man bleiben im: **Riverdale Hotel, 32

Anniwatte, ✆ 08/22 30 20; **Hotel Topaz, Anniwatte, ✆ 08/22 41 50; **Hotel Hilltop, 200 – 21 Bahirawakanda, ✆ 08/22 41 62.

Essen: Alle Hotels haben Restaurants, die sri-lankische wie europäische Gerichte anbieten. Besonders zu nennen sind die Restaurants der Hotels Citadel und King's Park. Sehr gut chinesisch ißt man im Flower Song Chinese Restaurant, Kotugodalle Vidiya. Im 1. Stock indisch, im Erdgeschoß sri-lankisch ißt man in Paivas Restaurant, Yatinuwara Vidiya gegenüber der Weslean Church. Gut ist auch das Restaurant Avanhala neben der Arts and Crafts Association.

 Verbindungen: Kandy hat nach allen Landesteilen sehr gute Verkehrsanbindungen. Von Colombo fahren täglich sieben **Züge**, darunter zwei Intercitys, am frühen Morgen und am Nachmittag. Platzreservierung für die 2,5 Std. Fahrt ist empfehlenswert. Kandy liegt an einer Stichstrecke der Linie ins Bergland bis Badulla, so daß auch die Weiterreise ins Bergland z. B. in einem der Aussichtswaggons empfehlenswert ist. Mit dem **Bus** ist Kandy ebenfalls aus allen Landesteilen zu erreichen. Insbesondere auf der Strecke von Colombo versuchen Busfahrer aber nur zu gern, neue Streckenrekorde aufzustellen. Das muß man seinen Nerven nicht unbedingt antun. Bahnhof und Busbahnhof liegen rund 500 m vom Stadtzentrum nahe beieinander. Gegenüber dem Old Empire Hotel fährt täglich um 17 Uhr ein Direktbus zum Flughafen, Ankunft ca. 20.15 Uhr. Stadtbusse und Regionalbusse halten am alten Uhrturm. Auch in Kandy ist der **Three Wheeler** (Tuk-Tuk) immer eine gute Möglichkeit, die Preise sind Verhandlungssache).

Museen: Kandy National Museum (5), tägl. außer Di 9–17 Uhr; Archäologisches Museum in der Audienzhalle (4), tägl. außer Fr 9–17 Uhr; für beide Museen gilt das Sammelticket des Kulturdreiecks.

Ausflüge von Kandy

Peradeniya Garden

Westlich von Kandy auf der Straße nach Colombo gelangt man zum **Botanischen Garten** von Peradeniya. Der große Sandfluß, der Mahaweli Ganga, der die etwa hufeisenförmige Halbinsel bei Peradeniya umschließt und gleichsam behütet, er hat sie auch geschaffen. Rund 62 ha umfaßt das Areal und beherbergt einen der schönsten, viele sagen den schönsten botanischen Garten der Welt. Den Boden, auf dem alles wächst und blüht, was die Tropen bieten, hat der Mahaweli angeschwemmt. Vor Tausenden von Jahren floß er nahezu gerade in seinem Bett und lagerte auf der Innenseite einer zunehmend ausgeprägten Biegung seine Fracht ab. Die unterschiedlichsten Böden waren es, die, sei es durch Auswa-

Peradeniya: 1 Gewürzgarten   2 Orchideenhaus   3 Blumengarten   4 Farngarten   5 Palmyra-Palmen-Allee   6 Kohlpalmen-Allee   7 Großer Platz   8 Königspalmen-Allee   9 Fächerpalmen-Allee   10 Palmengarten   11 Kräutergarten

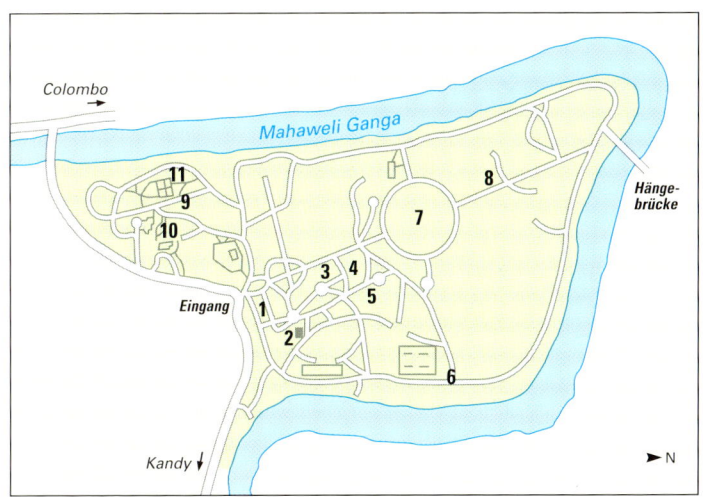

schungen, sei es durch Erdrutsche, vom Mahaweli mitgerissen wurden und die er in seinem Schöpfungsakt bei Peradeniya wieder ablud. Der Reichtum der so entstandenen Erde ist wohl die Grundvoraussetzung, um heute auf dem begrenzten Raum eine solche Vielfalt von Pflanzen halten zu können. Neben seinem Untergrund verdankt der *Royal Botanic Garden* seine Pracht dem ausgeglichenen Klima. Schon 1371 hielt hier am kühlenden Fluß ein König Hof und schuf sich einen Lustgarten. Im 18. Jahrhundert residierten zwei Könige auf der Halbinsel, bis die Briten 1803 alle sin-

ghalesischen Gebäude und Tempel zerstörten. Sie waren es schließlich, die den Botanischen Garten anlegten bzw. eigentlich verlegten; denn aus holländischen Anfängen eines Botanischen Gartens auf Slave Island in Colombo, der zunächst nach Kalutara an der Südwestküste umgepflanzt wurde, entstand in der ersten Hälfte des 19. Jahrhunderts der Peradeniya Garden. Zunächst eine Versuchsstation für Nutzpflanzen, begann sich erst um die Jahrhundertwende der Charakter des heutigen Gartens auszuprägen mit Blumen und Gartenpflanzen sowie tropischen Bäumen aus vielen

ein Spaziergang durch das von rund 200 Gärtnern und Wissenschaftlern betreute Gelände, sofern man die Zeit hat.

Gleich am **Eingang** sieht man rechts die ›Königin der blühenden Bäume‹ *(Amherstia nobilis)*, leuchtend gelb und rosarot blühende Bäume aus Burma und Malakka. Sie sind über 100 Jahre alt und lassen tagsüber zum Schutz vor der Sonne ihre Blätter schlaff herabhängen, um sie erst am späten Nachmittag wieder zu entfalten. Auf dem Rasendreieck vor dem Eingang steht ein Mahagonibaum. Im Park gleich rechts ist der Gewürzgarten (1). Von der schnurgerade den Garten durchziehenden Straße zweigt ein Weg rechts zum Orchideenhaus (2) und zum üppigen Blumengarten (3) ab. Gleich daneben gelangt man zum Farngarten (4). Östlich des Blumengartens verläuft die Palmyra-Palmen-Allee (5), weiter nach Norden die Kohlpalmen-Allee (6), zwei von zahlreichen Wegen, die von verschiedenen Palmensorten gesäumt werden. Die besonders als Blickfang wirkende Kohlpalmen-Allee wurde 1905 angelegt, die Bäume stammen aus Panama und haben ihren Namen von der runden Verdickung am Fuß des hohen Stammes. Südlich des Großen Platzes (7), um den herum vom Zaren von Rußland (1891) bis zum Bundes-

Ländern, Gewürzgärten und intensiver Orchideenzucht. Das Orchideenhaus beherbergt zahllose wildwachsende Kostbarkeiten und die schönsten Züchtungen. Es ist weltweit berühmt.

Ohne Rundreise-Bus oder eigenen Wagen gelangt man mit den Buslinien 1, 2, 652 oder 654 vom Uhrturm beim Markt von Kandy nach Peradeniya. Beim Eingang des von 8 bis 18 Uhr geöffneten Gartens erhält man einen kleinen Prospekt mit einem Lageplan und Erläuterungen. Man kann auch mit dem Auto den Park durchfahren, aber es empfiehlt sich unbedingt

kanzler Kiesinger viele Staatsbesucher einen Baum gepflanzt haben, erstreckt sich die Königspalmen-Allee (8), 1950 neu angepflanzt.

Entlang des Mahaweli an der Westseite des Parks, wo übrigens einige Szenen des Films ›Die Brücke am Kwai‹ gedreht wurden, stehen große grüne Bambusstauden. Nach dem Monsun kann man den Schößlingen förmlich beim Wachsen zusehen. In acht bis zehn Wochen schießen sie 3 m hoch.

In der Südwestecke des Gartens verläuft eine weitere Allee, gesäumt von den mächtigen Fächerpalmen (9). Sie werden 30 m hoch. Im Alter von 30 bis 40 Jahren treiben sie einen 5–6 m langen kegelförmigen weißen Blütenstand empor und sterben dann ab. In unmittelbarer Nachbarschaft vermittelt ein Palmengarten (10) Übersicht über die Vielzahl dieser Bäume und ein Kräutergarten (11) über Heilkräuter, wie sie in der heimischen Ayurveda-Medizin verwendet werden. Was in vielen der großen Tropenbäume braun und beutelartig herabhängt, sind keine Früchte, sondern tagsüber ruhende Fliegende Hunde.

In direkter Nachbarschaft des Botanischen Gartens liegt in einem weiten parkähnlichen Campus die **University of Sri Lanka,** 1942 gegründet. Heute studieren auf dem Campus in Peradeniya rund 6500 Studenten, vor allem Geisteswissenschaften und Medizin. Im ›Ceylon Room‹, der gut sortierten Bibliothek, findet man so ziemlich alles, wenn man sich ausführlicher mit dem Land beschäftigen will. Außer in Peradeniya sind Universitäten in Colombo, Kelaniya, Ruhuna bei Matara und Jaffna aufgebaut worden.

Das Kloster von Gadaladeniya

6 km westlich von Peradeniya, an der Kreuzung von Embiligama, biegt man nach Süden ab und kommt bald zu dem buddhistischen Kloster, das um die Mitte des 14. Jahrhunderts erbaut wurde. (Regelmäßige Busverbindung bis zur Kreuzung, dann seltener in Richtung Dawalagalla.) Der ganz aus Stein gebaute Tempel zeigt starke südindische Einflüsse. Die Sockelfriese sind voller üppiger Musikanten und Tänzer, sie wurden aber leider mit Silberfarbe übermalt. Bemerkenswert ist ein stehender Bronze-Buddha auf einem schönen Lotospodest. Nahebei liegt das Dorf Kirivavula mit einer alten Messinggießerei.

Das Kloster von Lankatilaka

Das etwa 1,5 km südlich von Gadaladeniya gelegene Kloster stammt ebenfalls aus dem 14. Jahrhundert (Abb. S. 8). Auch hier sind südindische Einflüsse nicht zu übersehen, doch die typisch ›geknickten‹ Dächer der Kandy-Architektur erwecken den Eindruck einer singhalesischen Anlage. Zu vermuten ist, daß diese Dächer in späteren Jahrhunderten hinzugefügt wurden, nachdem sich die indischen Flachdachkonstruktionen den Regenfluten Sri Lankas nicht gewachsen zeigten.

Der Tempel von Embekke

2 km südlich, über einen Fußweg zu erreichen, liegt ein dem Kriegsgott Skanda geweihter Tempel aus dem 14. Jahrhundert. Seine Hallenkonstruktionen mit außergewöhnlich schön geschnitzten Holzsäulen dienten als Vorbild für die Audienzhalle in Kandy. Die Schnitzereien zeigen eine reiche Palette von Motiven, angefangen von Tänzerinnen nach indischen Vorbildern bis zu ornamentalen Schnitzereien, wie sie für die Kandy-Periode typisch sind. Die Meisterschaft des Schnitzens hat sich erhalten, wie man bei einem Besuch im Dorf Embekke sehen kann.

Entlang der Straße nach Kegalla

Auf der A 1 in Richtung Kegalla sind ein paar modernere Sehenswürdigkeiten anmerkenswert. 10 km von Peradeniya steht ein leuchtturmartiges Monument zu Ehren des Straßenbauingenieurs W. F. Dawson. Es gilt der im Jahr 1827 fertiggestellten Straße von Colombo nach Kandy. Unterhalb des Mo-

numents ließ Dawson einen riesigen Steinquader untertunneln, um einer alten Prophezeiung aus dem Kandy-Reich nachzukommen, derzufolge niemand Kandy einnehmen könne, es sei denn, er bohre sich durch den Fels. Von dieser Stelle geht der Blick weit über das steil abfallende Land.

Kurz vor Kegalla gibt es noch etwas Besonderes zu sehen. Nach Norden führt die Straße ein kurzes Stück zum Elefanten-Waisenhaus bei **Pinawella.** Dort, direkt am Fluß Maha Oya, werden verwaiste oder verwundete Elefantenkinder, die irgendwo auf der Insel aufgegriffen wurden, versorgt, später zu Arbeitselefanten ausgebildet und verkauft. Ein Dutzend der noch mit einem haarigen Flaum bedeckten Kerlchen gibt es hier immer zu sehen. Besonders lohnend ist der Besuch zur Badezeit zwischen 11 und 12 Uhr.

Im Norden von Kandy

3 km nördlich von Matale, noch bevor unzählige Gewürzgärten die Aufmerksamkeit beanspruchen, liegt gleich an der Straße ein Kloster aus früher Zeit, das gleichwohl hochaktuell ist. Um das Jahr 80 v. u. Z. beschloß das erste buddhistische Konzil in dem trutzigen **Felsentempel Aluvihara**, die bis dahin nur mündlich überlieferte Lehre Buddhas aufschreiben zu lassen. 1848 wurde die Bibliothek des Klosters völlig zerstört, als die

Briten Aufständische verfolgten, die sich in das Kloster flüchteten. Seit einigen Jahren haben Mönche begonnen, von den wenigen in der Welt existierenden Exemplaren eine Neuschrift in singhalesischer Sprache auf Palmblättern anzufertigen. 1982 wurde das erste Buch vollendet. Mit etwas Glück kann man den Mönchen bei ihrer Arbeit zusehen.

Ein etwa halbtägiger Ausflug zu ein paar interessanten Orten nordöstlich von Kandy führt auf der B 38 Richtung Teldeniya aus der Stadt heraus. Nach der Mahaweli-Brücke geht es rechts ab und die erste Abzweigung wieder links Richtung Medawala, und man erreicht nach 1 km das Kalapuraya Craftmen's Village, ein Dorf eigens zur Anschauung der einheimischen Handwerkskünste. Vorbei am 3 km nördlich gelegenen **Degaldoruwa-Höhlentempel** mit den Wandmalereien aus dem 18. Jahrhundert kommt man nach Gunnepana, wo die berühmteste Tanzschule für Kandy-Tänze beheimatet ist. 2 km weiter liegt das Dorf Amunugama, bekannt für seine Trommler. Von dort zurück nach Kandy fährt man durch **Katugastota** mit seiner bekannten Elefanten-Badestelle. Die beste Zeit, um die grauen Riesen beim Bad zu beobachten, ist am Nachmittag. Leider ist der Badeplatz sehr kommerzialisiert. *Mahouts* (Elefantenboys) halten die Hand auf, wenn man ihre Tiere fotografiert. Auch ein Ritt auf den Elefanten ist hier (gegen Entgelt) möglich.

Im Osten von Kandy

Unbedingt lohnend ist die Fahrt Richtung Osten auf der Straße nach Mahiyangana (A 26), der vielleicht schönsten Strecke im Bergland durch unberührte Landschaft mit phantastischen Ausblicken. Von Hunasgiriya aus, wo sich das inmitten von Teeplantagen gelegene Hotel ›Hunas Falls‹ als Standort anbietet, sind Ausflüge in die nördliche Bergwelt des Knuckles-Massivs möglich, das mit dichten Regenwäldern noch die ursprüngliche Vegetation des Landes aufweist. Allerdings regnet es in dieser Region oft. Nach Osten schließt sich die zum Mahaweli abfallende Landschaft Bintenna an, gemeinsam mit der Region südlich des Gal Oya National Park das letzte Rückzugsgebiet der Weddhas.

Biegt man von der A 26 einige Kilometer hinter Karaliyadda nach Süden ab, kommt man zum **Victoria-Damm**, einem der größten Staudämme der Welt. Bis zu dem 122 m hohen und 520 m langen Staudamm schlängelt sich die Straße um die Verästelungen des Victoria-Reservoirs in einer herrlichen, künstlich entstandenen Landschaft (Abb. S. 10/11). In der zweiten Hälfte der 80er Jahre lief der See voll und begrub das Tal des Mahaweli, dessen Wasser er staut, denn der Victoria-Damm ist einer von vier großen Stauprojekten, die gemeinsam Sri Lankas größtes Entwicklungsprojekt, das **Mahaweli-Projekt,** umfas-

Blick ins Tal des
Mahaweli östlich
von Kandy

sen. Heute erzeugen die Turbinen der Dämme von Kotmale, Victoria, Randenigala und Rantembe fast 60 % des Strombedarfs der Insel. Außerdem konnten über 100 000 Bauernfamilien in den neuen Bewässerungszonen des Mahaweli-Projekts angesiedelt werden und ernten heute fast 20 % der Reisproduktion des Landes. Dabei liegt das Durchschnittseinkommen in den neuen Siedlungsgebieten rund doppelt so hoch wie in alten landwirtschaftlichen Regionen. Bei der Zentrale des Projekts gibt es eine Terrasse mit gutem Ausblick über den Victoria-Damm und -See. Sie ist täglich samt angeschlossenem Restaurant und Bookshop von 8 bis 18 Uhr geöffnet. Die Weiterfahrt über den Damm und entlang einer nagelneuen Straße auf der Südseite des Randenigala-Reservoirs ist besonders zu empfehlen; ein Weg, um beispielsweise über Karameliya nach Badulla ins östliche Bergland oder weiter nach Ella in den Süden Sri Lankas zu gelangen.

Routen ins Hochland

Badulla – geschäftiger
Hauptort des Berglands

Nuwara Eliya –
›Stadt über den Wolken‹

Horton Plains –
am ›Ende der Welt‹

Teefelder und Wasserfälle

Wallfahrt zum Adam's Peak

Ausblick vom World's End

Routen ins Hochland

Sri Lankas Bergwelt als klimatisches Kontrastprogramm: Nebel und tiefe Wolken. Zweitausender und tosende Wasserfälle. Die letzten tropischen Hoch- und Nebelwälder in den Horton Plains. Quellgebiet des Mahaweli Ganga. Zentrum des Gemüse- und Teeanbaus in Nuwara Eliya, der ›Stadt über den Wolken‹. Sri Pada – der heilige Berg: Adams, Buddhas oder Shivas Fußabdruck und die jährliche Wallfahrt zum Adam's Peak.

Sri Lankas Hochland

Wer hätte das mitten in den Tropen vermutet: Temperaturen knapp über Null, Morgentau auf grünem Rasen, Koniferen, Zypressen und blühende Rosen, Nebel, tiefe Wolken und dick vermummte Gestalten! Richtig angenehm ist dann das prasselnde Kaminfeuer am Abend, und die dicken Federbetten sind keineswegs übertrieben. Nein, Sri Lankas Bergwelt ist wahrhaft das genaue Gegenteil der palmengesäumten Tropenstrände mit ihrem Südseeambiente.

Ausgezeichnet ist dieser Kontrast zu erfahren, kommt man vom Süden her hinauf aufs ›Dach‹ Sri Lankas. Nach einem Besuch des

Yala West National Park im Südostteil der Insel fährt man auf die steil aufragende Südwand des Berglands zu und erklimmt bei Haputale oder beim Ella Gap die Höhe. Durch dichten, unberührten Busch geht es nach Westen Richtung Wellawaya. Bis zu dem gewaltigen Gneisbuckel bei Monaragala sind immer wieder Elefanten zu sehen. Hier kreuzen die Zugpfade der Tiere zwischen dem Gal Oya National Park und dem Yala West National Park die Straße. Bei Buttala kann man nach Südosten abbiegen zu der erst 1990 eingeweihten Tempelanlage von **Maligawila.** Sie enthält zwei alte Statuen eines Buddha und eines Bodhisattva aus dem 7. Jahrhundert. Zurück auf dem Weg ins Hochland biegt die Straße in Wellawaya nach Norden (A 23) Richtung Ella in die Berge ab.

Die Route von Colombo nach Kandy ist eine gut ausgebaute, eher unspektakuläre Straße. Sehenswert ist einzig das Waisenhaus für Elefanten (s. S. 151).

Von Westen her führt die landschaftlich besonders schöne Strecke von Ratnapura, der Edelsteinmetropole, auf der A 4 immer am Fuß des steil aufragenden Hochlands entlang, bis sie entweder bei Beragala nach Haputale auf 1400 m ansteigt oder weiter durch Kautschukplantagen zur Kreuzung nach Wellawaya führt. Über den südlichen Abhang des Hochlands stürzen zahlreiche große und kleine Wasserfälle. Einige Kilometer westlich von Wellawaya ergießt

Buddha von Buduruwagala

sich der Punagala Oya in den **Diyaluma Falls** 170 m in die Tiefe. Bei Kalupahana gibt es die noch höheren **Bambarakanda Falls,** die allerdings nur in der Regenzeit sehenswert sind und sonst eher bescheiden zu Tal tröpfeln.

Auch über die A 2 vom Süden her erreicht man durch endlose Reisfelder und üppiges Grün Wellawaya. Etwa 1 km südlich von Wellawaya führt nach Westen ein Sträßchen zum **Buddha von Buduruwagala.** Die Fahrt dorthin führt durch eine wunderschöne tropische Landschaft mit alten Bäumen, Kanälen, einem See und näherrückenden Felsen. Die Felsenreliefs (Abb. Um-

schlagklappe vorn) haben etwas Rätselhaftes, denn sie sind dem Mahayana-Buddhismus zuzurechnen, über den die Chroniken der Insel nicht berichten. Beherrschend ist das 17 m hohe Relief eines Buddha; die flankierenden Figuren stellen Bodhisattvas, also zukünftige Buddhas dar. Der rechte, Bodhisattva Alvalokiteshvara, ist begleitet von der Göttin Tara und seiner Mitstreiterin Sudhanakumara.

Doch zurück nach Wellawaya, von wo es durch das immer enger werdende Tal **Ella Gap** hinaufgeht in die Bergwelt, vorbei am **Rawana Ella Falls** nach Ella, knapp 1000 m über dem Meeresspiegel. Man kann sich leicht vorstellen, wie sich die Portugiesen im 17. Jahrhundert in diesem Tal blutige Niederlagen holten, als sie versuchten, ins Hochland vorzudringen. Exponiert liegt das Ella Rest House, eines der schönsten der Insel. Bei klarem Wetter reicht der Blick nach Süden bis zum Indischen Ozean. Die großartigen Ausblicke sind auch die Hauptattraktion des kleinen Orts **Haputale** am Ende des noch steileren Aufstiegs von Beragala an der A 2. Die Paßlage des Orts sorgt häufig für windiges und ab dem späten Vormittag nebliges Wetter. Ist es klar, reicht der Blick jedoch bis zum Leuchtturm von Hambantota an der Südküste.

Bandarawela und Ella sind die beiden Orte in diesem Teil der Berge (Uva Highlands), die einen Besuch lohnen. **Bandarawela** ist ein beliebtes Urlaubsziel der Einheimischen. In einer Höhe von 1230 m gelegen, lockt der Ort mit milden Temperaturen und ausgezeichneter Luft. Der gleichmäßiger über das Jahr verteilte Regen läßt rund um Bandarawela den besten Tee der Insel wachsen. Sehenswert sind weiter die Dowa-Höhlentempel mit einer unvollendeten Statue an der Straße nach Badulla und die ebenfalls außerhalb des Orts gelegene, von japanischen Buddhisten gebaute Peace Pagode. **Ella,** ein kleiner, wunderschön zwischen grünen Hügeln gelegener Ort (1100 m), eignet sich bestens als Ausgangspunkt für Wanderungen oder einfach für ein paar erholsame Tage.

 Information: Woodlands Network, 30/6 Esplanade Rd., Mo–Fr 8–16.30 Uhr, ☎ 0 57/2 27 35: sanfter Tourismus in der Uva-Region. Verkauf von Tee und Gewürzen dient Selbsthilfegruppen. Cooperation mit Uva Spice Plantation in Ambegoda an der Straße nach Kandy, Besichtigungen möglich: ☎ 0 57/20 00.

 Unterkunft und Essen in Bandarawela: *Orient Hotel, 10 Dharmapala Mw., ☎ 0 57/2 24 07; *Vetsnor Guest House, 23 Welimada Rd., ☎ 0 57/2 25 11; *Bandarawela Rest House, Dharmapala Mw., ☎ 0 57/2 22 99. Außerhalb sind erwähnenswert das 3 km nördlich der Stadt gelegene *National Holiday Resort des Ceylon Tourist Board, wo man reizvoll gelegene Bungalows für bis zu 6 Personen mieten kann, ☎ 0 57/2 22 09, und das *Queen's Hotel an der Badulla Rd., Bindunuwewa, ☎ 0 57/2 28 06; außer in den Unterkünften, die natürlich auch Essen anbieten, ißt man gut im Dilkin Restaurant in der Main St.; **in Ella:** sehr

schön gelegen das **Ella Rest House mit Restaurant, ☎ 0 57/2 26 36, Reservierung sehr empfehlenswert; *Ella Rock View, ☎ 0 57/2 26 61, und mit dem besten Ausblick das **Tea Garden Holiday Resort, ☎ 0 57/2 26 61; gegenüber dem Rock-View liegt das relativ neue *Beauty Mount Tourist Inn.

  Verbindungen: Bandarawela als auch Ella sind Haltepunkte für alle Züge zwischen Kandy und Badulla. Von der Pettah Station in Colombo gehen täglich drei direkte Busse nach Bandarawela, Fahrzeit ca. 6 Std. Ab Galle über Haputale fährt täglich ein Bus; mehrfach täglich gibt es Verbindungen nach Kandy und Nuwara Eliya.

Badulla

Der Hauptort des östlichen Berglands, gut 300 m niedriger als Ella, ist Badulla. Straße und Bahnlinie führen entlang eines Bergflusses hinab, der sich zwischen kunstvoll angelegten Reisterrassen, Gemüsefeldern und den immergrünen Teeplantagen hindurchwindet. Badulla selbst liegt in einem weiten Talkessel umgeben von Teefeldern und glitzernden Reisterrassen am Fuß des Namunukula-Massivs. Es ist die Hauptstadt der Provinz Uva und ein geschäftiges Städtchen mit einem gewissen Wohlstand.

Von Juni bis September herrscht hier bereits eine regelrechte Trockenperiode, denn Badulla liegt im Bereich des Ostküstenklimas. Von hier aus führen zwei Hauptstraßen

zur Ostküste in den Raum Battica-loa und Pottuvil, auf denen einst zahlreiche Busse verkehrten. So war es ohne weiteres möglich, von Colombo mit der Eisenbahn bis Badulla (Fahrzeit ca. 10 Std.) und weiter mit dem Bus an die Ostküste zu gelangen. Badulla bietet kaum Sehenswürdigkeiten. St. Mark's Church erinnert an einen britischen Major des 19. Jahrhunderts, den auf Dienstreise der Blitz traf – zu Recht, wie viele fanden, denn er war als Elefantenschlächter bekannt und soll über 1300 Elefanten erlegt haben. An der Straße nach Nuwara Eliya findet sich am Eingang eines buddhistischen Tempels ein Mondstein aus dem 18. Jahrhundert, der zeigt, wie die ursprüngliche Symbolik der Mondsteine hier der reinen ornamentalen Gestaltung mit Ranken und einer nahezu runden Lotosblüte gewichen ist.

Zwei Ausflüge lohnen von Badulla: Einer nach Süden zur Spring Valley Plantage (ca. 8 km), von wo man leicht zum höchsten Gipfel des Namunukula (2033 m) aufsteigen kann. Der Blick ist phantastisch und reicht bis Batticaloa im Norden und zu der sich brechenden Brandung an den Basses-Riffen vor der Küste des Yala West National Park im Süden. Ein Stück nördlich von Badulla liegen die **Dunhinda Falls.** 60 m fällt der Badulu Oya in die Tiefe und macht dem

Reisfelder im Hochland

singhalesischen Namen ›rauchendes Wasser‹ alle Ehre. Der Weg auf einem kleinen Pfad durch Wald und über Klippen dauert etwa 20 Min. und wird reich belohnt.

Unterkunft und Essen: ***Dunhinda Falls Inn, 35/11 Bandaranaike Mw., ✆ 0 55/2 30 28; **Tour Inn Highland Guest House, 2 Ward St., ✆ 0 55/2 31 64; *Badulla Rest House, King's St., ✆ 0 55/2 22 99; *Uva Hotel, Station Rd.; *Hotel Eagle Nest Holiday Inn, 159 Lower St., ✆ 0 55/2 28 41; an der Nordseite der Busstation und rund um den Uhrturm liegen mehrere akzeptable kleine Restaurants.

Verbindungen: Badulla ist die Endstation der Colombo–Kandy Zugverbindung. Ab Colombo Pettah Station gehen direkte Busse.

Nuwara Eliya und die Horton Plains

Von Badulla besteht die Möglichkeit, entweder durch das romantische Tal des Badulu Oya oder direkt nach Norden Richtung Mahiyangana zu fahren. Bei Karametiya stößt man auf die neue Straße entlang der Stauseen des Mahaweli und gelangt schließlich nach Kandy. Man umgeht dabei die höchsten Teile des Hochlands mit der oft nervenaufreibenden Fahrerei auf kurvigen, engen und häufig schlechten Straßen. Die Hauptstrecke von Badulla geht entlang reißender Gebirgsbäche und durch

Reisernte

die allgegenwärtigen Teefelder mit ständigen Steigungen und Gefällen hinauf nach Nuwara Eliya, dem Zentrum des Hochlands am Fuß des höchsten Bergs Sri Lankas, dem Pidurutalagala (2524 m). Auf dem Weg über das ›Dach‹ Sri Lankas lohnt ein Umweg und ein Halt. Der Umweg führt zu den westlich des Städtchens Ohiya gelegenen **Horton Plains,** einer als Nationalpark ausgewiesenen Hochebene mit unheimlich anmutender Landschaft. Auf einer durchschnittlichen Höhe von 2100 m erstrecken sich feuchte Wiesen und ein Wald von flechtenbehangenen verkrüppelten Bäumen. Meist weht ein scharfer Wind und treibt die Wolken durch eine Szenerie, die an die schottischen Highlands erinnert.

Bereits in der Jungsteinzeit war den Vorfahren der Weddhas die Hochebene bekannt, wie Funde von Steinwerkzeugen belegen; die Singhalesen nannten die Plains ›Mahaweli‹, großer Sand oder große Ebene. Hier entspringt neben anderen großen Flüssen auch ein Quellfluß des Mahaweli Ganga.

Der britischen Jagdleidenschaft verdankt die Landschaft, daß sie im 19. Jahrhundert nicht zu Plantagen umgestaltet wurde. Von Nuwara Eliya aus starteten damals die Jagdpartien auf der nach dem Gouverneur Sir R. W. Horton (1831–1837) benannten Hochfläche. Schußwaffen waren verboten, allein Hetzjagden erlaubt. Nach 1948 begann man zunächst die Landschaft zu terrassieren, um Gemüse und Kartoffeln anzubauen; 1969 jedoch erklärte der Staat die Horton Plains zum Naturschutzgebiet. Heute sind hier und in dem sich nach Westen anschließenden Schutzgebiet *Peak Wilderness Sanctuary* die letzten Hoch- und tropischen Nebelwälder der Insel erhalten. Eine Vielzahl seltener Pflanzen und Tiere wie der Leopard haben hier einen letzten Lebensraum.

Der Weg zu den Horton Plains ist ohne eigenen Wagen nach wie vor etwas mühsam. Ab Nuwara Eliya gehen Busse bis Pattipola, von wo allerdings noch ein Fußmarsch von 10 km bis zum ›Farr Inn Rest House‹ folgt. Ähnlich verhält es sich mit den Bahnstationen Pattipola (die höchstgelegene der Insel) und Ohiya, an denen der Zug Kandy – Badulla hält. Hotels in Nuwara Eliya besorgen Jeeps oder Kleinbusse für die 30 km lange Fahrt. Von Westen führt eine in den letzten Jahren verbesserte und deshalb nicht mehr nur für Geländewagen geeignete Straße über die Agrapatna-Teeplantage heran; von Norden eine ›Teerstraße‹, vorbei am Mount Totapola; und von Ohiya im Osten der kürzeste und beste Weg. Das ›Farr Inn Rest House‹ ist schmuddelig und eher für eine Rast als zur Übernachtung geeignet. Warme Kleidung und Regenschutz sind Pflicht für diesen Ausflug (die besten Monate sind Dezember bis April). Am besten beginnt man ihn so rechtzeitig vor Sonnenaufgang, daß man mit dem ersten Tageslicht die Aussichtspunkte **Little World's**

End und **Big World's End** erreicht. Hier bricht das Hochland gut 1300 m fast senkrecht ab und gibt den Blick bis zur Südküste frei; aber nur frühmorgens. Sobald die steigende Sonne im Tiefland die tropische Wetterküche anheizt, steigen Wolken an der Steilstufe des Berglands auf und verbergen die Landschaft. Aber selbst dann bleibt der Ausflug noch ein Erlebnis. Von den Baker's Falls gleich in der Nähe kann man nach Süden über einen schmalen Pfad hinabsteigen und kommt bei Belihul Oya auf die Straße nach Ratnapura, wo es wieder Verkehrsverbindungen gibt.

Doch zurück zur Hauptstrecke Badulla–Nuwara Eliya. Ein paar Kilometer vor Nuwara Eliya liegt am Fuß des Hakgala Peak (2293 m) der **Botanische Garten von Hakgala** (tägl. 8–18 Uhr); 1800 m über dem Meer wachsen hier vor allem Pflanzen gemäßigter klimatischer Zonen. Unter riesigen Baumfarnen gelangt man zum Rosengarten. Von seinen Bänken hat man einen weiten Blick über die Berglandschaft. Direkt hinter dem 1861 als eine landwirtschaftliche Versuchsstation angelegten Botanischen Garten erstreckt sich das Hakgala-Naturschutzgebiet. Es ist eines der letzten Rückzugsgebiete seltener Tiere wie des großen Bärenaffen, dessen heiseres Gebrüll manchmal im Botanischen Garten zu hören ist. Sei-

Blick ins Tal von Ella Gap ▷

nem Namen zum Trotz kann man im Restaurant des Gartens, dem ›Humbugs‹, gut essen.

Es gibt wohl kaum einen anderen Ort auf der Insel, wo die koloniale Vergangenheit so zu spüren ist wie in **Nuwara Eliya, Nureliya,** wie die Einheimischen sagen. Den Singhalesen der Kandy-Zeit war das kühle Hochland (Jahresdurchschnittstemperatur ca. 15 °C) bekannt, aber erst die Briten begannen den Nebelwald, Heimat von Hirschen, Leoparden und Elefanten, zu nutzen. Was ihnen Darjeeling in Indien war, hieß auf Ceylon bald Nuwara Eliya – die ›Stadt über den Wolken‹. Zunächst wurden Kranke und Rekonvaleszente kuriert. In den 30er Jahren des 19. Jahrhunderts ging dann Sir Samuel Baker, der später als Erforscher der Nilquellen zu Ruhm kam, daran, Cottages zu bauen und landwirtschaftliche Versuche mit Rinderzucht und Gemüseanbau zu unternehmen. Mit Erfolg. Das Städtchen wuchs, bekam einen Touch von Klein-England in den Tropen, nachdem der Gregory-See angelegt war und auf dem Hippodrom 1875 das erste Pferderennen gestartet wurde. Als schließlich 1889 sogar der Golf-Club eröffnet wurde, war es zum saisonalen Mittelpunkt der High Society geworden. Bis heute gilt es als schick, in den heißen Monsunmonaten vom Tiefland heraufzukommen, um die kühle Bergluft zu genießen.

Doch die Akzente haben sich verschoben. Nureliya ist heute ein Zentrum des Tee- und Gemüsean-

Baker's Falls

baus und damit dem Status des Ferienstädtchens entwachsen. Deutlich sichtbar hat sich eine gewisse materielle Sicherheit etabliert. Die Schaufenster der Geschäfte sind gefüllt, an den Bankschaltern bilden sich lange Schlangen, Restau-

rants sind gut besucht und die Straßen voll geschäftigen Lebens. Die
45 000 Einwohner leben in erster
Linie von der Landwirtschaft, dem
Handel, auch dem Bierbrauen, und
eher nebenbei beherbergen sie
noch Touristen. Während der schöne 18-Loch-Golfplatz und der Club
weiter in Betrieb sind und die Caddies auf Gäste warten (Ausrüstung
kann geliehen werden), sind Pferderennen seit 1967 verboten. Die
Wettleidenschaft hatte allzu viele
gepackt. Heute ›nagen‹ bereits Ge-
müsefelder an dem Grün des alten
Rennkurses. Die alten Kolonialho-
tels liegen beim Golfplatz und dem
Victoria-Park. Auf dem Weg dorthin
passiert man zahlreiche alte Kolo-
nialvillen. Grand Hotel und insbesondere der Hill Club vermitteln
nach wie vor die Atmosphäre ver-

gangener Kolonialherrlichkeit. An Regentagen (die häufig sind) und nach Sonnenuntergang sinkt die Temperatur rasch ab, und ein Wollpullover ist angebracht. In manchen Nächten sinkt das Quecksilber auf wenige Grad über 0 °C, und am Morgen bedeckt Rauhreif die Felder und Wiesen.

Nureliya liegt in einer von Bergen eingerahmten Hochebene. An der Nordseite erhebt sich der mit 2524 m höchste Berg Sri Lankas: Pidurutalagala (Mt. Pedro). Bis vor einigen Jahren konnte man in zwei Stunden Fußmarsch den Gipfel erreichen. Heute kann man nur noch bis zu den Begrenzungen des Armeelagers und des Fernsehsenders auf dem Gipfel gehen. Shantipura heißt das 4 km westlich von Nureliya gelegene Dorf, das höchstgelegene der Insel. An seiner Nordseite erhebt sich der 2238 m hohe Kikilimana, den man besteigen kann.

Sei es an der Hauptstrecke Kandy – Nuwara Eliya oder entlang der mit schönen Aussichten lockenden Straßen von Nurelia nach Ragala oder nach Talawakele und Hatton, überall bedecken die grünen Teefelder Hänge und Täler, fallen die oft schon antik anmutenden Teefabriken ins Auge. Viele der Plantagen laden zum Besuch ein.

Marktszene im Hochland

Unterkunft: Nuwara Eliya bietet ein umfangreiches Angebot an Hotels und Lodges. Preisunterschiede zwischen Haupt- und Nebensaison sind deutlich. Hauptsaison ist von November bis Ende März und im Mai während der Schulferien. Drei Hotels aus der Kolonialzeit bieten ein angemessenes Ambiente: ****Hill Club, ✆ 0 52/26 53, ehemaliger Herrenclub mit leicht versnobtem Charakter, aber einzigartig und das Geld wert. Krawatte zum vorgeschriebenen Jackett beim Dinner kann geliehen werden; **Grand Hotel, ✆ 0 52/28 81, Anbau eröffnete Ende 1995; **Wattles Inn, Srimath Jayatillake Mw., ✆ 0 52/28 04; **Hotel Glendower, 5 Grand Hotel Rd., ✆ 0 52/27 49; **Hotel Windsor, 2 Kandy Rd., ✆ 0 52/25 54; *County House, 126 Badulla Rd., ✆ 0 52/23 68; *Travellodge, 130 Badulla Rd., ✆ 0 52/27 33; St. Andrew's Hotel, 10 St. Andrew's Drive, ✆ 0 52/24 45.

Von Nuwara Eliya nach Kandy

Von Nuwara Eliya führen zwei Routen aus dem Hochland hinunter nach Kandy. Die eine führt über den Ramboda-Paß, vorbei an zahllosen Teeplantagen, von denen viele, wie die ›Melfort Estate‹ bei Pusselawa Probierstuben und Teeverkauf eingerichtet haben. Oberhalb von Pusselawa bieten sich immer wieder großartige Ausblicke auf den Kotmale-Stausee.

Die andere Strecke führt über Nanu Oya, Talawakele, wo das ›**Tea Research Institute**‹ seinen Sitz hat, nach Hatton. **Hatton** ist ein lebendiger Marktflecken und ein bedeutendes Zentrum der Teewirtschaft. An der landschaftlich sehr schönen Strecke von Talawakele nach Hatton kann man den Blick auf zwei der eindrucksvollsten Wasserfälle der Insel genießen. Sanft wirken die breiten **St. Claire's Falls,** auch ›Bridal Falls‹ genannt, da sie wie ein Brautschleier herabfallen. Mächtiger dagegen rauschen die knapp 100 m hohen **Devon Falls.**

Von Hatton aus führt die etwas mühselig zu fahrende Strecke über Nawalapitiya nach Kandy. Oder aber man fährt auf der neuen A 7 hinunter nach Kitulgala und weiter nach Avissawella und Colombo. Die Strecke läuft zeitweise entlang des Kelani Ganga. Bei dem Dörfchen Kitulgala wurden große Teile des Films ›Die Brücke am Kwai‹

Essen: Außer den Hotels, in denen man zumeist gut essen, ja dinieren (Hill Club) kann, empfehlen sich der Grand Pastry Shop beim Grand Hotel mit gutem Kuchen und Pizzas; Beer Shop, Main Street; Milano Restaurant, New Bazar Street; hier liegen auch das Nuwara Eliya Restaurant, Star Hotel Bakery und Dale West Cafe; gute vegetarische Küche im Abirami Restaurant, Lawson Street.

Verbindungen: Die Bahnstation von Nuwara Eliya ist Nanu Oya. Ab Kandy und ab Colombo fahren tägl. jeweils zwei Züge. Fahrzeit 4 bzw. 6,5 Std. Direkt fahren ab Colombo Pettah Station Busse und Minibusse. Außerdem bestehen Busverbindungen nach Kandy, Hatton, Maskeliya, Anuradhapura, Dambulla, Badulla, Batticaloa und Matara.

gedreht. Nahe Avissawella stehen die Ruinen von **Sitawaka,** einer Bastion der Singhalesen aus dem 16. Jahrhundert.

Einen beschaulichen Widerpart zu dem quirligen Hatton bildet das nur wenige Kilometer südöstlich am Castlereigh Reservoir gelegene **Dikoya.** Die Gegend um die beiden Orte und den Stausee bietet eine Vielzahl von hervorragenden Wandermöglichkeiten. Vor allem aber sind sie ein guter Ausgangspunkt, um den weithin sichtbaren, markanten Gipfel des **Adam's Peak** zu besteigen.

Unterkunft und Essen: Schwankende Qualität muß man bei den beiden Glencairn Bungalows in Kauf nehmen. Im Upper Bungalow kann man nur essen, im Lower Bungalow dagegen wohnen. Die Bungalows, Anfang des 20. Jh. gebaut, liegen ca. 1 km von einander entfernt in herrlicher Teelandschaft mit großartigen Ausblicken. Upper: ✆ 05 12/3 48, Lower: ✆ 05 12/3 42. Reservierung ist notwendig. Falls ausgebucht, versucht man es im nahe gelegenen *Cosy Inn.
In Hatton: *Lanka Inn Tourist Rest, Dunbar Rd., ✆ 05 21/6 47; *Hatton Rest House, Colombo Rd., ✆ 05 21/ 7 51. Gut ißt man im Upper Glencairn Bungalow (s. o.) und im Priyangani Restaurant in der Side Street am Markt.

Verbindungen: Hatton liegt an der Bahnstrecke von Kandy nach Badulla. Außerdem gehen direkte Busse von Colombo, Kandy, Nuwara Eliya und Nawalapitiya nach Hatton. Direkt am Bahnhof fahren die Busse zur Dalhousie Estate am Fuß des Adam's Peak ab.

Wallfahrt zum Adam's Peak

Es muß etwa beim 25. Anschlagen der Glocke gewesen sein, als die Umstehenden anfingen, die alte Frau zu beobachten, die sie ertönen ließ: 36, 37, 38 ... schon längst ist ringsum Ruhe eingekehrt, respektvolles Murmeln begleitet den Glockenschlag. Ungläubiges Staunen steht in den Gesichtern der Pilger geschrieben, die endlich, als die Frau nach 47 Anschlägen mit einer Verbeugung, die Hände vor der Brust gegeneinandergelegt, von der Glocke zurücktritt, in lautes »Sadhu, Sadhu, Sadhu, Saaaah« ausbrechen – »Heilig, heilig, heilig!« Überglücklich fallen sich alle in die Arme; die alte Frau wird umringt. Sie hat 47 mal geschafft, was schon Marco Polo wie folgt beschrieb:

»Seilan ist, wie ich schon früher gesagt habe, eine große Insel. Ein Berg erhebt sich dort, der tatsächlich so steil ist, daß niemand hinaufgelangen kann, es sei denn nach folgender Weise: an den Felswänden hängen in bestimmten Abständen Eisenketten, dank ihnen ist es möglich, den Berg zu erklimmen. Man sagt, auf dem Gipfel sei das Denkmal Adams, unseres Urvaters. Die Sarazenen meinen, es ist das Grabmal Adams.«

Adam's Peak

Um den markant dreieckigen Gipfel des **Adam's Peak** also geht es, um den *Sri Pada,* den heiligen Berg, wie ihn die Buddhisten der Insel nennen. Die Wallfahrt hinauf ist auch heute noch beschwerlich. Die alte Frau hat sie in ihrem Leben 47mal erfolgreich durchgestanden. Von Ende Dezember bis Anfang April dauert alljährlich die Wallfahrtssaison auf den Adam's Peak, den vierthöchsten Berg Sri Lankas.

Wie so vieles im alle großen Weltreligionen beherbergenden Sri Lanka ist auch der Adam's Peak für alle bedeutsam. In dem etwa 150 cm langen und 70 cm breiten Abdruck im Gneis des Gipfels erkennen die Buddhisten den Fußabdruck Buddhas, den dieser bei seinem Besuch um 500 v. u. Z. dort hinterlassen hat. Für die Hindus war es Gott Shiva, der seinen Fuß auf den Gipfel setzte. Sie nennen den Berg *Shiva Nadi Padam.* Christen und stärker noch Moslems glauben, daß Adam hier oben 1000 Jahre dem verlorenen Paradies nachweinte, aus dem er vertrieben war, und daß es sein Fußabdruck ist.

Hat man einmal an einer Wallfahrt teilgenommen, bleibt die Inbrunst der Pilger, die dem Gipfel zustreben, im Gedächtnis haften. Kinder und Alte, Lahme und Blinde, schwangere Frauen und junge Mütter mit ihren Babys, alle wandern sie singend und betend bergan, um die so verdienstvolle Wallfahrt zu vollenden.

Es gibt zwei Wege auf den Sri Pada. Der eine führt von Süden aus dem Raum Ratnapura hinauf und ist der längere, steilere und schlechtere Weg. Der andere beginnt bei Maskeliya im Norden des Bergs und ist um rund ein Drittel kürzer, aber immer noch beschwerlich genug. Viele Pilger muten sich des religiösen Verdienstes wegen den längeren Weg zu. Besucher hingegen und mit ihnen die Mehrheit der Pilger bevorzugen den kürzeren Aufstieg.

Dieser beginnt bei der Fabrik der **Dalhousie**-Teeplantage, einige Kilometer von Maskeliya entfernt. Während der Pilgerzeit sind die Busse dorthin gut besetzt, an Vollmondtagen *(Poya)* hoffnungslos überfüllt. Außer mit dem eigenen Wagen gibt es eine ganze Reihe von Möglichkeiten, zur Dalhousie Estate zu kommen, und man hat dafür den ganzen Tag Zeit, denn der Aufstieg erfolgt in der Regel nachts.

Dalhousie ist auf die Pilgerschwemme eingerichtet. Es gibt mehrere Teehäuser, in denen man auch essen kann. Im ›Pilgrim's Rest‹ und in anderen Häusern stehen Mattenlager für die halbe Nacht bereit, und für etwas mehr Geld kann man bis in die frühen Morgenstunden im Wijitha Hotel ein Zimmer nehmen. Leider hat sich in den letzten Jahren geradezu ein Rummel am Beginn des Aufstiegs etabliert: Buden und Stände, die allen möglichen Ramsch feilbieten; den negativsten Aspekt des blühenden Kommerzes bildet aber der überall wahllos weggeworfene Müll.

Zwar ist der Aufstieg rund 7 km lang und besteht weitgehend aus Stufen, die von einer Lichterkette erleuchtet recht steil den Berg hinaufführen, aber man schafft den Aufstieg mit Pausen in den zahllosen Teestuben am Wegesrand in drei Stunden. Zunächst geht es etwa eine halbe Stunde sanft bergan, vorbei an der Ende der 1970er Jahre errichteten japanisch-sri-lankischen Freundschafts-Dagoba, bevor der Weg in nicht enden wollende Treppenfluchten übergeht. Oben möchte man natürlich den ›Fußabdruck‹ sehen, aber für die meisten wird doch das unvergleichliche Schauspiel des Sonnenaufgangs der Hauptgrund sein, hinaufzusteigen.

Hat man den Gipfel endlich erreicht, darf man zunächst die Glocke anschlagen, einmal für jede Wallfahrt. In dem kleinen Tempel über dem ›Fußabdruck‹ spenden die Pilger Blüten und Räucherstäbchen, bevor sie die Gipfelterrasse aufsuchen, wo aus Platznot und Kälte alle dicht zusammengerückt sind. Langsam schält sich dann von Osten her die Bergwelt aus dem Dunkel der Nacht. Immer rascher dämmert der Tag. Und dann bricht das »Sadhu, Sadhu, Sadhu, Saah …« aus den Kehlen, wenn die ersten Sonnenstrahlen aufblitzen und das Rund des Gestirns in den Himmel steigt.

Nun gilt es, sich rasch nach Westen umzuwenden, wohin für kurze Zeit der Berg seinen dreieckigen Schatten in Richtung Colombo wirft. Bei klarem Wetter kann man die rund 70 km entfernte Hauptstadt und die Küste gut erkennen. Mit der steigenden Sonne scheint es dann so, als würde der Berg an seinem Fuß den immer kürzer werdenden Schatten aufzehren.

Steigt man den langen Weg nach Süden hinab, für den man 5–6 Stunden rechnen muß, erreicht man zunächst Palabadda und dann die Kautschukplantage Carney. Von dort verkehrt ein Bus nach Ratnapura. Welchen Weg man sich auch zutraut, die Wallfahrt ist ein unvergeßlicher Eindruck. Man muß ja nicht den Ehrgeiz haben, sie 47 mal zu wiederholen.

Unterkunft und Essen: Unmittelbar keine Unterkünfte, aber in Dikoya stehen die Upper und Lower Glencairn Bungalows zur Verfügung, ☎ 05 12/3 48 (Upper, Essen), ☎ 05 12/3 42 (Lower, zum wohnen); Gebäude im Kolonial-Stil, Ausblick auf Teeplantagen, Berge und den Adam's Peak.

Verbindungen: Mit der Eisenbahn fährt man bis Hatton, von dort gibt es Busse direkt zur Dalhousie Estate, oder man muß in Maskeliya umsteigen. Die Fahrt kostet nur wenige Rupien und führt über kurvige Bergstraßen mit großartigen Ausblicken auf die Bergwelt und die in der jüngeren Vergangenheit angelegten Stauseen. Nachmittags gegen 16 Uhr geht ein Bus direkt von Nuwara Eliya zur Dalhousie Estate. Von Colombo werden während der Wallfahrtszeit zahlreiche Sonderbusse eingesetzt.

Südwest- und Südküste

Palmengesäumte Strände, tropische Traumbuchten

Edelsteinmetropole Ratnapura

Koloniales Kleinod Galle

Pilgerfest in Kataragama

Ausflug in den Yala West National Park

Palmen am Strand bei Tangalla

Südwest- und Südküste

Die Südwestküste ist die Bade- und Hotelküste Sri Lankas. Eine Route führt entlang palmengesäumter tropischer Buchten nach Galle, der Metropole des Südens, einem Freilichtmuseum der Kolonialzeit; die andere durch das Inland über die ›Goldgräberstadt‹ Ratnapura ebenfalls nach Galle. Weiter geht es zum Pilgerfest in Kataragama und zu einer Safari im Yala West National Park.

Falls der Vergleich erlaubt ist, dann ist die Südwest- und Südküste Sri Lankas so etwas wie die Riviera oder die Côte d'Azur der Insel. Hier reihen sich Strände, Palmen und Buchten schier endlos aneinander, hier ist die Küste touristisch am besten erschlossen, hier gibt es für jeden Geschmack und in Bezug auf die Hotels für jeden Geldbeutel etwas. Es gibt das sri-lankische Equivalent zum Massentourismus rund um Bentota oder in Hikkadu-

wa, und es gibt weiter die malerischen Tropenbuchten, sei es in Unawatuna, bei Tangalla oder die endlosen Sandstrände wie bei Koggala.

Zwei Straßen führen in den Süden Sri Lankas, wie sie gegensätzlicher kaum sein könnten. Dicht an der Küste unter Palmen, durch

Südwest- und Südküste

Dörfer, kleine Städte und die Stränden entlang führt die **Hauptstrecke** (A2) 240 km von Colombo bis Hambantota. Auf ihr erreicht man mit zahllosen Bussen und Minibussen alle Orte entlang der Küste. Parallel verläuft die Eisenbahnstrecke von Colombo bis nach Matara. Durch Kautschukplantagen, dichten Dschungel und sanfte Hügel führt die **Inlandroute** über die A4 und A8 zunächst zur Edelsteinmetropole Ratnapura und weiter entlang der A18, A17 und A24 durch die letzten Regenwälder und über Paßstraßen hinunter nach Galle oder Matara. Auch hier im Südwesten der Insel zeigt sich Sri Lankas ganze landschaftliche Vielfalt.

Von Colombo nach Galle

Die Südwestküste ist die Bade- und Hotelküste Sri Lankas. Südlich von Kalutara beginnen die schönsten Strände, und die Badehotels reihen sich aneinander. Dies ist in den trockenen warmen Wintermonaten das Lieblingsziel ausländischer Besucher. Mehr als 8000 Hotelbetten erwarten die Gäste. Zwischen Strand und Straße sind vielerorts Hotels und Pensionen ungeordnet emporgezogen worden; die größeren Hotels bilden quasi autarke Inseln, zwischen denen es aber noch genügend freie Strandflächen gibt. Nur in Hikkaduwa wird es eng,

was dem Ort einen eigenen Charakter gibt. Vor den Hotels, die zumeist über Schwimmbad und abgegrenzte Liegewiese verfügen, findet am Strand oft ein reger Handel mit Batiken, Souvenirs, Obst und Angeboten für Bootsfahrten statt.

Nur wenige Stunden werden die meisten Besucher an der Küste entlang vom Flughafen Colombo zu ihren Hotels fahren. Ist das Getriebe der Hauptstadt erst einmal überwunden, läßt das Verkehrschaos südlich Mount Lavinia etwas nach, die Küstenstraße bleibt aber bis hinter Galle sehr belebt und von Häusern und Hütten gesäumt. Es ist oft nicht leicht zu erkennen, ob schon eine neue Stadt begonnen hat oder die zuletzt durchquerte noch mit ein paar Häusern ›ausläuft‹.

Moratuwa

In Moratuwa, 20 km südlich von Colombo, befindet sich die Zentrale der Entwicklungsorganisation *Sarwodaya*. Im ganzen Land trifft man auf Hinweisschilder zu Landwirtschafts-, Wasserbau- oder Handwerksprojekten, die diese buddhistische Selbsthilforganisation initiiert hat und, oft mit Hilfe internationalen Kapitals, durchführt. Lohnend ist der Besuch in einer der vielen Schreinereien, denn Moratuwa ist auch ein Zentrum der Möbelherstellung, wo man sich über die Vielzahl der verwendeten tropischen Hölzer informieren kann.

Von Moratuwa führt landeinwärts eine Straße zum **Bolgoda Lake,** einem Wassersportzentrum mit dem Motoryacht-Club des Raums Colombo.

Unterkunft: *Aqua Pearl Lake Resort, 201 Galkanuwa Rd., Gorakana; *Swan Inn Tourist Guest House, 111 Angulana Station Rd.

Panadura und Wadduwa

Im Raum **Panadura** erscheinen zwischen den Palmen in luftiger Höhe die ersten Laufseile der *Toddy-Tapper.* Mit artistischem Geschick turnen die Männer auf und zwischen den Palmen, um den weißlich trüben Blütensaft *(Toddy)* einzusammeln und die Blüten wieder anzuschneiden, damit neuer Saft austritt. Später werden die Fässer die Straße entlang getrieben, wie Kinder früher ein Rad mit dem Stock führten, um den Toddy bei der nächsten Sammelstelle oder Brennerei abzuliefern, wo er zu Coconut Arrak gebrannt wird. Bis weit südlich von Kalutara wird jeden Vormittag die ›Toddyernte‹ abtransportiert. Einen Besuch lohnt auch die Batikfabrik *Bandula Fernando Batiks.*

30 km südlich von Colombo liegt der an sich unbedeutende Ort **Wadduwa,** der aber einen weitgehend leeren, schönen Strand zu bieten hat. Als Tagesausflug von Colombo ist dieser Strand durchaus eine Alternative zu dem viel überfüllteren Mount Lavinia.

Unterkunft in Wadduwa: ***Villa Ocean View Resort, Molligodawatte, ☎ 0 34/3 24 64, Fax: 0 34/44 95 48; **Wadduwa Holiday Resort, Talpitiya, ☎ 0 34/3 28 15; *Wadduwa Beach Resort, Talpitiya South.

Kalutara

Das Städtchen Kalutara am Kalu Ganga (Schwarzer Fluß) wird überragt von einer hohen, strahlendweißen Dagoba, an der kein Fahrer versäumt anzuhalten, um ein kurzes Gebet zu sprechen, ein paar Rupien zu opfern und sich mit aneinandergelegten Handflächen zu verbeugen. Dann erst fährt er mit dem Gefühl weiter, etwas für die wohlbehaltene Ankunft getan zu haben. Der Brauch stammt aus der Zeit, als der Fluß noch mit der Fähre überquert werden mußte. Kalutara war früher das Zentrum des Gewürz-, insbesondere des Zimthandels. Die Kolonialmächte unterhielten an der Mündung des Kalu Ganga ein Fort, dort wo heute die Dagoba und das dazugehörige Kloster Gangatilake-Vihara stehen und nutzten den Fluß als Transportweg für Reis und Soldaten. Heute ist der Ort für die besten Mangostane-Früchte der Insel bekannt. Saison ist im Juli. Außerdem befindet sich hier das Zentrum der Kautschukindustrie. Landeinwärts in Agalawatta erforscht man im *Rubber Research Institute* und in der angegliederten Plantage Anbau, Düngung, Krankheiten und Ergiebigkeit der Kautschukbäume.

🛏 **Unterkunft, nördlich des Flusses:** ***Tangerine Beach Hotel, ✆ 0 34/2 66 40, 2 22 95; **Hibiscus Beach Hotel, ✆ 0 34/2 27 04-6; **Ortsmitte:** *Rest House der Urban Development Agency, Station Rd., ✆ 0 34/2 22 99; **südlich des Flusses:** ***Hotel Sindbad, St. Sebastian's Rd., Katukurunda, ✆ 0 34/2 25 37-9, Fax: 0 34/2 25 30.

Beruwala und Alutgama

Beruwala ist ein alter, traditionsreicher Ort, wo die ersten arabischen Händler vor über 1000 Jahren landeten; die Kachchimalai-Moschee weist auf die lange muslimische Geschichte der Gegend. Jedes Jahr zum Ende des Fastenmonats Ramadan ist die Moschee Ziel zahlreicher Pilger.

Etwa 3 km südlich von Beruwala liegt der kleine Ort **Alutgama,** bekannt für seinen lärmenden Fischmarkt. Von hier führt eine kurvenreiche, nur teilweise asphaltierte Straße zu dem Park des Landschaftskünstlers *Bevis Bawa.* Der 2 ha große Park ›Brief Garden‹ mit Skulpturen und dem Haus des Künstlers ist einen Abstecher wert. Lohnend sind ebenfalls Bootsausflüge ins Landesinnere auf dem Bentota Ganga. Tempel und landschaftlich reizvoll liegende Orte werden als Ziel angegeben, aber die Fahrt selbst durch Urwald,

Siedlungen und Felder ist bereits ein Erlebnis.

🛏 **Unterkunft in Beruwala:** ***Barberyn Reef Hotel, Moragalla, ✆ 0 34/7 60 36, dem Hotel ist ein Ayurvedic Health Resort angeschlossen, wo man individuelle Gesundheitsprogramme angeboten bekommt, einschließlich Akupunktur, Yoga und Meditation; in Deutschland zu buchen in Frankfurt, ✆ 0 69/4 05 88 50, preiswerter allerdings vor Ort; ***Beach Hotel Bayroo, Moragalla, ✆ 0 34/7 62 97; ***Confifi Beach Hotel, Moragalla, ✆ 0 34/7 62 17; *** Neptune Hotel, ✆ 0 34/7 60 31; ***Club Palm Garden, ✆ 0 34/7 62 63; ***Riverina Hotel, ✆ 0 34/7 53 77-9; ***Hotel Swanee, Moragalla, ✆ 0 34/7 60 07; ***Tropical Villas, ✆ 0 34/7 61 56, 761 57 oder über Hayley Jetwing Ltd., 503 Union Pl., Colombo 2, ✆ 01/68 91 92, Fax 01/69 92 26; **Riviera Beach Resort, Moragalla, ✆ 0 34/7 52 45; **Ypsilon Hotel, Moragalla, ✆ 0 34/7 51 32, dem Hotel ist eine Tauchschule angegliedert; *Berlin Bear Inn, Moragalla, ✆ 0 34/7 55 25; *Blue Lagoon Hotel, Kaluwamodara, ✆ 0 34/7 53 81. *****Hotel Eden **nahe Bentota**, buchen über Confifi Group Hotels, 33 St. Michaels Rd. Colombo 3, ✆ 01/33 33 20-6, Fax 01/33 33 24. **Alutgama:** Luxusklasse ist das ***Ceylands Hotel nahe der Flußmündung, ✆ 0 34/7 50 73; **Goran's Guest House, Kalawilawatte, Kaluwamodara, ✆ 0 34/7 53 96, hat Zimmer und einen Bungalow, die auch monatsweise gemietet werden können; *Little Villa Tourist Inn, Galle Rd. Kaluwamodara, ✆ 0 34/7 50 66, liegt am Strand; am Bentota Fluß liegen: *Araliya Hotel, Galle Rd. Kaluwamodara; *Terrena Lodge, River Rd., ✆ 0 34/7 50 01; *Hemadan Tourist Hotel, River Rd., ✆ 0 34/7 53 20.

Fischer am Strand von Dodanduwa

✗ **Essen:** In Beruwala wie auch in Alutgama ißt man am besten in den hoteleigenen Restaurants.

Bentota und Umgebung

Bentota ist ein neuer Touristenort mit Einrichtungen wie Post, Bank, Ladengalerien, Freilichttheater und Restaurants. Hier wird der Strand regelmäßig gesäubert, und Rettungsschwimmer achten auf die Sicherheit der Badegäste. Und in der Tat ist in den Monsunmonaten von Mai bis September das Meer rauh, sind die Strömungen unberechenbar. Die Hotels gehören durchweg höheren Preisgruppen an, vom ›Bentota Beach‹, das auf den Grundmauern einer portugiesischen Festung erbaut und 1995 gründlich renoviert wurde, bis zum ›Robinson Club‹, der an der Spitze der Landzunge zwischen Bentota Ganga und dem Meer liegt.

 Unterkunft und Essen: Luxushotels: ****Bentota Beach Hotel, ✆ 0 34/7 51 76; ****Robinson Club, ✆ 0 34/7 51 67-70; Fax 0 34/7 51 72; ***Hotel Serendib, ✆ 0 34/7 52 48; gut und vergleichsweise preiswert **The Villa (altes Kolonialgebäude), 138/15 Galle Rd., ✆ 0 34/7 53 12, Susantha Palm Guest House, nahe dem Bahnhof, ✆ 0 34/7 53 24.

Nur wenige Kilometer südlich von Bentota erstrecken sich einige luxuriöse Hotelanlagen: südlich bei **Ahungalla** das wohl schönste Strandhotel, das *****Triton, ✆ 09/5 40 41-4; bei **Kosgoda** das ****Kosgoda Beach Resort, eine Bungalowanlage, ✆ 09/5 40 17, Fax: 09/5 40 18; nahe **Aturuwella** bei Bento-

ta ***Saman Villas, buchen über Saman Villas Ltd., 142/9,2/2 Galle Rd., Colombo 2, ✆ 01/43 97 92, 33 67 34, Fax 01/43 97 92.

In Bentota und Umgebung ißt man am besten in den hoteleigenen Restaurants.

Ambalangoda

Ein an sich wenig attraktives Bild gibt der Ort Ambalangoda ab. Die Strände können weder mit denen aus dem Raum Bentota mithalten noch mit denen von Hikkaduwa, Häuser und Straßen wirken vernachlässigt. Trotzdem ist ein Aufenthalt oder Stopp für all jene unverzichtbar, die sich mit den alten Volkskünsten Sri Lankas beschäftigen wollen. Ambalangoda ist das Zentrum der *Maskenschnitzerei* und *Teufelstänze.* Daß die Holzschnitzerei weiter ausgeübt wird und ein großes touristisches Geschäft ist, verdankt die Stadt dem 1899 geborenen Ariyapala Gurunnanse. Der alte Herr hat die Geschäfte in die Hände seiner Kinder gelegt, wacht aber noch über sein Reich mit Schnitzerei, Verkaufsräumen und Maskenmuseum (Ariyapala & Sons, 426 Patabendimull, ✆ 0 92/73 73, tägl. 7.30–18 Uhr). Das Museum wurde vom deutschen Auswärtigen Amt, dem Stuttgarter Linden-Museum und vor allem dem Berliner Museum für Völkerkunde mitbegründet (Abb. S. 74). Wieviel die Insel dem Masken-Guru Ariyapala zu verdanken hat, zeigt ein Vergleich mit der aussterbenden

Auslage eines
Marionettenver-
käufers am Strand

Kunst der Marionettenspieler. Wahrscheinlich existieren in manchen
Häusern noch vergessene Marionet-
ten, aber es ist möglich, daß das
Berliner Museum mit rund 40 Ma-
rionetten heute die größte Sammlung dieser Figuren besitzt.

Die Maskenschnitzer Vater und
Sohn Lawneris und Nali Gamwari,
5 Vilegoda, hinter dem Bahnhof in
Ambalangoda, freuen sich über in-
teressierten Besuch und gehören zu
den letzten, die noch eine Verbindung zu dieser einst lebendigen
Volkskunst haben. Die Masken sind
heute oft grell-bunt bemalt (Abb.
Rückseite unten). Beim Preis sollte
man ruhig handeln, und es lohnt
auch nach antiken (meist teuren)
Masken Ausschau zu halten.

Gut 10 km südlich von Ambalangoda, in Kahawa, biegt eine

Straße ins nahe **Meetiyagoda** ab,
dem Zentrum der Mondsteinförde-
rung in Sri Lanka. In der Mine kann
man den Abbau der Steine beobachten und wird im dazugehörigen
Verkaufsraum (tägl. 7–19 Uhr) zum
Kauf animiert.

Unterkunft und Essen: Sehr
schön am Fischereihafen
und Strand gelegen ist das *Rest House
mit Restaurant, Main St., Hirawatte, ☎
09/5 82 99; daneben liegt das *Blue
Horizon Tourist Inn, 129 Main St., Hirawatte, ☎ 09/5 84 75; *Sumudu Tourist
Guest House, 418 Main St., Patabendi-
mulla; außerdem zahlreiche Privathäu-
ser: *Sea View No. 14, 14 Dewale Rd.,
Hirawatte; *Shangrela Beach Resort,38
Sea Beach Rd., ☎ 09/5 83 42, Fax
5 94 21; gut essen kann man im Chinese Hotel in der Main Street und südlich
Ambalangoda in Madampagama im Sea
Food Restaurant an der Parrot Junction.

183

Hikkaduwa

Bei der Weiterfahrt in den Süden fallen entlang der Hauptstraße zahlreiche kleine Kalkbrennereien unter Palmdächern auf. Korallenabbau ist zwar streng untersagt, aber die harten abgestorbenen Korallenbrocken liegen zuhauf herum, werden tagelang erhitzt und zerbröselt zu feinem Gips verarbeitet, der viel Geld einbringt.

In Hikkaduwa, einst Hippie- und Aussteigertreff der 60er und 70er Jahre, deuten die Hotelnamen auf die Korallenbänke vor der Küste hin: alles ist Coral bis Supercoral. Super sind die Korallengärten vor Hikkaduwa leider nicht mehr. Aber immer noch ist der Ort ein beliebter Treff, wenn auch nicht mehr nur der Rucksackpioniere. Die sind längst nach Arugam Bay an der Ostküste oder nach Unawatuna weitergezogen, und es bleibt abzuwarten, wann sie auch dort von Nachahmern und dem Pauschaltourismus so vollständig eingeholt werden wie in dem touristischen Zentrum der Südwestküste.

Hikkaduwa ist ein mehr als 3 km lang sich hinziehendes Stranddorf, bietet komfortable Hotels ebenso wie einfache Häuser und Privatquartiere, außerdem eine kaum mehr überschaubare Zahl von Restaurants und Shops sowie Pinten und Kneipen, wo gute Steaks und einheimische Küche geboten werden. Über die Jahre hat der Pauschaltourismus die Individualreisenden und Hippies, wie sie auch heute noch von den Einheimischen genannt werden, aus dem Zentrum an den südlichen Rand Hikkaduwas verdrängt und den Ort völlig unorganisiert in den Tourismus hineinwachsen lassen.

Hikkaduwa ist auch das ›Sündenbabel‹ des Tourismus in Sri Lanka. Drogen sind hier leicht zu erhalten, allerdings ist die Polizei in diesem Punkt alles andere als tolerant. In den letzten zehn Jahren hat sich eine weitverzweigte Homosexuellenszene entwickelt, aber auch ein auf Kinderprostitution ausgerichteter Sextourismus. Infolge dessen kamen Schlepper und ›Beach-Boys‹, Strichjungen. Das neue Bewußtsein, daß hier ein Gastland und besonders seine schwächsten Bewohner auf äußerst unmoralische Weise ausgenutzt und mißbraucht werden, indem etwas in Deutschland Strafbares hier scheinbar legal ausgeübt wird, hat glücklicherweise zu einem Umdenken in der Öffentlichkeit wie auch bei den Gesetzgebern der betroffenen Länder geführt (s. S. 24).

Doch auch heute noch hat der Ort einen Teil seines Charmes bewahrt. Das sattgrüne Hinterland und vor allem im Süden die malerischen Strände gehören ebenso dazu wie kleine Restaurants und Kneipen und zwei ruhigere Strände – beim Dorf Sinigama und der Strand von Pereliya – nördlich von Hikkaduwa. Wer draußen vor der Küste zwischen Riffs und Wracks tauchen will, kann die Ausrüstung vor Ort mieten.

In der Zeit von Mai bis September, während des Südwest-Monsuns, kehrt in Hikkaduwa wieder Ruhe und Beschaulichkeit ein. Pauschaltouristen kommen praktisch nicht, und die Preise sinken entsprechend. Gefährlich wird das Baden und Surfen in dem vom Monsun gepeitschten Meer. Die Unterströmungen können absolut tödlich sein!

Unterkunft im Nordteil: Großes Angebot vom Luxushotel bis zum Familienquartier. ***Blue Corals, ✆ 09/7 76 79; ***Coral Gardens, ✆ 09/7 74 22; **Coral Rock, **Coral Sands und **Coral Reef, ✆ 09/7 74 36; **Supercorals, ✆ 09/2 28 79; **Reefcomber, ✆ 09/5 73 74. Eine Reihe von Guest Houses entlang der Wawlagoda Rd., die gegenüber dem Coral Reef von der Galle Rd. abzweigt. *Wijitha Tourist Inn, 370 Galle Rd.; alte Villa am Strand; gleich daneben das *Ozone Tourist Rest, Galle Rd. Etwas außerhalb in üppiger Tropenumgebung das Ranmal Holday Inn, sauber und preiswert. Gut 3 km nördlich am Ufer des Hikkaduwa Lake liegt in wunderbarer Natur das ***Bird Lake, Baddegama Rd., Hikkaduwa-Patana, ✆ 09/7 70 18; ***Lawrence Hill Paradise Hotel, 47 Waulagoda, ✆ 0 74/38 32 99, Internet: www.lhp-srilanka.com, sehr schöne Anlage auf einer Anhöhe in Hikkaduwa. In Baddegama ca. 8 km nordöstlich Hikkaduwa liegt das kleine, sehr zu empfehlende ***Plantation Hotel, ✆ 09/9 24 05 oder 01/58 74 54.

Essen im Nordteil: Das Angebot ist vielfältig; kleine Stände bieten Pancakes an; Fisch kann man frisch von Fischern kaufen und in Restaurants zubereiten lassen. Erwähnenswert sind die Restaurants des Hotel Francis und Coral Gardens Resort. Wirklich *cool* ist der Cool Spot gegenüber dem Coral Gardens mit guten Shakes (Eiswürfel sind unbedenklich) und Hoppers; schräg gegenüber das Curry Bowl; Roger's Garage, 424 Galle Rd., wo auch Filme gezeigt werden; direkt am Strand liegen das Blue Brother's Restaurant und das Dewasiri Beach Restaurant; gutes Sea Food gibt es im New Moonbeam Restaurant gegenüber dem Hotel Supercorals; gut sitzt man im Blue Fox bei einem Milchshake.

Unterkunft im Südteil: Die einst eigenständigen Dörfer Narigama und Thiranagama sind von Hikkaduwa sozusagen eingemeindet worden. Hier ist die Atmosphäre deutlich entspannter, die Strände sind breiter und schöner. In Thiranagama haben sich zahlreiche Deutsche niedergelassen und dem Ort so zu dem Spitznamen ›Little Germany‹ verholfen. Am Strand das **Sunil's Beach Hotel, Reservierung Colombo ✆ 01/57 82 94; **Sansibar Garden in Thiranagama neben verschiedenen Guest Houses am Strand wie *Palm Beach und *Wild Beach, ebenfalls am Strand das **Suite Lanka; *Casalanka, Galle Rd.; *Sunbeach Hotel, Galle Rd., ✆ 09/5 73 56; *Rita's Guest House, Galle Rd.

Essen im Südteil: Die Restaurants Hemingway und Brother's Spot verleihen auch Surfbretter. Zwischen Rita's Restaurant und dem Blue Moon Restaurant liegen zahllose kleine Strandrestaurants, die man am besten nach Augenschein auswählt. In Thiranagama bei den Fischerbooten ist das Golden Beach Cafe empfehlenswert.

Dodanduwa

Mehr oder weniger nahtlos an Thiranagama schließt sich der Ort
Dodanduwa an. Er zieht sich ebenfalls mehrere Kilometer die Küste
entlang und bietet vieles, was Hikkaduwa verloren hat: es ist hier ruhiger, die Strände sind breiter, das
Hinterland ist grün und touristisch
noch relativ unberührt. Etwa 500 m
landeinwärts der Galle Road liegt
der Dodanduwa Lake. Biegt man
an der Moderepatuwata Junction
von der Galle Road ab, gelangt
man an einen Pier, wo Rundfahrten
angeboten werden. Handeln ist unerläßlich: die Fahrten sollten nicht
über 200 Rupien pro Person kosten. Früh am Morgen kann man
ein reiches Tierleben beobachten.
Im See liegt Hermitage Island, eine
Tempelinsel, auf der Anfang des
20. Jahrhunderts ein Deutscher
eine Einsiedelei gründete. Auch
heute noch üben sich westliche
Besucher in Meditation. Zwei Tempel sind besonders sehenswert: der
Kumara-Kande-Raja-Maha-Vihara
mit seinem leuchtendweißen Aufgang im Ortszentrum von Dodanduwa und am See der alte Ganga-
ramaja-Vihara mit seinen comicar-
tigen Bildergeschichten.

Unterkunft und Essen: Am
Südende des Orts liegen das
**Ravana Beach Cabana und das
**Dream Village Beach Cabana, beide
mit Bungalows in einer Gartenanlage
und mit Restaurant. Zimmer und Bungalows im **Ocean Beach Club, A 09/
5 73 66.

Der Ort **Gentota** sei nur erwähnt,
weil hier eine Seidenfarm zu besichtigen ist. Von den Maulbeerblät-
ter verschlingenden Seidenraupen,
den Kokons bis hin zum qualitativ
hochwertigen Seidengewebe ist alles zu besichtigen. Die Farm liegt an
der Colombo Road kurz vor Galle.

Galle

Die Metropole des Südens ist eine
alte Stadt. Heute bietet sie sich
zweigeteilt dar mit der Neustadt, in
die man zuerst kommt. Bahnhof,
Krankenhaus, Schulen, Markt und
Basarviertel, kurz alles, was eine
lebendige Stadt von 120 000 Einwohnern ausmacht, findet sich
hier. Folgt man nur der Hauptstraße durch die Stadt an der Bucht
und am Hafen entlang, hätte man
Galle bald wieder verlassen und
das Wichtigste versäumt.

Südlich der Hauptstraße hinter
einer Grünfläche erheben sich die
Mauern des Forts: die Altstadt von
Galle, erfüllt von regem Leben und
zugleich ein einzigartiges Freilichtmuseum der Kolonialzeit. Galle,
dem man nachsagt, identisch zu
sein mit dem alttestamentarischen
Tarschisch, einem nicht identifi-
zierten fernen Ort, aus dem Metal-
le eingeführt wurden, hat einen geschützten natürlichen Hafen. Dies
wußten zuerst arabische Händler,
die den Hafen ab dem 8. Jahrhundert anliefen und dort auf chinesi-

Galle:
1 Sun Bastion   2 Moon Bastion   3 Star Bastion   4 Aeolus Bastion   5 Clippenberg Bastion   6 Neptune Bastion   7 Triton Bastion   8 Flag Rock   9 Point Utrecht Bastion   10 Aurora Bastion   11 Akersloot Bastion   12 Zwart Bastion

Three Wheeler (Tuk-Tuk) in der historischen Altstadt von Galle

sche Dschunken trafen. So wurde
der Süden Lankas zum Umschlag-
platz im Handel zwischen der arabischen Welt und dem Reich der
Mitte. 1505 landete ein erster kleiner portugiesischer Schiffsverband
am ›Punta de Galle‹, abgetrieben
vom Monsun. Erst gegen Ende jenes Jahrhunderts errichteten die
Portugiesen in Galle eine Befesti-
gungsanlage, aber über ihr Leben
dort ist wenig bekannt, da die Holländer nach der Eroberung der portugiesischen Anlage 1640 fast alle
Dokumente, die sie vorfanden, ver-
nichteten. Bekannt ist, daß die
Portugiesen der Stadt ihren heutigen Namen gaben, weil sie das

singhalesische *gala* (Felsen) mit ihrem *gallus* (Hahn) gleichsetzten. Bis
heute zeigt das Wappen von Galle
diesen Hahn.

Die Portugiesen mußten ihr Fort
auf dem Landvorsprung westlich
des Hafens 1640 nach blutigen
Kämpfen den Holländern überlassen. Diese machten Galle zum
Hauptstützpunkt ihrer neuen Kolonie und bauten das Fort weitgehend in der heute erhaltenen Form
aus. Erst zu Beginn des 20. Jahrhunderts, als eine Pestepidemie be-
kämpft werden mußte, entdeckte
man das umfängliche Kanalsystem
der Holländer. Es war so angelegt,
daß Meerwasser bei Flut das gesamte System ausspülte. Für die
vorwiegend mit Gewürzen han-
delnden Holländer blieb Galle der
wichtigste Hafen ihrer Kolonie.
Den Briten lag im 19. Jahrhundert

Colombo mehr am Herzen. Zwar war ihnen das Fort, das nie eine Belagerung hatte erleben müssen, unversehrt in die Hände gefallen, aber Colombo war zentraler und vor allem durch eine Eisenbahnlinie mit den ertragreichen Plantagen des Hochlands verbunden – Galle versank in der Provinzialität. Diesem Umstand verdankt das Fort heute seinen fast musealen Wert und Charakter. Die schönste Art, sich das Fort zu erschließen, ist ein Spaziergang auf den Befestigungen rund um die alte Stadt und durch die Gäßchen und Straßen.

Das Fort

Durch das neue, von den Engländern angelegte Stadttor im Norden des Forts führt die Straße zu einem Verkehrskreisel. Nach links, die Church Street entlang, passiert man unter alten Bäumen das **New Oriental Hotel**. Hier werden oft kunstvoll gebaute Modelle der für die Insel typischen Auslegerboote angeboten. Vorbei an der **Groote Kerk** führt die Straße nach links zum alten holländischen Stadttor und ans Meer. Weiter auf den Wällen und entlang der alten Bastionen geht es zum Leuchtturm, dessen Wächter für ein paar Rupien mit hinaufsteigt. Ein herrlicher, weiter Rundblick entlohnt die Strapaze, bevor es weitergeht über das Pulvermagazin hinüber zum nächsten kleinen Felsvorsprung, dem Flag Rock (8), wo an-

kommende Schiffe eingewiesen wurden.

Unterhalb des nächsten, westlich gelegenen Vorsprungs, der Triton Bastion (7), stand einst eine Windmühle, die Seewasser in die Stadt pumpte, um die Straßen gegen den Staub feucht zu halten. Im Norden endet der Spaziergang gegenüber dem Uhrturm. Der Blick geht hin-über zur Neustadt: einer gänzlich anderen Welt, getrennt durch die Grünanlagen, die auf den zugeschütteten Befestigungsanlagen entstanden. Unbedingt sehenswert ist das 1992 eröffnete Historische Herrenhaus, **Historical Mansion** in der Leyn Baan Street 31–39, ✆ 09/2 32 14. Es ist eines der ältesten Gebäude des Forts, von den Holländern 1680 gebaut. Im Lauf der Zeit verfiel es zunehmend und wurde in den 1980er Jahren von dem Edelsteinhändler M. H. A. Jaffar aufwendig und mit alten Baumaterialien restauriert. Das alte holländische Wohnhaus ist heute das großartigste Gebäude im Fort und beherbergt zudem eine museale Sammlung von Schmuck, Kunsthandwerk und Antiquitäten. In angenehmer Atmosphäre kann man der Ausübung manch alten Handwerks zusehen und Souvenirs einkaufen, ohne sich durch irgendeinen Kaufzwang genötigt zu fühlen.

Blick über Dächer und Türme der historischen Altstadt von Galle ▷

Ein besonderer Genuß ist es, den Sonnenuntergang von der östlichen Seite der großen Bucht von Galle zu erleben. Hat man die Stadt Richtung Matara verlassen, geht es am Zementwerk rechts ab zum *Buona Vista*, wo das gut geführte Rest House ›Harbour Inn‹ steht. Die Aussicht auf Galle und die versinkende Sonne ist einmalig. Vom Rest House führt eine Panoramastraße weiter bis zum östlichen Ende der Bucht, ›Watering Point‹ genannt, wo einst die Schiffe Wasser bunkerten.

 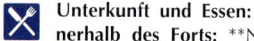 **Unterkunft und Essen: Innerhalb des Forts:** **New Oriental Hotel, 10 Church St., ✆ 09/3 45 91, altes Kolonialhotel mit guten Zimmern; Faika's Tourist Rest, 40 Military St., ✆ 09/3 46 47 (einfach); Beach Haven, 65 Lighthouse St., ✆ 09/3 46 63; YMCA, Ecke Pedlar/Rampart St. (nur für Männer), mit Cafeteria.
Außerhalb des Forts: ****Lighthouse Hotel, 2 km Richtung Unawatuna, ✆ 09/2 37 44, Luxusbleibe mit Pool und Sportmöglichkeiten; **Hotel Closenberg, 11 Closenberg Rd., Magalle, ✆ 09/3 22 41, Fax 09/3 20 45, 1858 auf den Mauern des alten holländischen Forts Klossenburg erbaut, gute, saubere Zimmer, viel Ambiente, gutes Restaurant; Sidney Hotel, direkt am Busbahnhof, einfach, ✆ 09/2 33 06; nördlich des Busbahnhofs liegen mehrere Restaurants wie das South Ceylon Restaurant mit chinesischer und europ. Küche, im Erdgeschoß Snackbar mit guten Milchshakes; daneben einfache Curry-Restaurants: Lion House Hotel, Pavillon Hotel und Shanta Hotel; Richtung Bahnhof und Kanal das Chinese Globe Restaurant, 38 Havelock Pl.

Durch das Inland nach Galle

Von Colombo führt über Ratnapura eine zweite, vom Charakter der Küstenstraße gänzlich verschiedene Route in den Süden. Wer auf die Maskenschnitzer in Ambalangoda glaubt verzichten zu können, sollte die Route durch das Binnenland wählen. Sie ist zwar länger und in ihrem südlichen Teil gebirgig, führt aber durch eine breite Palette unterschiedlichster Landschaften. Zudem bietet sie die Möglichkeit, Eindrücke von der Edelsteingewinnung zu erhalten.

Ratnapura

Die Strecke führt zunächst auf gut ausgebauten Straßen aus dem Großraum Colombo hinaus hin zu sanften Hügeln und unzähligen Kautschukplantagen, wo immer eine gute Chance besteht, Elefanten bei der Arbeit zu treffen. Ratnapura, die prosperierende Metropole des Edelsteinhandels, liegt etwa 100 km südwestlich Colombos am Fuß des steil aufragenden Hochlands mit dem Adam's Peak. Schon bei der Anfahrt fallen die kleinen offenen Hütten in den Tälern auf. Unter ihnen befinden sich die Schürfgruben, aus denen der Reichtum stammt, der der ›Stadt der Edelsteine‹ ihren Namen gegeben hat. Die noch heute anhaltende Goldgräberstimmung im Raum Ratnapura bringt Geschäftsleute aus der ganzen Welt hierher. Bis zu dem landesweiten Verbot von 1991 gab es hier sogar ein Spielkasino. Im Dunstkreis des Geldes haben sich auch dubiose Gestalten niedergelassen. Prostitution gibt es ebenso wie die allgegenwärtigen fliegenden Edelsteinhändler, von deren Angeboten man sich nur fernhalten kann. Mit einer gewissen Sachkenntnis ausgestattet sollte man lieber die Dienste von zwei privaten Edelsteinmuseen und -geschäften in Anspruch nehmen. Da ist zum einen die ›Gem Bank‹ mit dem ›Gemmological Museum‹, einige Kilometer außerhalb der Stadt, 6 Ehelopola Mw., Batugedara, ✆ 0 45/23 98. Der Weg zu dem tägl. von 8.30 bis 17.30 Uhr geöffneten Geschäft wird einem gern gewiesen. Das kleine Museum bietet einen Überblick über verschiedene Schliffe, ebenso Gesteinsproben und das Modell einer Schürfgrube, an dem man sehr gut die verschiedenen edelsteinhaltigen Bodenschichten erkennen kann. Ähnlich ist das ›Gem Museum‹ (tägl. 8.30–17.30 Uhr) in der Pothgul-Vihara Rd., Getangama, gegliedert.

Ein paar Kilometer westlich der Juwelen-Metropole liegt der reichste buddhistische Tempel der Insel: der **Maha Saman Devale** aus dem 13. Jahrhundert. Die Portugiesen zerstörten ihn Anfang des 17. Jahrhunderts, doch Holländer und Engländer ließen ihn restaurieren. Englische Soldaten, die ihn als Unterschlupf benutzten, sollen dabei

Unmengen von Silbermünzen und Edelsteinen gefunden haben. Zum Vollmond im Juli/August findet am Tempel eine Perahera statt, die sich durchaus mit der Kandy-Perahera messen kann.

Die Stadt ist zudem ein guter Ausgangspunkt für Wanderungen ins Sabaragamuwa-Bergland, zu den Höhlen von Batatota und Batadomba, wo prähistorische Knochen des Balangoda-Menschen (10 000 v. u. Z.) gefunden wurden. Zwei Routen führen zum Adam's Peak (s. S. 170 ff.), und schließlich lohnen Ausflüge in die südlich gelegenen letzten Regenwälder von Sinharaja sowie zum Uda Walawe National Park. In Ratnapura und Umgebung muß ganzjährig mit Regen gerechnet werden. Die regenärmsten Monate sind Januar und Februar.

Unterkunft und Essen: 6 km außerhalb der Stadt bei Kosgala/Kahangama in einer Kautschukplantage liegt das ordentliche, aber für die gebotene Leistung zu teure Hotel ***Ratnaloka Tour Inns, ✆ 0 45/ 2 24 55. Ausgefallen ist das kleine **Hotel Kalawathie, 2 km nördlich der Stadt in Polhengoda, 0 45/2 24 65, mit Kräuterbädern und ayurvedischen Anwendungen, ausschließlich vegetarischem Essen, Tänzen und Angeboten für Touren in die Umgebung. In der Stadt liegen das *Darshana Inn, 68/5 Inner Circular Rd.; ebenfalls an der Inner Circular Rd. das *Ratnapura Rest House, ✆ 0 45/2 22 99; sowie *Traveller's Halt, 30 Outer Circular Rd. Neben den genannten Hotels gibt es einige Curry-Restaurants rund um den Uhrturm, wie das Jagathsiri Hotel and Bakery, Jayasiri Hotel and Bakery und Janaranjana Hotel and Bakery; chinesische und thailändische Küche findet man im Jade Restaurant, Senanayake Road nahe Main Street, wo Edelsteinhändler aus Südostasien lunchen.

Weiter nach Galle

Besonders attraktiv und abwechslungsreich ist die Strecke von Ratnapura nach Galle durch das bis zu 1400 m hohe südliche Bergland. Steil geht es hinauf, vorbei an Kautschuk- oder Teeplantagen sowie Reisterrassen, und nach ein paar Straßenwindungen bietet sich erneut ein weiter Blick über das Land. Die Fahrt führt auch durch den unter Naturschutz stehenden *Sinharaja Rainforest*. Der dichte Dschungel ist etwa 130 km^2 groß und wird nur von einem schmalen Pfad durchkreuzt. Will man im Regenwald wandern, bedarf es einer Genehmigung (erhältlich beim Forest Department, 82 Rajamalawatte Rd., Battaramulla bei Colombo, ✆ 01/56 66 31).

In der Ebene vor Galle arbeiten ›Kokosfabriken‹. In trüben Tümpeln weichen die Schalen drei Wochen und werden dann auf gefährlich aussehenden Maschinen ausgekämmt. Die Arbeiter drücken die Schalen gegen rotierende, mit weit hervorstehenden Nägeln bewehrte Bänder. Die ausgekämmten Fasern werden in großen Trommeln getrocknet und zu Tauen verzwirnt.

›Kokosfabriken‹ sind offene, überdachte Plätze mit einfachen Maschinen. Man kann jederzeit anhalten und der Arbeit zusehen.

Von Galle entlang der Südküste

Unawatuna

In einer tropischen Traumbucht 4 km östlich von Galle liegt Unawatuna. 2 km weißer Sandstrand entlang der durch Riffe geschützten Bucht machen den Ort zu einem zunehmend beliebten Touristenziel. Die Bucht liegt zudem abseits der Küstenstraße und verfügt über etwas tropisches Hinterland. Am Westende der Bucht steht der alte Wella-Devale mit einer leuchtendweißen Dagoba. Vom Ostende der Bucht aus kann man immer wieder wunderschöne Sonnenuntergänge genießen, wenn die Sonne über dem Tempel steht.

Auch Unawatuna erlebt das Schicksal gut zugänglicher tropischer Traumbuchten. Die ursprünglich wenigen Fischerhütten sind langen Reihen von Holzhütten mit Pensionen, Rest und Guest Houses, Chai Shops und kleinen Restaurants gewichen. Am Ostende der Bucht entstand eine größere Hotelanlage. In wenigen Jahren könnte es auch mit dieser durchaus noch angenehmen Situation zu Ende sein, denn es sind mehrere

Malerische Insel bei Koggala

größere Hotelanlagen rund um die Bucht geplant. Dagegen hat sich eine örtliche Umweltschutzbewegung formiert, die ›Organization for Preservation of Unawatuna‹, 222 Matara Rd.; sie befürchtet das Schlimmste für die Küste, die Korallenriffs und die Meeresschildkröten, die den Strand zur Eiablage nutzen.

Unterkunft und Essen: **Hotel Nooit Gedacht, Galle Matara Rd., ☎ 09/2 34 49, ein 1735 gebautes prächtiges Residenzhaus für einen holländischen Gouverneur mit großen Zimmern und Palmengarten. Südlich, am Ende der Bucht: **Milton's Hotel, ☎ 09/5 33 12; **Una-watuna Beach Resort, ☎ 09/3 22 47; **Seaview Guest House, Wella Devalaya Rd., Fax 09/2 36 49, komfortable Zimmer (Bad), Bungalow für 4 Personen. An der Yeddehimulla Rd. Richtung Strand das *Sri Dhara Rest, *South Ceylon Restaurant and Lodging, gutes vegetarisches Restaurant, beide mit einfachen Zimmern und Gemeinschaftsbad; *Prema's Guest House; *Traveller's Rest; am Strand das *Happy Banana Restaurant and Guest House, einfache Zimmer, Bad und gutes Sea Food Restaurant; Beach Bungalows, einfache Zimmer mit Gemeinschaftsbad; *Amma's Guest House, einfache Zimmer mit Bad; im Unawatuna Beach Resort kann man die UBR Beach Cabanas am Westende der Bucht mieten.

Entlang des Strands gibt es eine Vielzahl von kleinen Restaurants und Terrassen mit Curry-Gerichten und Sea Food. Guten Kaffee und Carrot Cake gibt es an der Yeddahimulla Rd. im Restaurant Flamingo.

Verbindungen: Wer nicht mit dem Mietwagen unterwegs ist, sollte den Zug in Galle verlassen und mit dem Bus weiterfahren, denn es halten nur wenige Züge in Unawatuna, und es sind vom Bahnhof aus gut 2 km Fußmarsch bis zum Strand. Auch hier sei vor Schleppern gewarnt.

Koggala

Östlich von Unawatuna kommen an der oft felsigen Küste bald die ersten Stelzenfischer – auch Brandungsangler genannt – in Sicht. Der Grund fällt hier sehr steil ab, so daß sie bereits nahe dem Ufer in beträchtlicher Wassertiefe fischen. Auf in den Grund gerammten Pfählen sitzend, wird mit Scampis als Köder geangelt. Diese Art zu fischen ist im Ergebnis äußerst mager, und so wird die touristische Vorliebe für vermeintlich pittoreske Motive genutzt, durch oft vehement geforderte Fotogebühren den Lebensunterhalt aufzubessern.

Koggala war lange ein Fischerort, bezieht aber heute sein Einkommen aus der nahen Freihandelszone mit zahlreichen Textilfabriken. Der Koggala Lake diente im Zweiten Weltkrieg britischen Wasserflugzeugen.

Unterkunft: **Hotel Horizon, ✆ 09/5 32 97, 5 32 29; Koggala Beach Hotel, ✆ 09/8 32 43-4, Fax 8 32 60.

Strand bei Weligama

Weligama

In der weiten Bucht von Weligama liegt die anmutige kleine Insel **Taprobane Island**, die ein Engländer, Count Mauny, Ende der 1920er Jahre kaufte, um auf ihr einen Mustergarten anzulegen und ein Schmuckstück von einem Haus zu bauen. Die Insel hat mehrmals den Besitzer gewechselt. Derzeit gehört sie einem pensionierten Diplomaten Sri Lankas. Das bezaubernde

Haus ist ziemlich heruntergekommen, wurde jahrelang zu horrenden Preisen vermietet und wird derzeit renoviert. Die Insel ist über einen kleinen Isthmus zu erreichen, außer in den Monsunmonaten, wo sie völlig vom Meer eingeschlossen ist.

Weligama galt noch bis in die frühen 60er Jahre als einer der malerischsten Küstenorte des Landes. Endlose breite Strände, vorgelagerte Korallenriffs, die die Brandung brachen, und kaum Verkehr; heute führt die Küstenstraße A2 durch den Ort, und die Beschaulichkeit hat gelitten, aber die schönen Sandstrände sind erhalten geblieben.

Am Ortseingang von Weligama zweigt landeinwärts eine Straße zum Natha-Devale ab. Hier steht eine 4 m hohe Steinstatue des Bodhisattva Samantabhadra, dem Volksglauben nach der indische König Kusta Raja (der ›Lepra-König‹), der hier geheilt worden sein soll.

Matara

In Matara, nahe der Südspitze Sri Lankas gelegen, endet die Eisenbahn, und wer nun weiter mit öffentlichen Verkehrsmitteln nach Osten kommen will, muß den Bus benutzen. Anfang des 16. Jahrhunderts ließen sich die Portugiesen hier nieder, nahe der alten singhalesischen Siedlung Maha Tota, die einst Teil des Ruhuna-Königreichs gewesen war.

Zwei alte Forts zeugen von der Bedeutung der alten Festungsstadt. Auf der Landzunge zwischen Meer und Nilwala Ganga liegt das größere Matara Fort, das heute den größten Teil der Altstadt, eine Kirche aus holländischen Tagen und auch das Rest House beherbergt. Unter dem Gouverneur van Eck wurde das Star Fort 1763 auf der Festlandseite ausgebaut. Es ist heute in Privatbesitz, beherbergt eine Bibliothek und hat ein schönes, altes Eingangstor.

Malereien im Weherehena-Tempel

Matara mit seinen gut 50 000 Einwohnern gilt als das intellektuelle Zentrum des Südens, ja der ganzen Insel. Vor den Toren der Stadt liegt die angesehene Ruhuna-Universität. In den 1970er und 80er Jahren war die Uni (bzw. Matara) die Hochburg der sich marxistisch nennenden Mörderbanden der JVP, einer Organisation, der 1971 fast ein Staatsstreich gelang. Im Straßenbild fallen offene zweirädrige Karren auf, sogenannte *Hackeries*. Sie waren und sind noch das typische Transportmittel im Süden. Oft sieht man sie mit Tonschalen beladen, die darauf hindeuten, daß man die Gegend wirklich guten Joghurts erreicht hat. Besonders gut schmeckt er mit dem aus den Blüten der Kittul-Palme gewonnenen Sirup *(Treacle)*. An Neujahr finden mit viel begeisterter Anteilnahme die örtlichen Ochsenkarrenrennen statt.

Landeinwärts von Matara steht der **Weherehena-Tempel**, eine kuriose moderne Anlage. 1909 mit Spenden begonnen, ist der Tempel bis heute noch nicht ganz fertiggestellt. Beherrscht wird die Anlage von einem riesigen, 40 m hohen Buddha. Er steht auf einem ausgehöhlten Felsen, der mit mehr als 20 000 Comic-Bildern ausgemalt ist, die Leben und Lehre Buddhas veranschaulichen. Der immer gut besuchte Tempel zeigt, wie lebendig der Buddhismus in Sri Lanka ist.

🛏️ ❌ **Unterkunft und Essen:** Direkt am Fluß liegt das *Riverside Guest House, 96/1 Wilfred Gu-nasekera Mw., ✆ 41/2 22 15; Blick aufs Meer bietet das *Rest House, ✆ 0 41/2 22 99, mit ordentlichem Essen; im Ortsteil Browns Hill liegt die *South End Lodge and Chinese Restaurant mit ordentlichen Zimmern und gutem Essen, ✆ 0 41/2 21 19. Westlich von Matara, am Polhena Beach, liegen das *Polhena Reef Gardens Hotel, ✆ 0 41/2 24 78, und das *Sunny Lanka Guest House and Restaurant, ✆ 0 41/2 35 04, mit einfachen Zimmern.

Von Dondra Head zum Blow Hole

Dondra Head, 8 km östlich von Matara, hinter dem Traumstrand von Polhena, ist der südlichste Punkt der Insel. Blickt man von dem zwischen Palmen gelegenen Leuchtturm, dem höchsten der Insel, nach Süden, dann mit der Gewißheit, daß bis zur Antarktis nur noch Wasser kommt. Dem verschlafenen kleinen Ort sieht man heute seine Bedeutung im Altertum nicht mehr an. Schon Ptolemaios erwähnte den Ort unter dem Namen Dagana. Devi Nuwara (Stadt der Götter) hieß sie in Lanka, und der Volksmund sprach von Dondra (sprich Dondera). Im 7. Jahrhundert entstand der Maha-Vishnu-Devale, ein prächtiger Tempel zu Ehren Vishnus, der vor allem von See her mit seinem goldenen Dach und mehr als 1000 Säulen sehr prunkvoll gewirkt haben muß. Arabische Seefahrer priesen ihn, und Ibn Batuta beschrieb eine lebensgroße goldene Götterfigur mit Au-

Der Leuchtturm von Dondra

gen aus großen Rubinen. Mehr als 1000 Priester dienten in dem Tempel mit seinen 1000 Statuen. Den Portugiesen jedenfalls erschien der prachtvolle Tempel 1587 als lohnendes Ziel, um von ihrer Belagerung Colombos abzusehen. Barbaren gleich schliffen sie die Anlage, verbrannten, was sie an Schätzen nicht wegschleppen konnten, und ließen wenig übrig, außer ein paar Steinsäulen, die noch bis ins 19. Jahrhundert gestanden haben sollen. Heute findet zum Esala-Vollmond im Juli/August für Hindus und Buddhisten zu Ehren der Heiligkeit des Orts eine prächtige zehntägige Perahera statt.

In **Dickwella** zweigt eine Straße nach Beliatta ab zum **Wewurukannala-Tempel** mit der 1970 gebauten 50 m hohen und damit größten Buddha-Statue der Insel. An einem sehr schönen Strand nahe dem Fischerörtchen liegt das Dickwella Relais Club Resort, Bathigama, ✆ 0 41/5 52 71, mit angenehmen Zimmern und einer Tauchschule.

Zweigt man in Mawella zwischen Dickwella und Tangalla beim Kilometerstein 185 (Meilenstein 117) zur Küste hin ab und folgt der Straße 2 km bis zu einer Dagoba, gelangt man bald zu einem rechts liegenden, schlecht einsehbaren kleinen Fischerhafen. Am Ende des Hafens kann man auf einer Anhöhe ein seltenes Naturschauspiel bewundern, ein sogenanntes **Blow Hole**. Besonders während des Monsuns im Juni

200

preßt das Meer sein Wasser hier in bis zu 25 m hohen Fontänen in die Luft. Am Nachmittag sind die Wellen und damit die Naturfontänen, von denen es weltweit nur sechs gibt, meist am höchsten.

Tangalla

Tangalla, ein traditionelles kleines Fischereistädtchen, ist einer der neueren Badeorte an der Südküste. Herrliche Buchten und Strände, ein Dorado zum Schwimmen und Tauchen, erstrecken sich westlich und östlich des Orts. Östlich der Stadt ist der Medaketiya Beach schon etwas erschlossener mit zahlreichen kleineren Unterkünften. Einsamer ist es noch an den Stränden westlich von Tangalla.

Nördlich von Tangalla ragt der **Felsen von Mulgirigala** auf. Hier fand 1826 ein britischer Offizier in einer Klosterbibliothek Palmblattbücher, die es ermöglichten, die *Mahavamsa* (Große Chronik) aus der alten Palisprache zu übersetzen. Der 211 m hohe Felsen kann bestiegen werden und zeigt in Höhlen und Nischen Buddha-Figuren und Gemälde.

🛏️ 🍴 **Unterkunft und Essen:** 2 km westlich der Stadt liegt das sehr schöne ***Palm Paradise Cabana mit 20 Bungalows in einem Palmenhain mit gepflegtem kleinem Strand, ✆ 0 41/4 03 38, Fax 0 41/4 04 01, Kontakt in Deutschland über ✆ 02 11/36 57 72 und ✆ 0 89/22 16 36; 6 km westlich der Stadt liegt das **Manohara Beach

Cottage and Cabana, ✆ 0 71/2 46 90, Zimmer und Bungalows auf Pfählen; nahe der Stadt: **Tangalla Bay Hotel, ✆ 0 47/4 03 46; *Tangalla Beach Hotel (einfach); im Ort am Hafen: Rest House mit ordentlichen Zimmern, ✆ 0 47/4 04 49; östlich am Medaketiya Beach: *Anila Beach Inn, 23 Wijaya Rd., ✆ 0 47/4 04 46; *Catamaran Beach Home, ✆ ebenfalls 0 47/4 04 46.
Gut sind das Samaghi Restaurant nahe der Busstation und das Turtle Landing Restaurant in der Bucht vor dem Tangalla Beach Hotel.

Hambantota

Östlich von Tangalla, auf dem Weg nach Hambantota, überwiegen nun die Brauntöne in der Natur. Innerhalb weniger Kilometer ist man in die Trockenzone eingedrungen mit ihrem kargen, sandigen Charakter. Kakteen, flache Wasserstellen und Salzgewinnung prägen die Landschaft, die hier im Süden verblüffend dem Norden Sri Lankas um Jaffna ähnelt.

Hambantota ist eine Fischerstadt. In langer Reihe liegen die Auslegerboote auf dem Strand. Hier leben vor allem malaiische Moslems (etwa 10 000), die während der holländischen Kolonialzeit nach Ceylon kamen. Aus *sampan*, dem Wort für ihre großen Schiffe, wurde *hamban* und schließlich der Name der Stadt.

🛏️ **Unterkunft:** Hambantota hat ein besseres Hotel, das **Peacock Beach Hotel, Galwate, ✆ 0 47/2 03 77.

Vom guten *Rest House ✆ 0 47/2 02 99 hat man einen schönen Blick auf die Bucht.

Von hier führt die Straße nach Norden, weg von der Küste. An der Abzweigung nach Tissamaharama liegen am Wirawila-Tank zwei kleine Hotels: *Ibis Safari Lodge und Sanasuma. Sie eignen sich hervorragend, die zahlreichen Vogelarten des Tanks, wie Flamingos und Pelikane, zu beobachten.

Tissamaharama

Tissa, wie Tissamaharama kurz genannt wird, ist Ausgangspunkt für Safaris im Yala West National Park, und man kann von hier aus das *Kataragama-Fest* besuchen.

In diesen geschichtsträchtigen Teil der Insel flüchteten Könige und Thronfolger vor Bedrohungen und Intrigen. Überall stößt man auf verfallene Tanks, die anzeigen, daß hier einst eine Reiskammer der Insel war. Dagobas und Ruinen sind bislang wenig erforscht, stammen aber wohl aus dem 1.–3. Jahrhundert. Immerhin war Tissamaharama neben Anuradhapura und Polonnaruwa eine der alten Königsstädte der Insel. Von dieser südlichen Provinz Ruhuna aus eroberte König Dutthagamani im Jahr 161 v. u. Z. Anuradhapura zurück und einigte zum ersten Mal die gesamte Insel. Viele Ruinen harren noch ihrer Ausgrabung, zu sehen sind alte Dagobas wie die Maharama-Dagoba, die Menik-Dagoba, die Sandhagiri-Dagoba und die Yatala-Dagoba.

Dagoba von Tissamaharama

An letzterer förderten erste Ausgrabungen die Reste einer Elefantenwand ans Tageslicht. Lohnend ist eine Bootsfahrt auf dem idyllischen Stausee Tissa Wewa aus dem 3. Jahrhundert. Dies läßt sich am besten vom Tissa Wewa Rest House aus organisieren, das sehr schön direkt am Ufer liegt.

  Unterkunft und Essen: Im Ort: **Tissa Inn, ✆ 0 47/

ga, erwartet den Besucher. Es gibt zahllose Unterkünfte; zur *Kataragama-Esala-Perahera*, dem großen Fest zu Ehren des Kriegsgottes Kataragama im Juli oder August (je nach Vollmond), ist es jedoch völlig hoffnungslos, ein Zimmer zu finden. Das ganze Jahr über wird Kataragama von Pilgern besucht, zur *Esala* aber strömen sie zu Tausenden. Auch zu anderen Zeiten lohnt ein Besuch der heiligen Stätten, wo sich dreimal täglich die Pilger zur *Puja* versammeln.

Pilgerfest in Kataragama

Kataragama verliert sich in der Legende. Götter, Wunder, Glaube und Opfer sind zu einer mystischen, ja archaischen Sphäre und Kulisse verwoben, die dieses einmalige Pilgerfest umgeben. Das Hauptheiligtum des Orts und damit die Pilgerfahrt sind dem hinduistischen Kriegsgott *Skanda* (auch *Karttikeya* oder *Subrahmanya*) geweiht, der auf Lanka *Kataragama* heißt. Der Name des Gottes ist im Lauf der Zeit zum Namen des Orts geworden. Die Legende berichtet, daß Skanda als Hindu-Prinz namens Kumar nach Lanka kam. In Indien war er mit der Prinzessin Thevani Amma verheiratet. Auf der Pirsch im Dschungel, dort wo heute Kataragama liegt, sah er die Tochter eines Weddha-Häuptlings, die schöne Valli Amma. Nach einigen Verwirrspielen und einem Krieg mit den Weddhas machte er

3 72 33, saubere Zimmer; *Sakura Guest House and Restaurant, ☏ 0 47/3 71 98, ordentliche Zimmer und gutes Essen; *Riverside Inn and Restaurant, ☏ 0 47/3 71 01; **am See:** **Tissa Wewa Rest House, ☏ 0 47/3 72 88, gute Zimmer und gutes Restaurant.

Kataragama

Etwa eine halbe Autostunde nördlich von Tissamaharama liegt der Pilgerort Kataragama. Ein kleiner Ort, schön gelegen am Menik Gan-

Pilgerin in Kataragama

sie zu seiner zweiten Frau. Beiden Frauen sind Tempel geweiht, die beim Pilgerfest wichtige Funktionen haben. Einer anderen Legende zufolge soll Skanda auf dem Berg Kataragama nahe dem heutigen Dorf geboren worden sein. Dieser liegt übrigens auf demselben geographischen Längengrad wie der heilige Berg *Kailash*, der Götterberg der Hindus im Himalaja.

Auch den Buddhisten ist Kataragama heilig. König Dutthagamani soll dort Skanda einen Tempel geweiht haben, nachdem ihm, dem Buddhisten, der Gott während eines Kriegs riet, seine Armee in den Schatten einer Wolke zu führen und so dem Blick der Feinde zu

entziehen. Vor allem aber soll Buddha bei seinem dritten Besuch auf der Insel hier meditiert haben.

Kunstgeschichtlich bieten das Dorf und die heiligen Bezirke entlang des Flüßchens Menik Ganga wenig. Historische Bauwerke haben sich nicht erhalten. Erst 1950 schlug man eine befahrbare Straße von Tissamaharama durch den Dschungel zu dem 16 km nördlich gelegenen Kataragama. Bis dahin kamen die Pilger auf schmalen Dschungelpfaden zur *Kataragama-Esala-Perahera*, zur Prozession im Mondmonat Esala, wenn die gleichnamigen Bäume blühen. Während des übrigen Jahrs liegt das Dorf in einem Dornröschenschlaf.

Jedes Jahr an Neumond im Juli oder August erwacht es für 14 Tage zu einer bunten, lauten und fröhlichen Pilgerstadt, in die

Zehntausende von Gläubigen vor allem aus den von Tamilen besiedelten nördlichen und nordöstlichen Inselteilen kommen. Ganze Reihen von Blätterhütten und Holzbuden entstehen, wo bunte Süßigkeiten, Messingwaren und allerlei erdenklicher Tand feilgeboten werden, den die Pilger während ihres oft tagelangen Aufenthalts benötigen. Für den ›eiligen Pilger‹ werden sogar vorbereitete Opferschalen mit Früchten und Blumen angeboten. Gaukler und kleine Zirkustruppen unterhalten die Pilger, und über allem liegt der nie zu verstummen scheinende Klang der Trommeln und Flöten.

Der Menik Ganga trennt das Dorf von dem eigentlichen Tempelbezirk, den der Staat 1950 zum heiligen Areal erklärte. An den Ufern des Flüßchens lagern und wohnen die Pilger. Auf dem dorfzugewandten Ufer tanzen sie sich in Trance, formieren sich zu Gruppen und ziehen immer weiter tanzend und von Musikgruppen begleitet durch den Fluß zum Tempelbezirk. Viele tragen ein sogenanntes *Kavady* auf den Schultern: ein bogenförmiges hölzernes Gestell, das mit beiden Händen ausbalanciert wird und an dessen beiden Seiten Opfergaben wie Töpfe mit Milchreis oder Joghurt angehängt sein können. Das Gestell symbolisiert einen Teil des Götterbergs *Kailash*, den der Weise Agasthiyar auf Geheiß von Gott Shiva nach Südindien bringen sollte. Viel konkreter aber zeigt es die

Last, die der opferbereite Gläubige auf sich zu nehmen bereit ist. *Kavady* heißen deshalb auch die zahlreichen anderen in Kataragama üblichen Opferformen und Kasteiungen.

Für die Buddhisten ist die **Kiri-Vihara**, die Milch-Dagoba, das Pilgerziel. Die hinduistische Mehrheit hingegen zieht es zum **Mahadevalaya**, dem Hauptheiligtum mit drei Tempeln. Dort wird die Reliquie aufbewahrt, für die zehn Abende lang mit der Perahera der offizielle Teil des Pilgerfests stattfindet. Die Reliquie ist ein Stück Stoff, *Yantra* genannt, welches ein achteckiges Diagramm bzw. ein magisches Zeichen in Form eines Judensterns zei-

Opfergaben

gen soll, in dem die Silbe *om* steht, Kurzform für die Natur des Gottes. Angeblich wissen allein die beiden Oberpriester des Heiligtums, wie das *Yantra* wirklich aussieht. In einer kleinen, aber reich geschmückten Perahera wird die Reliquie auf dem Rücken eines Elefanten von Tempel zu Tempel getragen. In der zweiten Woche, wenn zusätzlich die Dreizacklanze des Gottes Kataragama, genannt *Vel*, aus Colombo eingetroffen ist, wird die Perahera prächtiger. In der letzten Nacht schließlich wird die Reliquie zu einer symbolischen Hochzeitsnacht in den Tempel der Valli Amma gebracht. Die Zeremonie des Wasserschneidens bildet am nächsten Morgen den Abschluß des Pilgerfests (s. S. 68).

Aber während in Kandy die Perahera der Mittelpunkt der Feiern ist, wird Kataragama von dem nicht endenden Zug der tanzenden, opfernden und sich kasteienden Gläubigen rund um den Tempel geprägt. Den ummauerten Bezirk des Tempels durchzieht ständig der säuerliche Geruch vergorener Kokosmilch. In einem besonderen Viereck zerschmettern die Gläubigen Kokosnüsse und opfern anschließend einen Teil der so geweihten Frucht. Was übrigbleibt, bekommen die Armen, um ebenfalls opfern zu können. Viel Rätselhaftes und Mystisches bleibt nach dem Besuch des Kataragama-Fests. Noch mehr beeindruckt aber der lebendige, fröhliche Charakter von Religion und Volksglauben.

Unterkunft und Essen

Unterkunft: Sieht man vom sehr schön gelegenen Rest House in Hambantota ab, weil die Anfahrt nach Kataragama zu weit erscheint, bleiben zum Übernachten Tissamaharama und Kataragama selbst. Für alle Besucher, die das Fest mit einer Rundfahrt im Yala West National Park verbinden wollen, besteht zudem die Möglichkeit, direkt am Parkeingang im Brown's Safari Beach Hotel oder im wesentlich größeren und besseren Yala Safari Beach Hotel Quartier zu machen. Man fährt dorthin über eine ziemlich schlechte Piste, was Zeit kostet. Wer also nur Kataragama sehen will, wohnt besser in Tissa oder im Ort selbst, in dem es zahllose Privatunterkünfte und kleine Rest Houses gibt. Empfehlenswert sind das *Ceylon Tourist Board Rest House, Depot Rd., ☎ 0 47/3 52 27, und das *New Rest House, Depot Rd., ☎ 0 47/3 52 99, 3 53 00.

Essen: Überall gibt es Stände mit leckeren Hoppers; einen Versuch wert sind das Bite Restaurant und das Darshana Cool Spot.

Verbindungen

Mit dem eigenen Wagen werden die meisten Besucher von Süden über Hambantota und Tissamaharama fahren. Es sei aber darauf hingewiesen, daß es seit einiger Zeit eine Straßenverbindung von Norden her nach Kataragama gibt. Die Abzweigung ist bei Butalla auf der Straße von Wellawaya an die Ostküste bei Pottuvil und Arugam Bay.

Mit der Bahn fährt man die Strecke entlang der West- und Südküste bis zur Endstation in Matara und von dort weiter mit **Bussen** bis Tissa und Kataragama. Keine andere Art der Anreise ist preiswerter. Die zweite Kombinationsmöglichkeit von Bahn und Bus führt zunächst mit der Bahn ganz hinauf ins Hochland bis zur Station Ella und von dort mit dem Bus hinab über Wellawaya nach Tissa und Kataragama. Natürlich kann man auch von Colombo direkt mit dem Bus nach Kataragama fahren.

Ausflug in den Yala West National Park

Von Tissamaharama ist eine gute Stunde Fahrtzeit einzukalkulieren, um an den Yala West National Park (Ruhuna National Park) zu gelangen. Die eigentliche Auffahrt führt über 19 km zum Teil abenteuerlicher Piste, und aus diesem Grund schon sollte man es sich gut überlegen, ob man eine Safari in den Park von Tissamaharama aus machen möchte oder lieber von den an der Parkgrenze gelegenen Safari-Hotels. Yala ist der größte Park der Insel (1250 km^2). Sein Ostteil ist seit Jahren aufgrund des Bürgerkriegs nicht zugänglich. Die Landschaft des Parks erinnert sehr an die afrikanische Savanne. Vergleichsweise offen, oft karg, mit Felsen und Wasserlöchern, dann aber wieder mit Flüssen, alten Bäumen und natürlich der Küstenlandschaft. Zu sehen sind vor allem von Dezember bis Mai Elefanten, Büffel, Krokodile, Affen, Pfau-

en, zahllose Vogelarten und gelegentlich Leoparden. Von Anfang August bis Mitte Oktober ist der Park geschlossen. Manchmal gibt es Touren, bei denen man kaum etwas sieht, dann wieder Expeditionen, bei denen man im Jeep mitten zwischen Elefanten steht und sie in Ruhe beobachten kann. Die Morgensafari von 5.30 Uhr bis mittags hat sich als ergiebiger erwiesen. Man sollte nur die Touren machen, die die Hotels organisieren, alle anderen, auch die vermeintlich billigen, sind unseriös, und man sollte sie tunlichst meiden. Vor Angeboten am Parkeingang sei besonders gewarnt, hier wird ein überteuerter Touristenpreis verlangt.

🛏️ 🍴 **Unterkunft und Essen:** Touren werden angeboten vom ****Yala Safari Beach Hotel, ☎ 01/69 88 19, 69 92 26, mit guten Zimmern, gutem Restaurant und mit freundlichem Management; vom **Tissamaharama Rest House und vom *Browns Safari Beach Hotel am Rand des Parks, ☎ 0 47/2 03 26; es ist etwas heruntergekommen. Gruppen ab fünf Personen können im Park Bungalows für mehrere Tage mieten. Ein Housekeeper und Koch sind dabei, Vorräte muß man mitbringen. Die Bungalows liegen oft sehr schön und sind in gutem Zustand. Informationen und Buchung beim Department of Wildlife Conservation, 82 Rajamalwatta Rd., Battaramulla bei Colombo, ☎ 01/56 70 83.

Palmenallee in Peradeniya ▷

TIPS & ADRESSEN

Alle wichtigen
Informationen rund
ums Reisen – von
der Anreise bis Zeit –
auf einen Blick.

Ein Sprachführer
hält die wichtigsten
Redewendungen
bereit, ein Glossar
die gebräuchlichsten
religiösen und kunst-
historischen Begriffe.

INHALT

REISEVORBEREITUNG & ANREISE

Information

Für Deutschland, Österreich und die Schweiz unterhält das *Ceylon Tourist Board* folgende Informationsstelle:
Allerheiligentor 2–4
60311 Frankfurt/M.
☏ 0 69/28 77 34 u. 28 82 16
Fax 0 69/28 83 71
Internet: www.lanka.net/ctb

Diplomatische Vertretungen

...in Deutschland
Botschaft der Republik Sri Lanka
Niklasstraße 19
14193 Berlin
☏/Fax 0 30/80 90 97 64
Mo–Fr 9.30–12.30 Uhr

Indische Botschaft
Braunscheidtstraße 7, 53113 Bonn
☏ 02 28/5 40 50 u. 5 40 51 31
Fax 5 40 51 54

...in Österrreich
Botschaft der Republik Sri Lanka
Rainergasse 1, 1040 Wien
☏ 01/5 03 79 88, Fax 5 03 79 93
E-Mail: embassy@srilanka.at

...in der Schweiz
gibt es keine diplomatische Vertretung von Sri Lanka. Schweizer Bürger müssen sich an die Botschaft in Deutschland oder Österreich wenden.

...in Sri Lanka
Botschaft der BRD

40, Alfred House Avenue
Colombo 3
01/58 04 31-4, Fax 58 04 40
Mo–Fr 9–12 Uhr

Ein- und Ausreise-bestimmungen

Einreise
EU- und Schweizer Bürger erhalten bei der Einreise in Sri Lanka eine Aufenthaltsgenehmigung für 30 Tage, vorausgesetzt der Reisepaß ist für diese Zeit noch gültig.

Touristen bekommen die Aufenthaltsgenehmigung in der Regel um zweimal einen Monat verlängert, so daß insgesamt eine Aufenthaltsdauer von drei Monaten möglich ist (gegen eine Gebühr von jeweils ca. 500 Rupien): *Department of Immigration and Emigration*, 6 Galle Buck Rd., Fort Colombo 1, ☏ 01/43 63 53, Mo–Fr 8.30–12 und 13–16.15 Uhr, geschlossen an Feiertagen. Der Eingang der Behörde liegt am Marine Drive, ebenso bei der Bambilapitiya Junction in der Station Rd.

Die Verlängerungen sollten einige Tage vor dem Ablauf der Aufenthaltsgenehmigung vorgenommen werden. Dazu müssen Umtauschquittungen vorgelegt werden, die nachweisen, daß man etwa den Gegenwert von 500 US-$ umgetauscht hat. Außerdem kann man nach dem Stand der Reisekasse gefragt werden. Gefordert sind der Gegenwert von etwa 15 US-$ pro Tag. Auch ein gültiges Rückflugticket muß vorgelegt werden. Nach drei Monaten kann eine nochmalige Verlängerung um 90 Tage beantragt werden, die 2500 Rupien kostet.

Ausreise

Einzelreisende müssen auf jeden Fall darauf achten, wenigstens 48 Stunden vor dem Rückflug ihre Buchung noch einmal bestätigen zu lassen. Gewöhnlich wird erwartet, daß man drei Stunden vor Abflug am Flughafen ist, zwei Stunden tun es aber auch.

250 Rupien dürfen ausgeführt werden, man muß aber daran denken, daß noch eine Flughafengebühr von 400 Rupien pro Person zu entrichten ist.

Das Gepäck wird beim Betreten des Flughafens durch eine Röntgenkontrolle geschickt, die als *film-save* angegeben wird. Wer kein Risiko eingehen will, läßt seine Filme aber besser durch einen *hand-check* kontrollieren.

Devisen und Zollvorschriften

Die Ein- und Ausfuhr von Devisen in jeglicher Form außer pakistanischem und indischem Bargeld ist unbegrenzt möglich, muß aber ab einem Wert von über 5000 US-$ deklariert werden. Die Landeswährung unterliegt Ausfuhrbestimmungen und darf über 250 Rupien nicht außer Landes gebracht werden.

Die Zollbestimmungen bei der **Einreise** werden großzügig gehandhabt. 200 Zigaretten, 1,5 Liter Spirituosen, zwei Kameras und 24 Filme sind erlaubt. Ebenso eine Videokamera mit zehn Kassetten. Streng verboten ist die Einfuhr von Drogen und pornographischem Material.

Bei der **Ausreise** ist eine Zollerklärung auszufüllen, in der man alles aufführen muß, was einer Sondergenehmigung bedarf: Edelmetalle, Antiquitäten, die älter als 50 Jahre sind, Elfenbein, Tierfelle etc. Pro Person dürfen 3kg Tee zollfrei ausgeführt werden. Für eine niedrige Zollgebühr kann man bis zu 7 kg mitnehmen. Am anderen Ende in Europa aber schlägt der Zoll bereits ab 100 g zu!

Gesundheitsvorsorge

Impfungen sind für einen Besuch Sri Lankas nicht notwendig, es sei denn, man reist aus einem akuten Cholera- oder Gelbfiebergebiet ein. Solche Epidemien treten in Südamerika und Afrika auf, selten auch in Indien und Bangladesh. Eine Gesundheitsvorsorge kann sich in der Regel deshalb auf prophylaktische Maßnahmen beschränken. Das gilt vor allem für Malaria. Da viele Erreger resistent gegen bestimmte Mittel geworden sind, empfiehlt sich nach Rücksprache mit dem Gesundheitsamt oder mit einem Tropeninstitut eine Kombination von Medikamenten.

Zur Prophylaxe gehört es auch, unter dem Moskitonetz zu schlafen, räuchernde *Coils* zu verwenden und sich insgesamt vor Moskitos zu schützen. Wer nicht gestochen wird, kann nicht krank werden!

Empfehlenswert kann auch eine *Gammaglubolin-Injektion* sein, um sich vor Hepatitis zu schützen. Hier gilt es aber ebenso wie bei Typhus oder Cholera, vor allem auf absolute Hygiene zu achten. Es beginnt mit häufigem Händewaschen; rohes Gemüse, Salat und ungeschältes Obst gilt es ebenso zu meiden, wie Wasser, sofern es nicht 20 Minuten abgekocht ist, und Eiswürfel. Flaschen (z. B. Mineralwasser) sollten grundsätzlich am Tisch geöffnet weden. Auch zum Zähneputzen sollte das überall erhältliche Mineralwasser verwendet werden.

In Sri Lanka hat der Sextourismus ein nicht unerhebliches Ausmaß erreicht, vor allem in Hikkaduwa und Negombo. Neben dem moralischen Aspekt (s. S. 24) dieses Phänomens besteht selbstverständlich eine hohe Gefahr, sich mit Geschlechtskrankheiten und HIV zu infizieren.

Die Reiseapotheke sollte auf alle Fälle Mittel gegen Darmerkrankungen enthalten; ferner Aspirin, Heftpflaster, Desinfektionssalbe oder Jod und ein Breitbandantibiotikum.

Reisekasse

Die Währung Sri Lankas ist die Rupie (1 Rupie = 100 Cents). Der Ursprung des Wortes Rupie oder englisch Rupee stammt aus dem Sanskrit. Rupa hieß das Silber. Es gibt Banknoten von 2, 5, 10, 20, 50, 100, 500 und 1000 Rupien. Münzen unter 25 Cents sind selten, da sie praktisch keinen Kaufwert darstellen. Beim Umtausch von Bargeld oder besser Travellerschecks lohnt es sich, nach der Gebühr zu fragen, die stellenweise sehr hoch sein kann. Die niedrigsten Gebühren verlangen die staatlichen Peoples Bank und die Bank of Ceylon.

Weitere Informationen s. S. 228 f.

Reisekleidung

Viel Baumwolle, wenig Kunstfasern! Nehmen Sie nicht zuviel mit, Hotels haben einen schnellen und preiswerten Wäscheservice; Pullover oder Strickjacke fürs Bergland und für klimatisierte Räume; Regencape für Monsungüsse. Auf ›offizielle‹ Garderobe können Sie verzichten. Allein im Hill Club in Nuwara Eliya herrscht Krawattenzwang (an der Rezeption zu leihen). Feste Schuhe brauchen Sie im Bergland, ansonsten Sandalen, die vor allem bei Tempelbesuchen, wo man häufig die Schuhe aus- und anziehen muß, nützlich sind. Badekleidung ist beim Besuch heiliger Stätten absolut deplaziert! Sonnenbrille und Kopfbedeckung sind unerläßlich. Leichte Baumwollhemden, Hosen und Röcke stellen örtliche Schneider schnell und preiswert nach Maß her.

Klima und Reisezeit

Die Temperaturen liegen das ganze Jahr über gleichbleibend zwischen 25 und 30 °C. Im Bergland oberhalb 2000 m kühlt es nachts bis auf 5 °C ab. Die Tage sind immer gleich lang. Kurz nach 18 Uhr geht die Sonne unter, 20 Minuten später ist es dunkel. Jahreszeiten schafft allein der Monsun. Für die Westküste ist die beste Reisezeit unser Winter von Mitte November bis Ende März. In den europäischen Sommermonaten sind die Ostküste das richtige Reiseziel. Von Mitte April bis in den August hat die West- und Südwestküste ihre Regenzeit mit rauher Brandung, von November bis Januar die Ostküste. Entsprechend bietet sich die Westküste zwischen November und März, die Ostküste von Februar bis Oktober als Reiseziel an. Februar/März ist die ideale Reisezeit auf der gesamten Insel. Die Süd- und Südostecke ist von beiden Monsunen weitgehend verschont und das ganze Jahr über angenehm. Die westlichen und östlichen Teile des Hochlands gleichen in ihren Wetterregeln der West- und Ostküste, die hohen Lagen sind das ganze Jahr über für Regenfälle gut.

Auch während der Monsunzeiten regnet es nicht ununterbrochen. Die Vormittage sind im allgemeinen schön. Allein im Bergland kann es tagelang ohne Unterlaß regnen.

Anreise

Seitdem der Bürgerkrieg die Fährverbindungen zwischen Südindien und Sri Lanka unterbrochen hat, stellen Flugverbindungen die einzige Reisemöglichkeit nach Sri Lanka dar. Mehrfach in der Woche fliegt Air Lanka von Frankfurt/M. nonstop nach Colombo. Auf dem Rückflug finden Zwischenstops entweder in Zürich oder in Paris statt. Air Lanka fliegt zum Teil mit modernen Airbus-Maschinen.

Air Lanka Büros
... in Deutschland
Schwindstraße 3
60325 Frankfurt/M.
✆ 0 69 /97 57 39 23
Fax 97 57 39 29

... in Österreich
Rainergasse 1
1040 Wien

✆ 01/5 03 57 07–8
Fax 5 03 57 10

... in der Schweiz
Reitergasse 6
Zürich
Postfach 8021
✆ 01/2 41 20 90
Fax 2 41 77 38

Charterfluggesellschaften wie Condor und LTU fliegen nicht nur die Pauschalurlauber der Reiseunternehmen, sondern auch Einzelreisende.

Zahlreiche Fluglinien bieten ab Frankfurt/M. mit dem Umweg über ihr Heimatland Flüge nach Colombo an: Air France, KLM, Aeroflot, Balkan Air, Royal Jordanien, Gulf Air, Emirates, Pakistan International und Singapore Airlines. Ein Preisvergleich lohnt immer. Auch *Last-Minute*-Flüge können preiswert sein. Anfragen bei:

LTU
Düsseldorf, Flughafen
✆ 02 11/9 41 80 29–0 30
Frankfurt/M., Flughafen
✆ 0 69/9 21 09 50

Last Minute Tours
Frankfurt ✆ 0 69/69 07 73 30
Hamburg, ✆ 0 40/50 75 11 75
Köln ✆ 02 21/ 50 50 75
München ✆ 0 89/97 59 95 30

Flugankunft
Sri Lankas internationaler Flughafen heißt Katunayake und liegt ca. 30 km nördlich von Colombo. Paß und Zollkontrollen verlaufen zügig, es gibt grüne Durchgänge für Passagiere ohne zollpflichtige Waren.

In der Hotelhalle gibt es einen Informationsschalter des *Ceylon Tourist*

Board ebenso wie Wechselschalter und die Möglichkeit, nahezu alle großen Hotels in und um Colombo zu buchen. Der Geldumtausch ist hier zu empfehlen, die Kurse und Gebühren sind günstig. Ferner gibt es Restaurants und die Möglichkeit, nach der Ankunft zollfrei einzukaufen.

Neben den Taxis (rund 1000 Rupien) fahren Hotelbusse nach Colombo. Der preiswerteste Weg, in die Hauptstadt zu kommen, sind die zwischen 5 und 22 Uhr alle 30 Minuten verkehrenden Busse zur Central Bus Station im Stadtteil Pettah (Abfahrt von dem großen Parkplatz gegenüber dem Empfangsgebäude; Preis ca. 10 Rupien). Auch nach Negombo fahren Busse zu ähnlichem Preis. Gelegentlich fährt ein Zug vom Airport Bahnhof zur Colombo Fort Railway Station (Preis unter 10 Rupien).

Vom nahen Flughafen Seeduwa aus gibt es Helikopterverbindungen zum südlich Colombos gelegenen Inlandsflughafen Ratmalana. Von hier werden die Hotels im Süden angeflogen. Informationen:

ACE Helikopter Service
☏ 01/32 78 61–8

UNTERWEGS AUF SRI LANKA

Sri Lanka verfügt als Erbe der Kolonialzeit über eine gut ausgebaute Infrastruktur. Das Straßennetz insbesondere im Westen und Süden wie auch nach Kandy und Hatton wird weiter ausgebaut. Oft genug aber sind die Straßen schmal und in mäßigem Zustand. Eisenbahnverbindungen gibt es in nahezu alle Teile der Insel, lediglich die Bürgerkriegsgebiete im Norden und Nordosten werden nicht mehr angefahren. In Sri Lanka gilt Linksverkehr!

... mit dem Bus

Fast jedes Dorf verfügt über einen Busbahnhof, von dem der Rest der Insel erreichbar ist. Das Busnetz wird entweder durch die staatlichen CTB/SLTB-Busse oder durch private Minibusse unterhalten. Die Preise sind sehr niedrig! Dafür muß man auf Komfort verzichten. Oft sind die Busse ›durchgeritten‹, und meistens sind sie überfüllt. Am wenigsten sind die hinteren Sitzplätze zu empfehlen. Die Plätze hinter dem Fahrer sind oft für Mönche reserviert und müssen gegebenenfalls frei gemacht werden. Viele Busfahrer scheinen für Autorennen zu trainieren, und falls einer zu waghalsig fährt, sollte man aussteigen, der nächste Bus kommt bald.

Neu, klimatisiert und zumeist wesentlich komfortabler sind die sogenannten Intercity-Busse, die ohne Stopp zwischen ihren Zielorten verkehren. Sie sind doppelt so teuer wie reguläre Busse, aber deutlich angenehmer.

Information
Circulation Department
Lake House, Colombo
☎ 01/42 11 81

... mit dem Zug

Sicherer, wenn auch langsamer als die regulären Busse sind die Zugverbindungen. Mehr als 1500 km Schienen durchziehen das Land.

Einen hervorragenden Überblick über Bahnstrecken und Tricks und Kniffe beim Zugfahren liefert der Führer *Sri Lanka by Rail* von Royston Ellis, 1994 bei Bradt Publications in England erschienen. Am Flughafen und in den meisten Hotels liegt das Heft *This month in Sri Lanka* aus, das einen kompletten Zugfahrplan für alle Strecken bietet.

Die Preise in der (unbequemen) 3. Klasse sind unwesentlich höher als die Buspreise. Aber auch die 2. Klasse (Polstersitze) und die nur selten angebotene 1. Klasse sind für europäische Verhältnisse preiswert. Außer einem Sitzplatz kann man auch Liegesitze oder Schlafwagenplätze reservieren.

Bahnreisen über 50 Meilen können für 24 Stunden unterbrochen werden, vielleicht um etwas zu besichtigen und tags darauf weiterzufahren. Als Gruppe zwischen 20 und 35 Personen ist es sogar möglich, einen eigenen kleinen Dieselzug zu mieten.

Information
Das *Railway Information Centre* außen an der Colombo Fort Railway Station gibt Zugverbindungen wie Preise bekannt und hält gelegentlich auch Fahrpläne bereit, darüber hinaus informiert es auch über Rund- und Gruppenreisen:
☎ 01/43 58 38, 43 42 15, 43 29 08.

... mit dem Taxi

Taxis gibt es in allen größeren Orten, auch wenn sie nicht sofort als solche zu erkennen sind. Außer in Colombo, wo mittlerweile Funktaxi-Unternehmen zu Diensten stehen, sind Taxen nicht gekennzeichnet. Da es nur selten Taxameter gibt, muß man vor dem Start den Fahrpreis vereinbaren. 20 Rupien pro km sind eine Faustregel.

Günstiger und auf kurzen Strecken viel unterhaltsamer sind die *Tuk-Tuk* genannten Dreiradtaxen (Three Wheeler).

... mit dem Mietwagen

Die individuellste und einfachste Art, die Insel kennenzulernen, ist mit dem Mietwagen. Dabei sind Selbstfahrer die absolute Ausnahme und keine empfehlenswerte Möglichkeit. Wagen mit Fahrer sind billiger, und zudem ist das Unfallrisiko als Selbstfahrer erheblich, gar nicht zu reden von Versicherungsproblemen und von bürokratischen Hindernissen beim erforderlichen Umschreiben des Führerscheins.

Das *Tourist Board* und die Hotels vermitteln Leihwagen mit Fahrer. Die Kosten belaufen sich je nach Wagen auf 15–25 Rupien pro km, zusätzlich bekommt der Fahrer 100 Rupien täglich.

... mit dem Motorrad

In Colombo und auch an Badeorten wie z. b. Negombo und Hikkaduwa kann man Motorräder mieten. Abgesehen davon, daß man im Verkehr höllisch aufpassen muß (absolut defensive Fahrweise!), gilt es in den Verträgen genau die Versicherungsklauseln zu studieren.

Das Angebot an Maschinen reicht von 50 bis 500 ccm, Kosten pro Tag zwischen 200 und 500 Rupien. Zusätzlich ist eine Kaution zu hinterlegen. Es besteht Helmpflicht.

... mit dem Fahrrad

An allen Touristenorten sind Fahrräder zu leihen. Die Kosten betragen zwischen 10 und 50 Rupien am Tag.

Falls kein Schloß vorhanden ist, sollte man eines kaufen.

... mit dem Flieger

Ein Rundreisevergnügen der dritten Dimension bieten Hubschrauberflüge mit Maschinen der Luftwaffe; Auskunft gibt *Heli Tours*, Sir Chittampalam Gardiner Mw., Colombo, ☎ 01/3 31 84.

Lion Air unterhält ein Inlandsflugnetz mit Propellermaschinen. Vom Ratmalana Airport im Süden Colombos bestehen tägliche Verbindungen nach Trincomalee, Batticaloa, Anuradhapura, zum Yala West National Park (Wirawila), nach Sigiriya, Koggala, Ampara und Vavuniya. Buchungen über *Air Wing Tours*, 68 Colombo Rd., Negombo, ☎ 0 31/81 55.

UNTERKUNFT

Einen guten Überblick vermittelt die mehrfach im Jahr vom Ceylon Tourist Board herausgegebene und aktualisierte Broschüre *Accomodation Guide*, die leicht erhältlich ist (s. S. 211, ›Information‹).

Klassifizierung der Unterkünfte im Reiseteil

*	bis zu 15 DM
**	15–30 DM
***	30–50 DM
****	50–100 DM
*****	über 100 DM

Zumeist wird eine Service Charge von 10 % erhoben. Preiswerter sind die staatlichen *Rest Houses*. Allerdings variieren sie stark in Qualität und Leistung. Oft sind Rest Houses in alten Kolonialgebäuden untergebracht und verfügen immer über ein Restaurant mit überwiegend einheimischer Küche. Die Preise liegen zwischen 15 und 45 DM.

Guest Houses sind private Unterkünfte in den Küstenorten, aber auch an anderen Touristenplätzen. Sie haben meist wenige Zimmer, sind preiswert (8–24 DM) und bieten gelegentlich Gemeinschaftsbäder. Es lohnt sich immer, die Bettwäsche zu inspizieren, auf Moskitonetzen und funktionierenden Ventilatoren zu bestehen und auf den Betten Probe zu liegen.

Ein ähnliches Preisniveau bieten die entlang der Küsten gelegenen sogenannte *Cabanas*. Es sind meist einfache, aber malerische Hütten, doch gibt es auch ausgesprochen luxuriöse Beispiele.

Oft noch preiswerter sind Privatunterkünfte, die *Paying Guest Accomodation* heißen und praktisch auf Nachfrage überall zu finden sind. Man kann großes Glück haben und netten Familienanschluß finden. Auch hier unbedingt auf Hygiene achten.

Schließlich bieten noch die Jugendherbergen YMCA, YWCA und YMBA eine Möglichkeit, in den größeren Städten preiswert unterzukommen.

ESSEN & TRINKEN

In Sri Lanka kann man sich vor allem in den touristischen Gebieten mit westlicher, chinesischer oder Thai-Küche verpflegen. Man kann sich aber auch auf das Abenteuer der einheimischen Kochkunst einlassen und sollte es auch unbedingt. Sri Lanka war schon immer als *die* Gewürzinsel berühmt, wen wundert es da, wenn hier scharf gewürzt wird.

Den Mittelpunkt der Kochkunst bilden Reisgerichte, meist als *Rice and Curry* bezeichnet. Jeder Koch, jede Hausfrau hütet ihre *Curry* genannte Gewürzmischung, mit der die Beilagen zum Reis gewürzt werden. Das kann Fisch oder Fleisch sein, auch Eier und Gemüse. Kokosnus, Chutneys und *Pappadam*, Getreidefladen, die in Öl ausgebacken werden, gehören ebenfalls dazu.

Der Reis kann von sehr unterschiedlicher Qualität sein. Sehr gut schmecken dunkle Reissorten sowie der feine weiße *Basmatireis*, der ursprünglich aus Indien stammt.

Fisch wird am Meer und an den Binnenseen gern gegrillt oder in Currys verwendet.

Zum Nachtisch bietet die einheimische Küche neben der großen Vielfalt von Früchten ein aus Büffelmilch gewonnenes *Joghurt* oder *Watapallam*, einen dunklen Eierpudding, der mit *Jaggery*, einem aus der Kitulpalme gewonnenen Zucker, versüßt wird.

Ein typisches Frühstück geht nicht ohne *Hopper* ab. Es ist ein in Schüsselform ausgebackener Reisteigfladen, den man mit Früchten, Eiern oder Currys füllt. Reispfannkuchen können je nach Gegend und tamilischem, singhalesischem oder asiatischem Ursprung *Pittu, Thosai, Idlis* oder *Rotis* heißen und werden ebenfalls süß oder scharf verfeinert. Durchaus an unseren Milchreis erinnert *Kiribath*, der mit Jaggery gegessen wird.

Vegetarier können in Sri Lanka überall schmackhafte Gerichte erwarten. Man frage nur nach *Ellawallu*, was auf singhalesisch sowohl Gemüse als auch ›vegetarisch‹ bedeutet.

Wasser und Mineralwasser sind und bleiben die besten Durstlöscher auch auf Sri Lanka. Wasser **nur (!)** in abgekochtem Zustand trinken. Keine Eiswürfel benutzen, keinen Salat zu sich nehmen, der mit ›unbekanntem‹ Wasser gewaschen wurde. Mineralwasser wie andere Flaschen am Tisch öffnen lassen. Ein ebenso erfrischendes wie durstlöschendes Getränk ist die *King Coconut*, die an Ständen entlang der Straßen, auf Märkten und in Hotels angeboten wird. *Tee* gibt es natürlich überall, wem er zu süß ist, der bestelle ihn ohne Zucker (*Tschini Natuwa* auf singhalesisch und *Tschini Ille* auf tamil).

Die lokalen Biersorten, Lion und Three Coin, sind durchaus genießbar. Gewöhnungsbedürftig ist hingegen der gärfrische *Toddy* aus Kokosblütensaft, während der aus Toddy gebrannte *Kokos-Arrack* äußerst schmackhaft ist.

URLAUBSAKTIVITÄTEN

Angeln

Angelfreunde können in Bergbächen, Stauseen und beim Hochseeangeln auf ihre Kosten kommen. Auskunft geben und Touren arrangieren:

Ceylon Anglers Club
Chatiya Rd., Colombo 1
☎ 01/2 17 52
Department of Wildlife Conservation
Dehiwela, ☎ 01/ 56 70 83
Hill Club (☎ 0 52/26 53) und *Grand Hotel* (☎ 0 52/28 81) in Nuwara Eliya

Es lohnt immer die Nachfrage an der Hotelrezeption.

Golf

Der *Royal Golf Club* (neun Löcher) liegt an der Modell Farm Rd., Colombo 8, ☎ 01/59 54 31.

In Nuwara Eliya liegt die schönste Anlage Asiens, die 18-Loch-Anlage des *Nuwara Eliya Golf Club*. Er gehört zum Hotel Hill Club. Für eine befristete Club-Mitgliedschaft (100 Rupien) steht er jedermann offen, Green Fees 600 Rupien,
☎ 0 52/26 53–4.

Ausrüstung ist in den Clubs zu leihen, die einheimischen Caddies warten nur darauf, ihre Dienste anbieten zu können.

Meditationskurse

Eine Möglichkeit, sich näher mit dem Buddhismus zu beschäftigen, ist die Teilnahme an einem Meditationskursus. Mehrere Meditationszentren in Sri Lanka bieten solche Kurse für Tage oder auch Wochen an. Viel mehr als eine Decke, ein Insektenschutzmittel und eine Taschenlampe braucht man nicht. Die eigentlichen Kurse werden auf Spendenbasis bezahlt, für die Verpflegung muß man jedoch selbst aufkommen.

Drei Zentren bieten **Informationen und Literatur:**
Buddhist Cultural Centre
125 Anderson Rd.
Nedimala, Dehiwala
✆ 01/71 42 56, tägl. 8–18.30 Uhr
Buddhist Information Centre
50 Green Path (Ananada Kumaraswamy Mw.), Colombo 3
✆ 01/2 30 79
Buddhist Publication Society
54 Sangharaja Mw., Kandy
✆ 08/2 36 79

Meditationszentren

Nilambe Meditation Centre, 15 Meilen von Kandy nahe der Nilambe Bungalow Junction. Ab Kandy mit dem Bus, dann den weißen Pfeilmarkierungen durch die Teeplantage folgen.
Rockhill Hermitage, Wegirikande, Hondiyadeniya (ab Kandy Buslinie 645 über Gampola), bietet nicht immer angeleitete Meditationskurse an.
Sri Jamieson Hermitage, Samadhi Mw., Ampitiya (Bus ab Kandy). Schriftliche Anmeldung verlangt das *Vipassana Meditation Centre* in Kanduboda, Degoda, 10 km von Colombo.

Auch das *Buddhist Cultural Centre* (s. o.) verlangt schriftliche Anmeldung. Eine Dependance befindet sich in Horana bei Kalutara.

Segeln

Colombo Rowing Club
51/1 Sir Chittampalam Gardiner Mw.
Colombo 2, ✆ 01/3 57 58
Kelani Yacht Co.
1 A Dharmaraja Mw., Colombo 3
✆ 01/58 57 07
Royal Colombo Yacht Club
Colombo Harbour, Colombo 1
✆ 01/ 3 49 26
Ceylon Motor Yacht Club
Indebedda Rd., Belgoda Lake
Moratuwa
Ranmal Holiday Sport
Galle Rd., Gorakana, Moratuwa
✆ 0 72/70 67

Surfen

Zum Windsurfen gibt es von Jahr zu Jahr mehr Möglichkeiten in allen Touristenzentren. Die besten Anlagen bietet die derzeit kaum zugängliche Ostküste vor Nilaveli. Das Zentrum der Wellensurfer liegt in Arugam Bay im Südosten der Insel.

Tauchen

Sri Lanka ist umgeben von Korallenriffen und gesunkenen Schiffen, die ideale Tauchziele abgeben. Allerdings nur zu bestimmten Zeiten, denn der Monsun wühlt das Meer auf. Es ist dann schwer, zu den Tauchgebieten zu gelangen, und Strömungen machen den

Tauchgang ebenso anstrengend wie gefährlich. Aber irgendwo rund um die Insel ist immer Saison. Häufig gibt es lohnende Tauchziele vor Inselteilen, die touristisch weniger erschlossen sind: lange Zufahrten oder einfachere Übernachtung sind einzuplanen.

Das lohnendste Tauchziel an der Westküste ist das *Bar Riff* vor der Landzunge von Puttalam, auch die Perlenbänke vor Arripu, südlich von Mannar, sind empfehlenswert. Am fischreichsten und reich an ausgefallenen Steinformationen sind die *Basses Riffe* vor dem Yala West National Park. Vor Passekudah locken zahlreiche Wracks. Ein spannendes Tauchziel liegt hier 8 km vor der Küste: 1942 sank dort der britische Flugzeugträger Hermes und liegt in 60 m Tiefe – nur für erfahrene, trainierte Taucher.

Auskünfte über Verleihfirmen und aktuelle Entwicklungen gibt das *Ceylon Tourist Board*. Auch Hotels bieten Tauchmöglichkeiten. Kleine Tauchschule unter deutscher Leitung: *Let's Dive*, Hauptstr. 4, 86736 Auhausen-Dornstadt, ✆/Fax 0 90 82/16 28, Internet: www.vr-web.de/~let-s-dive

Firmen, die Tauchausflüge durchführen

Aqua Tours Ltd.
108 Rosmead Pl., Colombo 7
✆ 01/9 51 70
Underwater Safaris
Barnes Pl., Colombo 7
✆ 01/9 40 12, 9 42 55
Coral Gardens Resort, Hikkaduwa
✆ 09/5 70 23, Fax 09/5 71 89
Poseidon Diving Station
Galle Rd., Hikkaduwa, ✆ 09/5 72 94

NATURSCHUTZ UND NATIONALPARKS

Meeresschildkröten

Zwischen Beruwala und Hikkaduwa weisen immer wieder Schilder auf Sea Turtle-Farmen hin, deren Besuch man sich nicht entgehen lassen sollte. Besonders empfehlenswert ist die ›Sea Turtle Protection Association‹ in Bentota South (tägl. 8–18 Uhr). Die Farmen kaufen, meist für 1–3 Rupien, den Fischern Schildkröteneier ab, die diesen entweder in die Netze gegangen sind oder aber am Strand ausgegraben wurden. Die Eier werden dann auf den Farmen wieder eingegraben. Nach nur 48 Tagen schlüpfen die winzigen Schildkröten und werden in Wasserbecken aufgezogen – allerdings nur für drei Tage, um sie zu stärken. Ein längerer Aufenthalt könnte ihre natürlichen Instinkte schädigen, die die Winzlinge hinaus ins Meer drängen, wie man selbst erleben darf.

Nationalparks

Alle Parks sind, soweit sie über kontrollierte Zugänge verfügen, von der Morgen- bis zur Abenddämmerung geöffnet.

Bundala Bird Sanctuary: kleines Vogelschutzgebiet östlich von Hambantota; August–April.

Gal Oya National Park: zwischen dem Bergland und der Ostküste um den Senanayanke Samuda Stausee gelegen; Vögel und Elefanten; ganzjährig.

Horton Plains Nature Reserve: oft nebelverhangene Steppen- und Krüppelwaldlandschaft mit großartigen Ausblicken (World's End) und Hirschen; dichter Nebel vor allem im Sommer.

Lahugala National Park: westlich von Pottuvil; zahlreiche Elefanten; ganzjährig.

Peak Wilderness Reserve: Wald am Fuß des Adam's Peak; Vögel und Schmetterlinge; ganzjährig.

Singharaja Rainforest Reserve: einer der letzten Regenwälder zwischen Ratnapura und Matata in einer überwältigenden Berglandschaft; Zutritt nur mit Genehmigung des *Forest Department.*

Uda Walawe National Park: zwischen Bergland und Südküste; Elefanten; ganzjährig.

Udawattakele Wildlife Sanctuary: am Nordostrand von Kandy; Affen, Hirsche; ganzjährig.

Wilpattu National Park: westlich von Anuradhapura; alle Wildarten einschließlich der Leoparden; z. Zt. geschlossen aufgrund der Nähe zu den Kampfzonen des Bürgerkriegs.

Yala West National Park: der größte Park Sri Lankas östlich von Tissamaharama; Elefanten, Leoparden, Krokodile, Vögel und Schlangen; ganzjährig.

Information

Das *Department of Wildlife Conservation*, zuständig für die Nationalparks, nimmt Reservierungen für die Park Bungalows entgegen. Mindestens fünf Personen sind notwendig, und empfehlenswert ist es, mehrere Wochen oder sogar Monate im voraus zu reservieren, ☏ 01/69 42 41.

KLEINER SPRACHFÜHRER

In Sri Lanka werden drei Sprachen gesprochen: Singhalesisch, die Sprache der Mehrheit; Tamil, die Sprache der Minderheit und Englisch, das nur noch in der älteren Generation weitverbreitet ist.

Singhalesisch gehört zur indo-arischen Sprachfamilie und ist eine Silbensprache. Die gesprochene Form setzt sich aus 12 Vokalen und 20 Konsonanten zusammen. Die sich daraus ergebenden 240 Silben sind aber nur der Grundstock für die Schriftsprache. Tamil ist eine dravidische Sprache. Ihr Alphabet umfaßt 70 Buchstaben.

Hier einige Ausdrücke, die in den Situationen, wo Englisch versagt, weiterhelfen können:

Deutsch	Singhalesisch	Tamil
Guten Tag (z. e. Herrn)	Mahatmaya	Aiya
Guten Tag (z. e. Dame)	Nona mahatmaya	Thirumadhi
Guten Morgen	Suba Udasanak way va	
Gute Nacht	Suba rathriyak way va	
Gruß	Ayubowan	Vanakkam
Bitte	Karunakara	Thayavu sai du
Danke	Es-thu-ti	Nandri
Herzlichen Dank	Bohoma es-thu-ti	Miga nandri
Ja	Ou	Ahm
Nein	Na-tha (nay-hay)	Illai
Entschuldigen Sie…	Samavenna…	Manniyungal…
Darf ich bitte…	Avasarai…	Thayavu seiyungal…
Sprechen Sie Englisch?	Obata ingreesee kata?	Ungalukku angilam pesa?
Die Speisekarte, bitte.	Kahmata monarada thiyennay.	Sappida enna erukkiradu.
Reis und Curry, bitte.	Bahth denna.	So ru tharungal.
Ist dieses Wasser gekocht?	May wathura una karalada?	Idu kodikka vaith-tha neera?
Die Rechnung, bitte.	Karunakara bila gaynna.	Bill kondu varungal.
Wieviel kostet das?	May kav gana kee yada?	Ihdan vilai enna?
Wo ist der Bahnhof?	Dum riya stanaya koheda?	Puga irada nilayam Engay?
Wann fährt der Zug ab?	Dum riya kee yata da pithat venne?	Eth-thanai manikku puga iradam purappadum?
Ich gebe Ihnen..Rupien	Rupiyal..dennam	..rubai tharugirain

Zahlen

eins	eka	on dru (oru)
zwei	deka	irandu
drei	thuna	moondru
vier	hathara	naangu
fünf	paha	eyendu
sechs	haya	aaru
sieben	hatha	eilu
acht	ata	ettu
neun	namaya	onbadu
zehn	dahaya	patthu
hundert	siiya	nooru
tausend	daaha	aajiram

REISEINFORMATIONEN VON A BIS Z

Ärztliche Versorgung

Sie ist besser als in den meisten asiatischen Ländern. Fast alle Ärzte sprechen gut Englisch. Die Botschaft der Bundesrepublik hält eine Liste mit Fachärzten bereit.

Das *General Hospital*, Regent St., Colombo 8, ℰ 01/69 11 11, unterhält einen ambulanten Dienst und einen Unfallnotdienst am Ward Pl., Colombo 7, ℰ 01/ 69 31 84–5.

Eine Privatklinik mit gutem Ruf ist das *Nawaloka Hospital*, Sri Sugathodaya Mw., Colombo 2, ℰ 01/ 54 44 44–8.

In Kandy hilft das *Lake Side Medical Centre*, 40 Sangharaja Mw.

Wer von einer Schlange oder einem tollwütigen Tier gebissen wurde, sollte in Colombo Hilfe suchen, wo die Seren frisch und gekühlt sind.

Antiquitäten

Antiquitäten werden vor allem in Colombo und Kandy (Hotels) angeboten, aber auch von fliegenden Händlern an den historischen Stätten. Offiziell dürfen Antiquitäten, die älter als 50 Jahre sind, nicht ausgeführt werden. Für Ausnahmegenehmigungen wende man sich an:
Archaeological Commissioner
Sir Marcus Fernando Mw.
Colombo 1.

Alte Bücher, Karten und Masken findet man in der *Serendip Gallery*, 100 Galle Rd., Colombo 4.

Apotheken

Lanka Chemists, 6 Ward Pl.
Colombo 7, nahe Town Hall
Osu Sala, Bambalapitiya
Colombo 4, ℰ 01/58 71 28
bis 19 Uhr
Union Chemists, 460 Union Pl.
Colombo 2, ℰ 01/69 25 32
New Kandy Dispensary
Brownrigg St., Kandy

Dispensaries, eine Mischung aus Apotheke und Krankenstation, gibt es fast in jeder Stadt. Trotzdem sollte man die notwendigsten wie auch vorbeugenden Arzneien mitführen. Es muß sofort bezahlt werden. Wer eine Reisekrankenversicherung abgeschlossen hat, sollte die Quittungen aufheben. In den großen Hotels sind zahlreiche Hygieneartikel erhältlich.

Auskunft

Allgemeine Informationen
Ceylon Tourist Board
Travel Information Centre
78 Stuart Pl., Galle Rd., Colombo 3
ℰ 01/43 70 59
Internet: www.lanka.net/ctb
Mo–Fr 8.30–16.15, Sa, So 8.30–12.30 Uhr
Informationsschalter Flughafen Katunayake von Colombo, während der Betriebszeiten, ℰ 01/45 28 61
Tourist Information Centre
Headmans Lodge, 3 Deva Veediya Kandy
ℰ 08/2 26 61, tägl. 8–18 Uhr

An allen drei Stellen werden ausgebildete Reiseführer vermittelt. Der Tagespreis für Führungen in deutsch und englisch beläuft sich auf ca. 400 bis 500 Rupien (s. a. S. 228).

Buddhist Information Centres
s. S. 220 ›Meditationskurse‹

Kulturstätten
Der *Central Cultural Triangle Fund*, 212 Bauddhaloka Mw., Colombo 7, informiert über die Königsstädte. Hier ist für 45 US-$ ein Sammelticket für das historische Kulturdreieck erhältlich, Fotoerlaubnis eingeschlossen (Gültigkeit zwei Wochen, wenn nicht anders verabredet).

Das *Department of Archaeology*, Reid Av., Colombo 7, erteilt eventuell Exportgenehmigungen für Antiquitäten, ✆ 01/42 15 28–9.

Nationalparks
s. S. 222

Zugverbindungen
s. S. 216 ›Unterwegs mit dem Zug‹

Ayurveda-Medizin

Die ›Lehre vom langen Leben‹ (Ayuh = langes Leben, Veda = Wissenschaft) ist eine uralte indische Volksmedizin. Es ist eine Pflanzenmedizin, für die die Inhalte der modernen westlichen psychosomatischen Medizin oder Ganzheitstherapie selbstverständliche Grundlagen sind. Erfreulicherweise sind heute die Vertreter der Volksmedizin und westlicher wissenschaftlicher Apparate- und Chemiemedizin nicht länger in einen Konkurrenzkampf verstrickt. Während die Kolonialmächte Sri Lanka dominierten, wurde die Ayurveda-Heilkunde vernachlässigt und verdrängt, zumindest offiziell. In den Dörfern ging das Wissen um pflanzliche Heilkräfte, um Aderlaß und viele Anwendungen, die in unseren westlichen Ländern unter Physiotherapie rangieren, aber nicht verloren. Es gab dort nichts anderes.

Im Volk eingeführt, in seinen Wirkungen von der Wissenschaft mehr und mehr anerkannt und infolge von Fehlschlägen und zunehmender Skepsis gegenüber westlicher Medizin als ernstzunehmende Alternative betrachtet, wird Ayurveda von der Weltgesundheitsorganisation WHO schon seit mehr als 30 Jahren unterstützt. Vor allem in Indien werden die traditionellen Methoden und Mittel wissenschaftlichen Tests unterzogen mit dem Erfolg, daß Pharmakonzerne beginnen, die Volksmittel in ihre Produktpalette aufzunehmen. Pflanzenwirkstoffe werden teureren und nebenwirkungsreicheren Chemikalien vorgezogen.

1925 begann man in Ceylon, die alte Volksmedizin wieder zu fördern, ein Krankenhaus und mobile Stationen wurden geschaffen. Heute gibt es rund 12000 Ayurveda-Ärzte im Land sowie mehrere Schulen, in denen eine vierjährige Ausbildung mit anschließendem Praktikum zu absolvieren ist. Auch hier sind westliche Methoden nicht verbannt, sondern ergänzend in die Lehrpläne eingebaut.

Probleme macht die geringer werdende Zahl von Pflanzen und Wurzeln. Präparate müssen aus Indien eingeführt werden. Der eingeschlagene Weg aber, ein Gesundheitswesen aus der Kombination westlicher Medizin

und originärer Volksmedizin zu fördern, wird den Bedürfnissen und fi-
nanziellen Möglichkeiten des Landes
am besten gerecht. Das zeigt auch die
Tatsache, daß 75 % der Bevölkerung
auf ayurvedische Medizin vertrauen.

Eine Liste mit ayurvedischen Prak-
tikern erhält man beim:
Ministry of Indigenous Medicine
385 Deans Rd., Colombo 10
☎ 01/59 73 45

K. V. G. de Silva and Sons (Colombo)
415 Galle Rd., Colombo 4 (Bambalapitiya), Liberty Plaza, Colombo 3,
und in der Main St.,YMBA-Gebäude
K. V. G. de Silva and Sons (Kandy)
86 D. S. Senanayake Vidiya, Kandy
Lake House Bookshop
100 Sir Chittampalam Gardiner Mw.
Colombo 2
M. D. Gunasena and Co.
Olcott Mw., Colombo 1

Bettler

Die Zahl der Bettler ist vor allem entlang der Touristenrouten und in den
großen Städten stark angestiegen.
Bleiben Sie auch bei noch so flehen-
dem Blick und abenteuerlichen Not-
geschichten hart. Kinder lieben einfache Kugelschreiber und Bonbons.
Einheimische geben Bettlern ein paar
Cents, ein Maßstab, der keine infla-
tionäre Entwicklung fördert.

Bibliotheken

Die Bibliothek des Colombo National Museum enthält mehr als eine
halbe Million Schriften über Sri Lanka. Eine weitere Fundgrube ist die Bibliothek der Peradeniya Universität.
Buddhistische Literatur findet man im
*Gangaramaya Bhikku Training Cent-
re*, 61 Sri Jinaratana Mw., Colombo 2.

Buchhandlungen

Cargills Ltd.
York St., Colombo 1
H. Wa. Cave and Co.
Gaffor Building, Colombo 1

Drogen

Konsum und Handel von Marihuana
und anderen Drogen werden mit hohen Gefängnisstrafen belegt. In Colombo und den Touristenzentren
setzt die Polizei Spitzel ein.

Edelsteine

Edelsteine können in jedem Wert ausgeführt werden, wenn Kaufquittung
und Devisenumtausch nachgewiesen
werden. Kaufen Sie nur bei autorisier-
ten Händlern, entweder in den Hotels
oder in Juwelierläden in Colombo,
Kandy und natürlich Ratnapura, dem
Zentrum der Edelsteingewinnung.
Auch wenn es bei Straßenhändlern
noch so gleißt und glitzert, lassen Sie
besser die Finger davon. Im Gegensatz
zu den weltbekannten Edelsteinen des
Landes sind die Juwelierarbeiten dürf-
tig. Es kann lohnender sein, Steine zu
kaufen und zu Hause fassen zu lassen,
als schlecht gefaßte Steine zu verlieren.

Gute Adressen zum Kauf sind die
Gem Bank in Ratnapura und die staatlichen Läden der *State Gem Corporation*. Rabatte über 10 % kann man hier

allerdings nicht erwarten. Gekaufte Steine kann man im *Colombo Show Room* der *State Gem Corporation*, 24 York St., Colombo, prüfen lassen.

Bekommen Sie Edelsteine geschenkt, lassen Sie die Schenkung in Colombo bestätigen bei der State Gem Corporation, beim *Controller of Imports and Exports* (National Mutual Building, Chatham St.) oder beim *Controller of Exchange* (Central Bank), um Schwierigkeiten bei der Ausreise zu vermeiden.

Einkauf und Souvenirs

Handarbeiten, Tee und Gewürze, Sri Lanka bietet viel an Mitbringseln und Erinnerungsstücken. Fast alles kann man in Colombo oder gar in den Hotels kaufen, oft sind die Preise allerdings höher als anderswo im Land. *Masken* kauft man am besten in Ambalangoda an der Südwestküste, dem Zentrum der Maskenschnitzerei. *Batikbetriebe* gibt es nördlich von Negombo oder auf dem Weg von Colombo nach Kandy. *Modell-Katamarane,* die sperrig, aber sehr kunstvoll sind, kauft man am besten bei fliegenden Händlern; im Fort in Galle gibt es oft die schönsten Beispiele.

Eine wahre Fundgrube für Messingwaren, geschnitzte Dosen und Kokosbestecke, für Stoffe und Stickereien ist die *Kandyan Arts and Crafts Association* in Kandy, direkt am See gelegen. Die staatlichen *Laksala-Läden* in Colombo und anderswo bieten ebenfalls ein breites Sortiment von Kunst, Kitsch und Kuriosem.

Tee kaufen Sie am besten auf einer Plantage. Auch am Flughafen kann man sich noch versorgen. *Gewürze*

bieten die zahllosen Gärten nördlich von Kandy an oder die Märkte in Kandy und Colombo.

Elektrizität

Die Spannung von 230 Volt Wechselstrom macht im Grunde keine Probleme. Einige Steckdosen sind dreipolig, es empfiehlt sich, einen überall erhältlichen internationalen Adapter mitzunehmen.

Feiertage

Sri Lanka hat eine Fünftagewoche. Vollmondtage sind immer Feiertage. Zusätzlich gibt es eine Vielzahl von Feiertagen, die nicht auf ein gleichbleibendes Datum fixiert sind. Das Fremdenverkehrsamt hält jährlich die aktuelle Liste bereit.

Feststehende Feiertage
4. Feb. Unabhängigkeitstag
14. April Neujahr für Singhalesen und Tamilen
1. Mai, 25. Dez. und 31. Dez.

FKK

Ist auf der ganzen Insel unerwünscht. Zahlreiche Hotels haben eigene Bereiche für textilfreies Sonnenbaden eingerichtet.

Foto und Film

Nehmen Sie reichlich Filme mit. Motive gibt es unzählige, und das Filmmaterial in Sri Lanka ist teuer und von zweifelhaftem Alter. Das gleiche gilt für Batterien. Kamerareparaturen aller gängigen Fabrikate führt durch: *Photo Technica,* 264 Galle Rd., Colombo 3, ✆ 01/2 49 35; *Midland Studio,* 46 King St., Kandy.

Eine gute Adresse für Diapositive und Schwarzweißbilder, vor allem Tieraufnahmen, und für allerlei Tips ist das *Times Studio* im Times Building, Colombo Fort.

An den historischen Stätten brauchen Sie eine Fotoerlaubnis; sie ist in dem Sammelticket für die Königsstädte, Kandy und Dambulla enthalten. Das Ticket (30 US-$) ist, wenn nicht anders verabredet, für zwei Wochen gültig; zu beziehen durch: *Central Cultural Triangle Fund,* 212 Bauddhaloka Mw., Colombo 7.

Fremdenführer

Englischsprachige Guides gibt es in den Ruinenstädten und bei den meisten Sehenswürdigkeiten. Dort findet man aber auch immer Jugendliche, die mit viel Charme und ausreichender Sachkenntnis führen. Das *Ceylon Tourist Board,* Colombo, vermittelt deutschsprachige Führer. Die besten sind von der *Guide Lecturers Association;* bei der Bestellung lohnt es, darauf hinzuweisen.

Gastfreundschaft und Sitten

Die Menschen in Sri Lanka sind sehr kontakt- und gastfreundlich. Lächeln, ruhiger Ton und zuvorkommende Art könnten den anderes gewohnten Mitteleuropäer zunächst irrtümlich auf die Gedanken kommen lassen, es mit naiven Menschen zu tun zu haben. Vor allem in Bahnen und Bussen lernen Sie rasch Einheimische kennen und werden nicht selten eingeladen.

Kopfschütteln: Lassen Sie sich nicht irritieren. Die häufig zu beobachtende Geste der Einheimischen zwischen Kopfschütteln und Kopfwiegen bedeutet ›ja‹ und allgemeine Zustimmung.

Begrüßung: Es ist nicht unbedingt üblich, sich zur Begrüßung die Hand zu geben. Vielmehr halten Sie, die Handflächen aneinandergepreßt, die Hände unterhalb des Kinns und deuten eine Verbeugung an. Mönche sollte man überhaupt nicht anfassen.

Tischsitten: Sollten Sie zum Essen eingeladen sein: In Familien wird in der Regel mit den Fingern gegessen, tun Sie es mit denen der rechten Hand. In Südasien ist es nach wie vor üblich, sich nach dem Stuhlgang mit Wasser und der linken Hand zu reinigen, sie ist deshalb tabu.

Heilige Stätten: ›Einmal Tempel – immer Tempel‹; auch die Reste von historischen Tempeln dürfen nur barfuß und ohne Kopfbedeckung betreten werden.

Geld und Banken

Die sri-lankische Währung Rupie darf nur in kleinen Mengen ein- und ausgeführt werden. Indisches und pakistanisches Geld darf nicht eingeführt werden. Auf dem Flug oder bei der Ankunft erhält man ein gesondertes Devisenformular (D-Card), das es während des gesamten Aufenthalts gut aufzubewahren gilt. Auf dem Formular ist zunächst anzugeben, welche Währung man einführt, später muß der Geldumtausch eingetragen werden. Bei der Ausreise ist so nachzuweisen, wieviel man umgetauscht hat, zudem kann man bis zu 500 Rupien wieder zurücktauschen.

Die Umtauschrate liegt bei ca. 33 Rupien für 1 DM, ist im ganzen Land ähnlich und für Travellerschecks besser als für Bargeld. Die Wechselrate schwankt ständig. In Colombo bekommt man in der Regel eine etwas bessere Umtauschrate als in den Touristenzentren. Umtauschen kann man außer in Banken in fast allen Hotels, oft auch in Juwelierläden. Dringend abzuraten ist von Angeboten, schwarz zu tauschen! Es handelt sich in der Regel um Trickbetrüger, die Sie virtuos aufs Kreuz legen!

Mit DM-Travellerschecks kommt man genauso gut zurecht wie mit US-$-Travellerschecks. Eurocheques können Sie zu Hause lassen, sie werden nicht akzeptiert.

Die **Banken** sind Mo von 9–13 Uhr geöffnet, Di–Fr von 9–13.30 Uhr. Außerdem unterhält die Bank of Ceylon einige Schalter, die länger geöffnet sind:
Bank of Ceylon
York St., Colombo 1, 8–20 Uhr, auch am Wochenende und an Feiertagen
Bureau de Change
5th City Branch, York St., Colombo 1, 8–16 Uhr, außer Wochenende und Feiertage
Hotel Taprobane
York St., Colombo 1, 9–16 Uhr, außer Wochenende und Feiertage

Kreditkarten: Alle größeren Hotels, viele Geschäfte und natürlich Reisebüros und Fluggesellschaften akzeptieren Kreditkarten. Oft wird versucht, einen Zuschlag zu erheben, was man aber recht einfach abwehren kann.

Gewichte und Maße

Offiziell wurde 1981 das englische Standardsystem abgeschafft, um nach mehreren Jahren Übergangszeit zum metrischen System überzugehen. In vielerlei Beziehung dauert die Übergangszeit aber an.

Entfernungsangaben sind an den Hauptstraßen zumeist bereits in Kilometern vermerkt, auf Nebenstrecken aber noch in Meilen. Mietwagenabrechnungen werden überweigend in Meilen (= 1,6 km) vorgenommen. Höhenangaben erfolgen oft noch in Fuß (= 30,48 cm), beim Stoffkauf sind Yards üblich (= 91,44 cm, Inch = 2,54 cm).

Auch beim Tee-Einkauf wechseln Kilogramm noch mit englischem Pfund (1 lb = 453 g).

Handeln

Handeln ist grundsätzlich richtig. Nehmen Sie sich Zeit. Sie sind im Orient, hier hat man Zeit. Allerdings muß man wissen, wo man welche Nachlässe erwarten kann. Gar nichts geht in den staatlichen Läden wie in der *Kandyan Arts and Crafts Association*, Kandy. In den staatlichen Juweliergeschäften dürfen Sie kaum mehr als 10 % erwarten. Ansonsten bleibt alles Ihrem Geschick und Ihrer Ausdauer überlassen.

Horoskope

In einer Lebenslage hat die Kastenzugehörigkeit noch große Bedeutung. Nimmt man in Sri Lanka eine Wochenendzeitung in die Hand und liest die Kontaktanzeigen, fallen sofort zwei Dinge ins Auge: Horoskop und Kaste.

Astrologen sind in Sri Lanka in Sachen Eheschließung vielbeschäftigte Leute. So richtig paßt zueinander, wer nicht nur einer Kaste angehört und dadurch materiell vergleichbar gestellt ist, sondern wer zudem unter einem guten gemeinsamen Stern steht. Geburtsdatum und die möglichst exakte Geburtsstunde werden zum Quell ausgefeiltester Deutungen, die nach alter indischer Kunst vonstatten gehen. Es ist bis heute für den westlichen Beobachter erstaunlich, in welchem Maß das Horoskop für berufliche und private Entscheidungen herangezogen wird. Sollten Sie in den Annoncen über die Buchstaben ›G. B. S.‹ stolpern, wird nicht etwa nach einer literarischen Vorliebe für George Bernard Shaw gefragt, sondern ein *Govigama Buddhist Singhalese* sucht nach einem Partner für Tochter oder Schwester.

Medien

Es gibt mehrere englischsprachige Tageszeitungen, die aber alle faktisch einer Regierungszensur unterliegen. Die in der Verfassung geschützte Pressefreiheit wurde 1979 durch den *Prevention of Terrorism Act (PTA)* so eingeschränkt, daß es, zumindest was die Berichterstattung über die Regierung und Innenpolitik angeht, unmöglich ist, von einer freien Presse zu sprechen. Die verbreitetsten englischsprachigen Zeitungen sind die *Daily News*, die in dem regierungseigenen Verlagshaus Lake House erscheint, und die sich als Oppositionszeitung verstehende *The Island*. Nachmittags erscheint der *Observer*. Internationale Magazine wie *Time, Newsweek, Far Eastern Economic Review* oder auch die Tageszeitung *International Herald Tribune* sind in allen größeren Hotels zu erhalten. Ebenso bekommt man deutsche Tageszeitungen und Wochenblätter in den Touristenzentren und großen Hotel Bookshops.

Die *Deutsche Welle* hat zwar einen Sender in Sri Lanka, nahe Trincomalee, aber der Empfang zu den Sendezeiten 17.30–23.30 Uhr Ortszeit ist bescheiden. Frequenzen erfragen bei: Deutsche Welle, Hörerpost, 50588 Köln, ☎ 02 21/3 89 32 08.

Wenigstens sechs Fernsehkanäle sind zu empfangen, darunter auch die BBC News.

Öffnungszeiten

Geschäfte haben von 9–16 oder 17 Uhr geöffnet, Sa bis 13 oder 14 Uhr, So sind sie geschlossen. Das gilt natürlich nicht für die zahlreichen Buden und Stände.
Banken sind Mo von 9–13 Uhr geöffnet, Di–Fr von 9–13.30 Uhr.

Post

Rund um die Uhr geöffnet ist das *General Post Office*, Janadhipati Mw., Colombo Fort. Postlagernde Sendungen müssen hier abgeholt werden. Es gibt einen Extra-Schalter für Touristen, der weniger belagert ist. Am einfachsten ist es, das Hotel die Post erledigen zu lassen.

Telegramme werden aufgegeben beim *Central Telegraph Office,* Duke St., Colombo Fort. Es ist ebenfalls rund um die Uhr geöffnet.

Die gültigen Postgebühren erfährt man beim *General Post Office.* Achten Sie bei teuren Sendungen darauf, daß die Marken vor Ihren Augen gestempelt werden, oft genug werden sie sonst wieder abgelöst und noch einmal verkauft.

Philatelisten können sich über alle Fachfragen und gängigen Marken informieren beim: *Sri Lanka Philatelie Bureau,* 4th Floor, Ceylinco House, Janadhipathi Mw., Colombo 1.

Postkästen sind rot, Postämter gibt es in allen Orten der Insel.

Telefon

Aus den großen Hotels in Colombo kann man direkt nach Westeuropa durchwählen, oder die Hotelvermittlung stellt rasch eine Verbindung her. Im Inland hingegen ist es manchmal ein mühsames Geschäft, Überseegespräche zu führen. Wenn nicht vom Hotel, telefoniert man am besten vom *Central Telegraph Office*, Duke St., Colombo Fort. Die Gebühren sind niedrig.

Trinkgeld

Trinkgelder sind immer auf den Rechnungen ausgewiesen. Seien Sie also zurückhaltend, zumal die gute Umtauschrate den Maßstab nur zu leicht verzerrt.

Zeitunterschied

Zwischen Deutschland und Sri Lanka besteht ein Zeitunterschied von 5 Stunden. Um 12 Uhr mittags in Colombo ist es also erst 7 Uhr in Frankfurt. Während der Sommerzeit in Europa verkürzt sich diese Spanne auf 4 Stunden.

GLOSSAR

Abhaya Mudra Geste der Furchtlosigkeit (und der Ermutigung)

Apsaras Himmlische Nymphen

Ayurveda Traditionelles, ganzheitliches Heilsystem

Bhikshu Buddhistischer Mönch (Pali: Bhikkhu)

Bodhi-Baum Feigenbaum, unter dem Buddha der Erleuchtung teilhaftig wurde

Bodhighara Tempel, in dem der Bodhi-Baum verehrt wird

Bodhisattva ›Erleuchtungswesen‹, das auf sein Eingehen ins → Nirvana aus Mitleid verzichtet, um anderen Menschen auf dem Weg zur Erleuchtung beizustehen

Brahma Weltseele; der Gott der Schöpfung im Hinduismus

Bubbulakara Blasenform eines → Stupa

Chetiyaghara Überdachter Rundtempel

Chulavamsa ›Kleine Chronik‹; Fortsetzung der → Mahavamsa

Dagoba Singhalesische Bezeichnung für → Stupa

Dalada Zahnreliquie Buddhas

Devale Hinduistischer Tempel; auch Tempel des → Mahayana-Buddhismus

Dhanyakara Reishaufenform eines → Stupa

Dharma Kosmisches Gesetz; daseinsbedingende Kräfte; Lehre des Buddha; ethische Regeln

Dharmavakyana Mudra Geste der Lehrdarlegung oder des Rads der Lehre = Lehre

Dhyana Mudra Geste der Meditation

Dipavamsa ›Inselchronik‹; entstanden um 450; erste Geschichte Sri Lankas in epischer Form

Gana Kobold im Gefolge Shivas

Ganesha Schutzgott mit vier Armen und Elefantenkopf; Sohn Shivas

Ganga (eigentlich Ganges) Großer Fluß

Ghantakara Glockenform eines → Stupa (Dagoba)

Ghatakara Topfform eines → Stupa (Dagoba)

Hinayana ›Kleines Fahrzeug‹; auch → Theravada; die ursprüngliche, reine Lehre. Im Mittelpunkt steht der Weg zur Erlösung, und zwar der Erlösung aus eigener Kraft, ohne Hilfe von außen, worin sich das H. vom → Mahayana unterscheidet

Jatakas ›Geburtsgeschichten‹; Geschichten aus den früheren Leben des Buddha Shakyamuni

Kardinalpunkte An den vier Himmelsrichtungen gelegene Orte eines → Stupa (Dagoba); meist mit Altären (→ Vahalkada), neben denen geopfert wird

Karma ›Tat‹; geistige oder körperliche Handlung und die Konsequenz bzw. die Summe der Konsequenzen (in früheren Leben) für die gegenwärtige Existenz

Kavady Geschmückter Holzbogen, der bei hinduistischen Tänzen verwendet wird

Kota Spitze eines → Stupa

Kovil Bezeichnung für einen kleinen hinduistischen Tempel, der keinem bestimmten Gott geweiht ist

Lingam Meist Steinsäule in Form eines Phallus; Symbol Shivas

Maha Hauptreisernte

Mahavamsa ›Große Chronik‹ Sri Lankas; um 500 von dem Mönch Mahanama verfaßt; beinhaltet die Geschichte der sri-lankischen Könige, des Buddhismus und eine Biographie des Buddha; der Text stellt eine erweiterte Fassung des → Dipavamsa dar

Mahayana ›Großes Fahrzeug‹; jüngere der beiden Hauptrichtungen des Buddhismus, die im Gegensatz zum → Hinayana die Erlösung des einzelnen von außen, durch die Hilfe von Buddhas und → Bodhisattvas, vorsieht und damit stärker auf Laien ausgerichtet ist

Mahut Elefantentreiber

Makara Göttliches Seeungeheuer mit Merkmalen von Krokodil, Elefant u. a.

Meghalata Wolkenmädchen

Mudra Körperhaltung und Geste in der buddhistischen Ikonographie

Naga Unterweltsgottheit; Fabelwesen mit schlangenartigem Unterkörper und menschlichem Oberkörper

Nirvana ›Verlöschen‹; Zustand der Erleuchtung; Befreiung vom leidvollen Kreislauf der Wiedergeburten

Ola Palmblattmanuskript

Oya Kleiner Fluß

Pali Mittelindischer Dialekt, wird zur Niederschrift des buddhistischen Kanons verwendet

Parinirvana ›Vollständiges Erlöschen‹; Synonym für → Nirvana

Pasada Unterkunft der Mönche

Patika ›Mondstein‹; meist halbkreisförmiger Schwellenstein vor buddhistischen Heiligtümern

Perahera Buddhistische Prozession; Wallfahrt

Pilimage Statuenhaus

Poya Vollmondtag des buddhistischen Kalenders

Prasada Gebetshalle

Rata Distrikt im alten Lanka

Samudra ›Meer‹; Bezeichnung für große Stauseen

Sangha Buddhistische Mönchsgemeinde

Sanskrit ›vollkommen, vollendet, endgültig gemacht‹; eine ›tote‹, aber bis heute heilige Sprache, Gelehrten- und Literatursprache

Sarwodaya Einheimische Entwicklungshilfeorganisation mit Hauptsitz in Moratuwa

Shiva Zerstörer; Hauptgott im Hinduismus mit vielerlei Manifestationen; aus der Trimurti: Brahma, Shiva und Vishnu

Singh (Simha) ›Löwe‹; der Wortstamm des Begriffs Singhalese

Skanda Hinduistischer Kriegsgott (auch Karttikeya oder Subrahmanya, in Sri Lanka Kataragama)

Stupa Singhalesisch Dagoba; Pali Thupa; wörtlich ›Haarknoten‹; ursprünglich Grabmal über den sterblichen Überresten des historischen Buddha oder Heiliger; Kultbau des Buddhismus; Mittelpunkt von Tempeln und Klöstern

Sutra Überlieferung der wörtlichen Reden Buddhas

Theravada ›Lehre der Alten‹; Schule des → Hinayana-Buddhismus in Sri Lanka

Tripitaka ›Dreikorb‹; Sammlung der Reden Buddhas, der Ordensregeln und der scholastischen Schriften

Tusker Elefant mit besonders prächtigen Stoßzähnen

Vahalkada   Altarartiger Vorbau an einem → Stupa
Vatadage   Überdachter, runder Tempel mit einem → Stupa
Vel   Lanze des Kriegsgotts Skanda
Vihara   Buddhistisches Kloster

Vijjukumari   Gewitterprinzessin
Wewa   Stausee
Yakkas   Dämonen; mythische Ureinwohner Lankas
Yantra   Symbolisch-geometrische Darstellung göttlicher Energie

LITERATURTIPS

Archer, W. G. und S. Paranavitana: Ceylon – Tempelbilder und Felsmalereien, UNESCO, Die Welt der Kunst, Bd. 8, München 1957

Aubert, Hans-Joachim: Sri Lanka, Kunst- und Reiseführer mit Landeskunde, Stuttgart 1984

Bussagli, Mario: Indien, Indonesien, Indochina, Weltgeschichte der Architektur, Stuttgart 1985

De Silva, K. M.: A History of Sri Lanka, Delhi 1981

De Silva, K. M. (Hrsg.): Sri Lanka: A Survey, Honolulu 1977

Domrös, Manfred: Sri Lanka – Die Tropeninsel Ceylon – Eine geographische Länderkunde, Darmstadt 1976

Geiger, Wilhelm: Die Kultur Ceylons im Mittelalter, Wiesbaden 1960

Glauche, Johannes W.: Der Stupa, Kultbau des Buddhismus, Köln 1995

Götz, Friedrich: Ceylon, Kunst- und Reiseführer, München 1972

Härtel, Herbert und Jeannine Auboyer: Indien und Südostasien, Propyläen Kunstgeschichte, Bd. 21, Berlin 1985

Knox, Robert: An Historical Relation of the Island Ceylon in the East Indies, London 1681, Nachdruck Colombo 1983

Kottkamp, Heino: Der Stupa als Repräsentation des buddhistischen Heilsweges, Wiesbaden 1992

Lexikon der östlichen Weisheitslehren, Buddhismus – Hinduismus – Taoismus – Zen, Bern, München, Wien 1986

The Mahavamsa, hrsg. von Wilhelm Geiger, Neuauflage, Colombo 1953

Mode, H.: Die buddhistische Plastik auf Ceylon, Leipzig 1963

Paranavitana, Senarat: Art and Architecture of Ceylon, Polonnaruwa Period, Bombay 1954

Paranavitana, Senarat: The Stupa in Ceylon, Colombo 1947

Schumann, Hans Wolfgang: Die Buddhistische Bilderwelt, Köln 1986

Siemens, Jochen: Abhängigkeit und Unterentwicklung von Ceylon, Sri Lanka, Frankfurt/M. 1980

ABBILDUNGSNACHWEIS

Archiv für Kunst und Geschichte, Berlin: S. 20

Udo Bernhard, Langen: Umschlaginnenklappe hinten, S. 1, 10/11, 19, 20/21, 50, 70, 78/79, 98/99, 105, 117, 122/123, 125, 132/133, 134/135, 157

Bildarchiv Preussischer Kulturbesitz, Berlin: S. 74

Manfred Braunger, Freiburg: Titelbild, Umschlaginnenklappe vorne, S. 2/3, 18, 32 o, 64, 67, 72, 73, 76, 88, 89, 107, 109, 110/111, 129, 141 o, 142, 153, 154/155, 174/175, 180, 188, 190/191, 204, 205

Hartmuth Friedrichsmeier (kamára magía), Hamburg; Foto: Hans-Rüdiger Koop: S. 41, 44/45, 51 Foto: Petra Clamer: S. 69, 200

Gerold Jung, Ottobrunn: S. 141 u

Harald Mante, Dortmund: Umschlagrückseite o + Mitte, S. 32 li + re, 48/49, 49, 56, 57, 83, 160, 162

Gerhard Oberzill, Wien: S. 8, 31 li + re, 36/37, 60/61, 63, 80/81, 94, 164/165, 166/167, 196/197, 202/203

Jochen Siemens, Frankfurt/M.: S. 171

Thomas Stankiewicz, München: S. 21

Martin Thomas, Aachen: Umschlagrückseite u, S. 17, 23, 26, 48, 144, 148/149, 158, 168/169, 183, 195, 198, 208

Abbildung auf S. 16 aus Anton Kerner von Marilaun: Pflanzenleben, 2. Band, Geschichte der Pflanzen, Leipzig und Wien 1891

Alle übrigen Abbildungen stammen aus den Archiven des Autors und des Verlags

Farbige Karten und Pläne: Berndtson und Berndtson, Fürstenfeldbruck, © DuMont Buchverlag, Köln

REGISTER

VERZEICHNIS DER KARTEN & PLÄNE